U0792162

QIYE FENGXIAN
GUANLI SHIWU

企业风险管理实务

主编 于立民

中国财经出版传媒集团
经济科学出版社
Economic Science Press

图书在版编目（CIP）数据

企业风险管理实务/于立民主编．—北京：经济科学出版社，2019.8（2024.1重印）

ISBN 978-7-5218-0702-8

Ⅰ.①企… Ⅱ.①于… Ⅲ.①企业管理-风险管理 Ⅳ.①F272.35

中国版本图书馆CIP数据核字（2019）第148573号

责任编辑：周国强　周胜婷
责任校对：齐　杰
责任印制：张佳裕

企业风险管理实务

主　编　于立民

经济科学出版社出版、发行　新华书店经销

社址：北京市海淀区阜成路甲28号　邮编：100142

总编部电话：010-88191217　发行部电话：010-88191522

网址：www.esp.com.cn

电子邮件：esp@esp.com.cn

天猫网店：经济科学出版社旗舰店

网址：http://jjkxcbs.tmall.com

固安华明印业有限公司印装

787×1092　16开　18.75印张　330000字

2019年8月第1版　2024年1月第2次印刷

ISBN 978-7-5218-0702-8　定价：78.00元

（图书出现印装问题，本社负责调换。电话：010-88191510）

（版权所有　侵权必究　打击盗版　举报热线：010-88191661

QQ：2242791300　营销中心电话：010-88191537

电子邮箱：dbts@esp.com.cn）

编 委 会

主　编　于立民

副主编　郑　元　张晓晖

编　委　罗海胜　汪　蓓　张　旭　刘永宁

宫广东　李　清　黄志凌　田　野

前　言

进入21世纪以来，世界范围内经济领域各种不稳定因素的影响加剧，使风险管理成为各类企业极为关注的一个重要主题。与此同时，为应对国际上的各类风险，世界主要发达国家和标准化组织先后制定（或修订）了各自的风险管理标准，这一举措进一步推动了风险管理标准在世界范围内的应用。

21世纪初发生的国际金融危机以及造成企业风险的部分恶性事件给企业敲响了警钟，类似的事件不仅可能使企业破产，还可能使行业陷入危机。在此背景下，风险管理在国内引起了重视，理论和技术的发展也进一步深入。在企业风险管理方面我国起步较晚，加之风险管理是一项涉及因素多、覆盖范围广的复杂性工作，致使我国企业开展风险管理面临一定的困难，同时，开展风险管理也成为我国企业不得不面对的一项新挑战。

本书介绍了风险管理的基本理论、概念和主要特征，重点描述和解读了企业全面风险管理的实用内容，为企业提供了多方面、多类型的风险管理应用示例。标准是企业风险管理实践中应用的重要形式，本书作者根据多年对风险管理标准的研究和实践，以最新国际主流风险管理标准核心内容为基础，采用“企业风险管理标准示例”的形式编制了《全面风险管理指南》，并将其列入了本书附录。

本书共四个部分，分为三篇和一个附录。

第一篇是“风险管理基础”，本篇共三章，内容包括了风险管理实践中常用的基本概念、术语和标准，这些内容是了解风险和风险管理的基础，也是企业开展风险管理需要了解和掌握的基本内容。

第二篇是“企业风险管理实用内容”，本篇共七章，包括了开展风险管理所需的原则、框架、分类、要素、要求、过程、方法和适用工具等，属于企业实施风险管理必不可少的重要内容。本篇不仅描述了企业风险管理的“实用内容”，还对“实用内容”进行了详细解读和说明。

第三篇是“风险管理应用示例”，本篇共八章，给出了风险评估、风险应对措施和风险管理框架三个方面的八个应用示例，其中针对风险评估给出了六个采用不同风险评估方法的应用示例。

附录是“企业风险管理标准示例——全面风险管理指南”。主要内容包括：引言、术语和定义、总则、管理要求、建立环境与风险准则、风险评估、风险应对、监测评审与持续改进、风险评估技术的选择及“企业风险管理标准”示例中的两个附录。

本书作者试图通过“企业风险管理实用内容”“风险管理应用示例”和“企业风险管理标准示例——全面风险管理指南”，加深读者对风险管理的理解和认识，以促进风险管理在企业的应用。希望这些内容能够为企业开展风险管理活动提供支持和帮助。

目　录

第一篇

风险管理基础

本篇共三章，分别是第一章风险的概念，第二章风险管理概要，第三章风险管理常用术语。这三章内容包括了风险管理实践中常用的基本概念、标准和术语，这些内容是风险管理的基础，也是企业开展风险管理时需要了解和掌握的基本内容。

第一章

风险的概念

第一节　对风险的基本认识

人类对风险的概念早有认识，比如我国成语："盲人骑瞎马，夜半临深池" 所描述的情景就是一种风险状态，无论是盲人还是瞎马都有可能随时掉入深渊。不过早期人们对风险的认识具有一定的局限性，我们可以参照目前的一些语言工具书来说明这一情况。《现代汉语词典》《新华词典》等多部汉语工具书对 "风险" 的解释是 "可能发生的危险"，《辞海》对 "风险" 的解释是：人们遭遇人身伤亡、财产损失、意外事故和其他不可测事件的可能性，《牛津英语大辞典》对 "风险" 的解释是："遭受伤害、损失、不利或毁灭的机会或可能性"，这些工具书在对 "风险" 的解释中无一例外地强调了 "风险" 的负面性。当然，这些具有负面性的风险是人们关注和防范的重点，例如，自然灾害、交通事故、空难、海难等。随着人类社会的发展，人们对 "风险" 的认识也在逐步加深，2009 年国际标准化组织（International Organization for Standardization，ISO）发布的 ISO/IEC Guide73：2009《风险管理——术语》中对风险的定义是 "不确定性对目标的影响"，这一影响可能偏离预期，并且可能是积极的也可能是消极的。国际标准化组织对风险的定义与人们对风险的传统认识相比，其最大的区别就是提出了不确定性对目标的影响不仅仅是负面的，也可能是正面的概念。为了进一步说明这一风险概念，我们以投资股票为例：假如某人准备购买股票获利，股票市场的不确定性可能对其获利目标造成影响，负面的影响将造成损失，正面的影响将获得利益。另外，风投、博彩等领域的风险都有相同的特征，人们也将这一类具有获利机会的风险称为机会风险。

第二节　风险的定义

目前国际上对风险并没有统一的定义，不同学科和不同领域对风险的定义也有所差别，进入21世纪后，随着风险管理理论进一步研究和应用，国际上发布的标准和文件对风险定义的差距正在缩小。

美国COSO（Committee of Sponsoring Organizations of the Treadway Commission，有些文章译为：美国反欺诈财务报告全国委员会）的《企业风险管理——整合框架》不仅对风险进行了定义，还在相关风险管理内容中对不确定性和事件进行了解释，风险的定义和这些解释可以反映COSO对风险的认识。从COSO《企业风险管理——整合框架》中的风险定义和对事件不确定性的解释来看，COSO的风险概念与ISO Guide 73：2009中对风险的定义是有所区别的。ISO Guide 73：2009中提出风险是不确定性对目标的影响，这种影响有消极和积极两种，也就是说风险中可能出现负面和正面两种结果。COSO的风险概念则认为事件会带来正、负两个方面的影响，正方面的影响是机会，负方面的影响是风险。风险是事件给目标带来负面影响的可能性。需要强调的是，COSO认为事件结果造成的影响具有正负两重性，既有可能是风险也有可能是机会；ISO Guide 73：2009中对风险的定义则认为风险本身具有两重性，既有可能获利也有可能受损。

虽然美国COSO发布的《企业风险管理——整合框架》在风险管理方面具有较大影响，但并不足以左右国际上的风险管理主流概念，因为国际标准化组织和国际电工委员会发布的标准在世界范围内具有更大的影响，ISO Guide 73：2009《风险管理——术语》已被许多国家所采用。由此看来，在世界范围内统一风险定义尚需时日。

从ISO Guide 73：2009对风险的定义中还可以看到，形成风险要具有三个条件，第一是不确定性，第二是目标，第三是影响，此三个条件缺一不可。根据是否具备这三个条件，我们可以明确判断出风险是否成立。

表1-1是一些组织对风险的定义。

表 1-1　风险定义

组织	定义或解释
国际标准化组织 ISO Guide 73：2009 《风险管理——术语》 ISO 31000：2009 《风险管理——原则与指南》 （ISO——国际标准化组织；IEC——国际电工委员会）	风险："不确定性对目标的影响"。 注1：影响是指偏离预期，可以是正面的和/或负面的。 注2：目标可以是不同方面（如财务、健康与安全、环境等）和层面（如战略、组织、项目、产品和过程等）的目标。 注3：通常用潜在事件（3.18）、后果（3.24）或两者的组合来区分风险。 注4：通常用事件后果（包括情形的变化）和事件发生可能性（3.21）的组合来表示风险。 注5：不确定性是指对事件及其后果或可能性的信息缺失或了解片面的状态
国际风险管理研究所（IRM）	风险："某个事件发生的可能性及其结果"。结果可以是积极正向的，也可以是消极负向的
国际内部审计师协会	风险："可能对目标的实现产生某种影响的事件所带有的不确定性"。风险的衡量指标主要包括风险带来的结果及其可能性
美国 COSO《企业风险管理——整合框架》	风险："事件给目标带来负面影响的可能性"。 "不确定性可能会破坏或增加价值，因而它既代表风险，也代表机会"。 "事件可能会带来负面的影响，也可能会带来正面的影响，抑或二者兼而有之。带来负面影响的事件代表风险，它会妨碍价值创造或者破坏现有价值。带来正面影响的事件可能会抵消负面影响，或者说代表机会。机会是一个事件将会发生并对目标（支持价值创造或保持）的实现产生正面影响的可能性"
英国财政部橙皮书	风险："结果的不确定性"，包括影响以及潜在事件发生的可能性的组合所引发的各种结果
澳大利亚/新西兰 AS/NZS 4360：2004《风险管理》	风险：事件对目标影响的可能性

第三节　风险的基本特征

一、不确定性

表 1-1 中虽然对风险的定义不一致，但几乎所有对风险的定义中都提到了"不确定性"，从这些定义中也可以得出这样的结论，即：没有"不确定性"就没有风险，所以目前在风险管理领域普遍认为"不确定性"是风险最重要的组成部分，属于风险的

基本特征之一。

ISO Guide 73：2009 中对“不确定性”解释为：“不确定性是指对事件及其后果或发生可能性的信息缺失或了解片面的状态”，由此可理解为“不确定性”是由两种原因造成的，一种是客观上的信息缺失，另一种是主观上的了解片面。根据这两种原因，可将“不确定性”分为主观上导致的“不确定性”和客观上导致的“不确定性”。下面我们分别讨论这两类不确定性。

1. 主观上导致的“不确定性”

主观上导致的“不确定性”是由于人们的主观认识片面形成的“不确定性”。例如，战争时的某次战斗，敌方人员、装备、兵力部署等是已确定的，但由于己方对敌方了解不够，因此就产生了战斗结果的“不确定性”，《三国演义》中诸葛亮摆空城计使司马懿退兵的故事就是这类情况的最好注释。这种“不确定性”是由客观存在与主观认识之间的差距造成，由于人们对事物的判断能力和认知能力的不同，同一事情对于不同的人（或人群）将会产生不同的“不确定性”，因此，也将会产生不同的结果。许多教科书用天气预报来举“不确定性”的例子，我们在此也举一个20世纪70年代关于天气的例子：某老农民对天气变化有丰富的经验，根据他的判断，当天有雨，于是他下地干活带了雨具；另有一年轻人同老农民一起下地干活，由于他对天气的变化毫不知情，没带任何雨具并未询问老农民为何要带雨具，直到大雨来临才恍然大悟。这个故事说明不同的人对同一事物会有不同的认识和判断。当然，由于历史数据的积累和现代技术的配合，当今的天气预报比起若干年前来说已有了很大的进步，天气变化的“不确定性”程度正在不断缩小，随着人类对自然规律认识的不断加深，许多过去自然界的“不确定性”也逐渐被“确定性”取代。

2. 客观上导致的“不确定性”

客观上导致的“不确定性”是由于客观上的信息缺失造成的，这类“不确定性”主要指某些具有不可预测典型特征事物的“不确定性”。例如，投掷硬币来猜哪一面朝上，掷骰子来猜点数，这样的事情即便所有的信息都公开（作弊除外）也无法确定其结果。还可以举个竞技的例子，假如有两支水平相当的足球队，每个队员和教练都处于正常状态，在第三方场地上准备踢一场足球比赛，主办方将所有的信息提供出来（作弊除外），让观众来预测比赛结果，最终会看到，所有提供的信息对预测比赛结果没有任何帮助，其原因就是这样的比赛是客观导致上的“不确定性”。客观上导致的“不确定性”几乎对于所有的人都是相同的“不确定性”，一个对掷骰子做过专门研究的人和一个从没掷过骰子的人相比，在猜测掷骰子的结果时，研究过掷骰子的人并没有任何优势，两人得胜的机会各有50%。这一点也是客观上导致的“不确定性”与主观上导致的“不确定性”之间的重大差别。

二、事件

ISO Guide 73：2009 中对事件给出的定义为：“某一类情形的发生或变化”，在表1－1 中除 ISO Guide 73：2009 对风险的定义外，其余对风险的定义中均提到“事件”一词，这些定义几乎都认为风险是指“事件”的不确定性（包括事件发生及其结果），而 ISO Guide 73：2009 中对不确定性用注的方式进行了说明，指出：“不确定性是指对事件及其后果或发生可能性的信息缺失或了解片面的状态”，从这一说明可以看到，不确定性是对“事件”（包括其后果和发生的可能性）而言，也就是说，在对“事件”的认识上 ISO Guide 73：2009 与其他的文件是一致的。在不确定性的概念里，其最核心内容是“事件”，而“事件”本身又伴随有两个突出特征，一是“事件”的后果（影响程度），二是“事件”发生的可能性。对于 ISO Guide 73：2009 对风险的定义中的不确定性，我们可理解为“事件”发生的不确定性和“事件”后果（影响程度）的不确定性。既然不确定性是对“事件”而言，那么没有“事件”也就没有不确定性，由此可以推断出没有“事件”也就没有风险，因此，“事件”是风险的基本组成要素，也是其基本特征之一。

三、目标

从 ISO Guide 73：2009 中对风险的定义上看，“目标”是形成风险的三个条件之一，也是风险的基本特征之一。“目标”带有主观性，许多情况下“目标”是人为设定的，如公司的经营“目标”、研究机构的科研“目标”、政府的经济增长“目标”等。当“目标”受到不确定性的影响时，风险就发生了，但这样的影响仅仅对与“目标”的实现有利益关系的人（人群）或组织来说才能称为风险；否则，不能称为风险。也就是说，哪个人（人群）或组织的“目标”受到了不确定性的影响，哪个人（人群）或组织（包括利益相关者）就出现了风险，这种在特定范围内的风险通常与其他人（人群）或组织无关。

从广泛的意义来说，“目标”不仅包括人们设定的“目标”，人们的期望、愿景和理想等都可以算作“目标”。如，人们乘坐飞机时都期望能够安全抵达目的地，虽然许多调查数据显示飞机属于最安全的交通工具，但飞行事故有时也会发生，飞行事故发生的不确定性必然对人们的期望（目标）产生影响，因此也就形成了乘坐飞机的风险。从另外一个角度看，无论是个人、家庭、组织、国家，乃至人类都有各自的目标。如，对于人类来说，创建一个美好的家园，能够过幸福、美满的生活，这应该是绝大多数善良的人们的目标或愿望，但自然灾害、环境公害等有可能给人类带来共同的灾难，对人类的美好愿望产生负面的影响，这些灾难发生的不确定性形成了人类共同的风险。

四、影响

从 ISO Guide 73：2009 中对风险的定义上看，“影响”也是形成风险的三个条件之一，当然也是风险的基本特征之一。这里的“影响”是指不确定性对目标的“影响”，从更深层次看，应该是事件对目标的影响，因为不确定性是指事件的不确定性，准确地说，是指事件发生的不确定性和事件后果的不确定性。当不确定性和目标已存在时，判断是否存在风险的唯一条件就是看不确定性是否会对目标造成“影响”，如果没有“影响”，就不存在风险。如，一个人准备在水深 3 米、冰层只有 5 厘米且部分冰已融化的河面上行走（目标），这时，如果冰面垮塌（不确定性）就会出现安全事故（有影响），所以存在风险。假设换一个情景，其结果就会完全不同。如，一个人准备在水深 5 厘米且冰层也是 5 厘米的冰面上行走（目标），这时，无论冰面是否垮塌（不确定性）都不会出现安全事故（无影响），所以不存在风险。

ISO Guide 73：2009 的风险定义中对“影响”的解释为：“影响是指偏离预期，可以是正面的和/或负面的”。通过这一解释我们可以看到，“影响”可以是正面的也可以是负面的，这里的“影响”是指不确定性对目标的“影响”，因此，不确定性对目标的“影响”可以是正面的也可以是负面的。由此可以得出这样的结论：按照 ISO Guide 73：2009 的风险定义，风险具有两重性，不确定性对目标的正面“影响”将使风险主体获利，不确定性对目标的负面“影响”将使风险主体受损。

第四节　风险等级

ISO Guide 73：2009 的风险定义中对风险等级的解释为："单一风险或组合风险的大小，以后果和可能性的组合来表示"。从定义中可以看到，风险等级是风险的大小，或者说，可以用风险等级来描述风险的大小，使风险量化。这一点对于风险管理来说至关重要，因为相对于非量化的风险而言，量化的风险可以区分出不同风险的严重程度，会使风险管理变得更具有针对性，极大地提高风险管理的效率和有效性。

风险等级最重要的作用是量化风险，从风险等级定义中可以看到：风险等级以后果和可能性的组合来表示。如果用 R 表示风险大小（等级），用 P 来表示可能性（风险发生的可能性），用 C 来表示后果（风险后果的影响程度），则风险大小（等级）R 的一般表达式可表示为：

$$R = R(P,\ C) \tag{1-1}$$

式（1-1）含义为：风险大小（等级）R 是可能性 P 和后果 C 的函数，当 P 和 C 的组合方式明确确定时，风险大小（等级）R 可以采用可能性 P 和后果 C 的乘积来表示，如采用风险矩阵时，风险等级 R 的表达式可表示为：

$$R = P \times C \tag{1-2}$$

风险评价的结果是风险准则与风险分析结果比较后得出的结果，这一结果经常采用风险等级的形式，以使风险量化，并能够按风险等级对风险进行排序。

在现代风险管理中，常可以根据最低合理可行（ALARP）准则来确定风险等级。ALARP 准则的基本含义是：系统总是存在风险的，不可能通过预防措施来彻底消除风险。而且，当采取措施将风险降低到一定程度后，要想进一步降低风险的投入将会急剧升高，因此，必须在系统的风险和投入的成本之间找到平衡。为了便于理解，本节中列出了假设的风险矩阵——风险等级表（表 1-2）以及 ALARP 准则示意图（图 1-1）。

表 1-2　　风险等级

风险发生可能性	风险等级				
极高（经常会发生）	3	2	1	1	1
高（很多情况下会发生）	4	3	2	1	1
中等（某些情况下会发生）	4	3	2	2	1

续表

风险发生可能性	风险等级				
低（很少情况下才发生）	4	4	3	2	1
极低（一般情况下不发生）	4	4	3	3	2
	极低（几乎无影响）	低（轻度影响）	中等（中度影响）	高（严重影响）	极高（重大影响）
	风险后果影响程度				

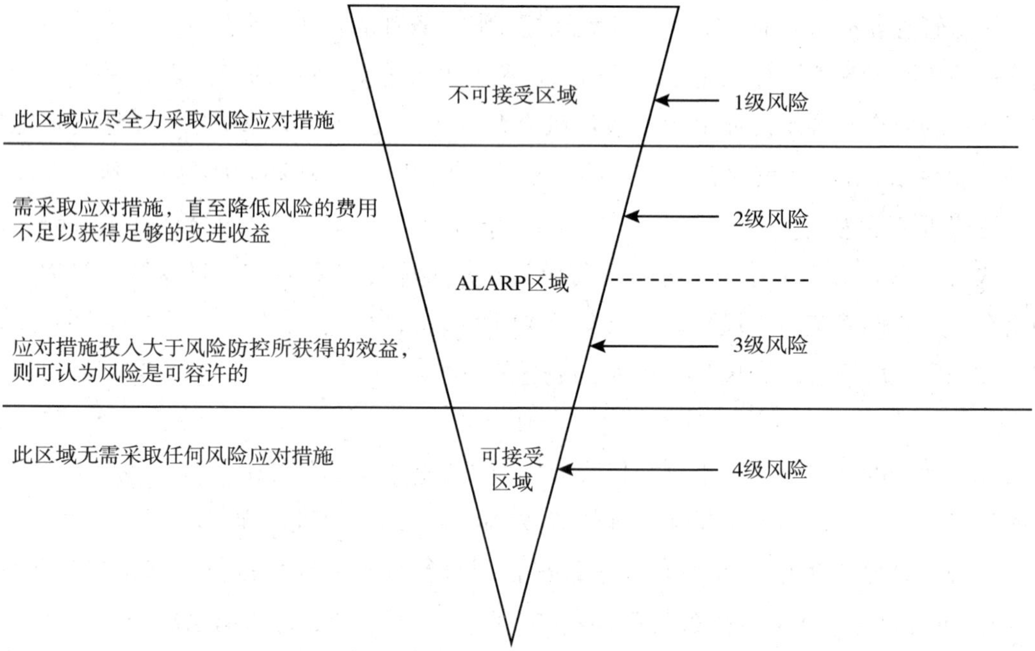

图1-1　ALARP准则示意

按照最低合理可行（ALARP）准则，风险可划分为以下三个区域（可参考图1-1）：

（1）不可接受区域——该区域包括了表1-2中的1级风险。在该区域内无论相关活动能够带来什么收益，风险都是无法接受的，必须不惜代价进行风险应对。

（2）中间区域（又称ALARP区域）——该区域包括了表1-2中的2级风险和3级风险。在该区域内风险的应对需要考虑实施应对措施的成本与收益；对于区域内等级较低的风险（3级风险），可以直接进行应对措施的成本收益分析，如果为应对措施增加的投入大于风险防控所获得的效益，则可认为风险是可容许的；对于区域内等级较高的风险（2级风险），则需进一步采取应对措施，直至降低风险的投入不足以获得足够的风险防控效益。

ALARP 区域属于允许区域，这里的允许并不等于可接受，只是表明允许风险存在以保证一定利益，同时又期望它保持在可检查并能被减小的范围内。

（3）广泛可接受区域——该区域包括了表 1－2 中的 4 级风险。在该区域内的风险微不足道，无须采取任何风险应对措施。

显然，ALARP 准则为我们提供了一个划分风险区域的原理，也为我们提出了风险管理应在风险应对投入与风险应对收益之间寻求平衡的思想。ALARP 准则起源于英国，目前在西方国家得到了较普遍的应用，除欧洲国家外，ALARP 准则还在亚洲的许多国家和地区得到了应用。由于这一准则是根据西方国家的情况提出的，在我国的应用时间还不长，所以应用时应充分考虑我国的具体情况和特点，特别是法律方面的要求对不可接受风险的影响。对于风险区域划分和风险可接受水平的确定方面，应针对不同情况进行专门研究，以使其更加科学和适用。但可以肯定的是，ALARP 准则的基本思想为风险管理提供了更加科学的思路。

第五节　风 险 分 类

由于同类的事物有着相同的特性和变化规律，可以采用同样的方法对这些同类的事物进行研究、分析、控制和管理，所以，需要对事物进行分类，以提高综合效率。风险管理活动也不例外，同样也需要对风险进行分类，以使风险管理活动更加科学、有效。风险分类的重要依据就是风险管理需求，在风险管理的实践中，需要对分类方法和分类属性进行分析，根据实际需求来确定风险分类的方法和分类属性，建立适用的风险分类体系。

目前在风险管理领域对风险的分类是五花八门，研究机构、大学、管理机构、标准化组织以及风险管理的学者们“各显神通”。从不同的角度提出了各色各样的风险分类。从分类学的观点来看，采用不同的分类方法可设计出不同的分类体系，如采用线分类法可建成树型分类体系，采用面分类法则可建成平行分类体系。另外，根据不同的分类属性可获得不同的分类结果，下面是一些根据不同分类属性提出的风险分类。

（1）根据时间期限可将风险分为长期风险、中期风险和短期风险。长期风险是指可能持续多年存在的风险，这类风险一般是战略层面的风险，如对外长期投资、新产品研发和推广的风险等。中期风险是指在某一时间段内可能持续存在的风险，如与某些工程项目有关的风险。短期风险是指在较短时间内能够立刻显现的风险，如乘坐飞机、短期股票投机的风险。

（2）根据风险是否可控可将风险分为控制性风险和非控制性风险。控制性风险通常是指可预知的并且采用一些常态下的控制措施可以使损失降低的风险，如汽车可能出现故障，但如果能够对汽车进行妥善保养，可以推迟和降低汽车出现故障的机会。非控制性风险是指除控制性风险之外的风险。

（3）根据不确定性对风险影响的结果可将风险分为纯粹风险和机会风险。纯粹风险是指只有负面影响的风险，有时也称为危险，如交通安全事故、自然灾害等。机会风险是指有可能带来负面影响也有可能产生正面影响的风险，如风险投资、股票交易的风险等。

（4）根据经济环境是否变化可将风险分为动态风险和静态风险。动态风险是指由于经济环境的变化可能导致的风险，如通货膨胀/紧缩、汇率变化导致的风险。静态风险是指与经济环境变化没有直接关系的风险，这些风险不是由经济环境变化造成的，如侵权风险、违约风险等。

（5）根据是否有经济损失可将风险分为经济风险和非经济风险。经济风险通常是指后果可能直接导致经济损失的风险，如洪水淹没大量农田和房屋造成直接经济损失。非经济风险是指后果不能直接导致经济损失的风险，如洪水造成一些野生动植物死亡，破坏了生态环境，但并没有直接的经济损失。

（6）围绕组织内不同领域的目标可将风险分为战略风险、财务风险、市场风险、运营风险和法律风险。这些风险的含义一目了然，在此不做过多解释。

无论是上述风险分类还是目前在标准和教科书中提出的各种对风险的分类都有各自的应用范围和条件，同时也都有各自的局限性。分类本身就是一项复杂的活动，由于分类的复杂性，造成了风险分类的局限性，也正是由于分类的复杂性，所以很难找到一个万全的分类方法解决所有分类问题。这也是导致风险分类“百花齐放”的主要原因。

第六节 风险的影响

一、风险对人类社会的影响

从人类出现的那一刻起，风险就无时不伴随人类左右，早期人类的风险主要来自野兽的侵袭和自然灾害。人们为防范风险，采取各种措施，这些措施逐步推动了人类的进步。如，人类为躲避野兽的袭击会逃跑，从逃跑变为和野兽搏斗，从搏斗变为主动攻击野兽，最终人类的狩猎使野兽的肉成为人类餐桌上的美味佳肴，使野兽的皮毛成为人类舒适的衣帽。人类社会的进步和财富的不断积累使风险发生了变化，原有的风险依然存在，但又增加了新的风险，如抢劫、偷盗、侵占和掠夺财产等。在这些风险中，人类之间的战争是最大的风险，一场战争常常会夺去成千上万人的生命，对于战争而言，野兽对人类的袭击已经不算什么了。为了应对战争，人类发明了各种武器，与此同时，也推动了技术的发展。人类社会发展到今天，原有的某些风险消失了，某些风险依然存在。与此同时，人类又必须面对新增的风险，如水污染、核泄漏、侵权、网络安全等。所以可以说，风险一直伴随着人类，而人类为了应对风险采取的各种措施推动了人类的进步，使人类社会得到了不断的完善。

二、风险在物质方面的影响

风险在物质方面对人们的影响是最直接的，也是最容易感受到的。这些风险影响主要包括：对财产的影响、对经济增长的影响、对身体健康的影响。下面分别描述这些影响。

1. 对财产的影响

风险对财产的影响主要是指风险对财产可能造成的直接损失，虽然各种风险的定义中大多未提及财产损失，但财产损失常常是人们最为关注的问题之一。大火烧毁房屋、洪水淹没良田、盗贼窃取财物、企业投资失误等都将造成财产的损失，这些损失就是风险可能带来的影响，这些影响恰恰是人们不希望发生的，有时甚至是无法接受的。

2. 对经济增长的影响

前面讨论过风险的定义，ISO Guide 73：2009 对风险的定义为："不确定性对目标的影响"，经济的增长往往是企业的目标之一，甚至是国家的目标之一，但是风险的存在有时使目标无法实现。影响经济增长的风险是多方面的，如市场萧条、政局不稳、社会动荡、金融危机等因素都有可能成为风险从而对经济增长造成影响，这些因素既可能影响企业的经济增长也可能影响国家的经济增长，而这些影响大多是负面的。另有一些因素对经济增长的影响有可能是负面的，也有可能是正面的，如股市变化、汇率波动、政策调整等因素，这些因素在特定条件下可能会对经济增长目标产生正面的影响。

3. 对身体健康的影响

风险对身体健康的影响主要是指风险可能会对人们身体造成的伤害，这样的风险通常也是安全和健康管理领域关注的核心。如，车祸、空难、污染、疫情、问题食品等都可能对人们的身体造成伤害，这些伤害就是风险可能带来的影响。今天的社会，也有人将人身伤害折算成经济损失或称财产损失，特别是人寿保险业对此尤为热衷。从宏观上看，将人身伤害折算成财产损失的方法有一定道理，如空难造成人员伤亡，无论是航空公司还是保险公司进行赔偿都有财产损失。但从空难遇难者亲属的角度看，亲人的离世往往是不能用金钱进行衡量的。

三、风险在精神方面的影响

风险在精神方面的影响主要是指风险可能会给人们心灵带来的不安。财产损失、人身伤害等纯粹风险，往往会使人们在精神上产生焦虑甚至恐惧；对于机会风险，如购买彩票、参加赌博、交易股票、经营期货甚至进行风险投资，人们的目标都是获利，但这些活动既有可能获利也有可能亏损，可能的亏损会使人们担心，担心的结果造成精神紧张、烦躁、忧虑。无论是纯粹风险可能使人们在精神上产生焦虑和恐惧，还是机会风险可能给人们造成的精神紧张、烦躁和忧虑，都是一种极端的精神状态，如果长期持续这样一种精神状态，必将损害身体和心理健康。当然，风险带来的精神方面的影响是因人而异的，不同的人有不同的精神面貌和不同的承受能力，有些人面对风险会泰然处之，有些人则会忧心忡忡。

无论风险会带来什么样的影响，人类社会都在持续的进步，在与风险的不断抗争中人类丰富了自身的知识，逐渐认识和掌握了应对风险的方法与技能，在探寻风险规律的同时，完善了人类自己。

| 第二章 |

风险管理概要

第一节　风险管理的定义

风险管理有很多种不同的定义，在 ISO Guide 73：2009《风险管理——术语》发布之前，较为普遍被接受的定义是这样解释风险管理的：风险管理主要考虑纯粹风险并管理这些风险。另一种定义指出：风险管理是一种应对纯粹风险的科学方法，它通过预测可能的损失，设计并实施一些流程去最小化这些损失发生的可能；而对确实发生的损失，最小化这些损失的经济影响。这样定义的风险管理是完全针对损失的管理，具有一定的片面性。在某教科书中对风险管理做了如下定义：风险管理是以最小的代价降低纯粹风险的一系列程序。这一定义也有其不足之处，如在一些特定条件下，降低风险并不一定以最小代价，而是可接受代价。以上对风险管理的定义有一个共同之处，就是这些对风险管理的定义都是针对纯粹风险的，这与国际上近年来对风险管理的定义中大多没有指明纯粹风险有所差别。

ISO Guide 73：2009 对风险管理的定义为："在风险方面，指挥和控制组织的协调活动"。从这个定义上看，风险管理是指挥和控制组织的协调活动，也就是说，风险管理是对组织而言的，是组织的风险管理，在通常情况下，没有组织也就没有风险管理了。事实上，在各种组织中企业是最关注或最应该关注风险管理的群体，因为，在各种组织中企业是最容易受到风险影响的群体。ISO Guide 73：2009 对风险管理的定义较为简单、明确，同时信息量也较少，不利于初期实施风险管理的组织对风险管理的理解和认识。对于这一点，美国 COSO《企业风险管理——整合框架》中的企业风险管理定义更利于企业对风险管理的了解。COSO 将企业风险管理定义为："企业风险管理是一个过程，它由一个主体的董事会、管理当局和其他人员实施，应用于战略制定并贯穿于企业之中，旨在识别可能会影响主体的潜在事项，管理风险以使其在该主体的风险容量之内，并为主体目标的实现提供合理保证”。这个定义反映了以下几个基本概念：

- 企业风险管理是一个过程，它持续地流动于主体之内；
- 企业风险管理是由组织中各个层级的人员实施；
- 企业风险管理应用于战略制定；
- 企业风险管理贯穿于企业，并在各个层级应用；
- 企业风险管理旨在识别会影响主体的潜在事项，并把风险控制在风险容量以内；
- 企业风险管理能够为管理当局和董事会目标的实现提供合理保证。

显然，ISO Guide 73：2009 中对风险管理的定义与 COSO《企业风险管理——整合框架》中对企业风险管理的定义有所区别，ISO Guide 73：2009 中对风险管理的定义属于抽象化和概念化的定义，其适用的范围更加广泛；COSO《企业风险管理——整合框架》中对企业风险管理的定义仅适用于企业，其内容描述更加充分和具体、更具有适用价值。

第二节　风险管理的起源与发展

风险管理主要起源于 20 世纪 50 年代对安全（含健康）事故发生的可能进行的分析和控制，其中，美国对安全事故的保险管理功能便是风险管理的早期形式。50 年代中后期，保险所需的成本一路飙升，而保险的覆盖面却相对有限。于是，企业渐渐意识到仅仅依靠买保险并不足以规避风险，以企业为主导的风险管理实践开始风靡，人们在总结前人风险管理经验的基础上对风险管理的活动进行了改进和完善。至 70 年代，随着风险管理理论的持续发展，风险管理实践经验的不断积累，企业逐步从保险管理转变为风险管理。在此期间，美国的有些机构出版了与风险管理有关的杂志，如风险与保险学会出版的《风险管理》，另有一些美国的研究机构开办了与风险管理有关的教育项目。

20 世纪 60 年代后期至 70 年代，风险管理的概念、原理和实践从美国逐渐传播到了欧洲及其他地区，1973 年在欧洲成立的日内瓦协会是推动欧洲风险管理的最主要的组织。1976 年，日内瓦协会创办了《风险和保险管理》期刊。

进入 21 世纪以来，世界范围内经济领域各种不稳定因素的影响加剧，使风险管理成为各类企业极为关注的一个重要主题。与此同时，为应对国际上的各类风险，世界主要发达国家和标准化组织先后制定（或修订）了各自的风险管理标准，这一举措进一步推动了风险管理标准在世界范围内的应用。随着风险管理理论和实践的发展，进入21世纪后，风险管理已从风险分析与风险控制为主的方式逐步转变为全面风险管理的方式。

21世纪初发生的国际金融危机以及造成企业风险的部分恶性事件给企业敲响了警钟，类似的事件不仅可能使企业破产，还可能使行业陷入危机。在此背景下，风险管理在国内引起了重视，理论和技术的发展也进一步深入。在企业风险管理方面我国起步较晚，加之风险管理是一项涉及因素多、覆盖范围广的复杂性工作，致使我国企业开展风险管理面临一定的困难，同时，开展风险管理也成为我国企业不得不面对的一项新挑战。

第三节 风险管理的主要特征

一、风险管理的增值性

长期以来，风险管理一直是针对纯粹风险进行的，风险管理的目的是避免或降低纯粹风险造成的损失，从这一角度来看，降低损失本身就意味着增值。根据国际标准化组织对风险的最新定义（ISO Guide 73：2009），风险是“不确定性对目标的影响”，定义的注1解释：“影响是指偏离预期，可以是正面的和/或负面的”。从这个定义的含义来看，风险管理不仅要管理纯粹风险以降低损失，还要管理机会风险以产生增值。

二、风险管理的目标性

ISO Guide 73：2009对风险的定义为：“不确定性对目标的影响”，由此定义可以看到，目标是风险的基本特征，这一基本特征决定了风险管理的目标性，同时也决定了风险管理的目的是避免或降低不确定性对目标的负面影响。美国COSO《企业风险管理——整合框架》对企业风险管理的定义中明确提出：风险管理旨在识别可能会影响主体的潜在事项，管理风险以使其在该主体的风险容量之内，并为主体目标的实现提供合理保证。了解风险管理的目标性对于界定风险管理的主体，划分风险管理的范围具有重要意义。

三、风险管理的复杂性

与早期风险管理相比，如今的风险管理包罗万象、纷繁复杂，风险管理的研究和理论建设也呈多样化发展趋势。风险管理的复杂性体现在多个方面，如风险种类的复杂性、风险涉及学科和职业的复杂性、风险管理方法的复杂性、风险评估技术的复杂性等。从企业预防风险的制度建设，到采用相应的风险管理标准，再到企业从容应对各种风险，其中每一过程均体现了风险管理的复杂性。正是风险管理的复杂性，使企业开展风险管理时显得步履艰难，障碍重重。充分认识风险管理的复杂性，对于企业为风险管理提供必需的资源极为重要。

四、风险管理的嵌入性

ISO 31000：2009《风险管理——原则与指南》中明确了开展风险管理活动的前提是建立风险管理框架，风险管理框架并不试图去描述一个管理体系，而是协助组织将风险管理整合到现有的管理体系中。由此可以看到，开展风险管理活动时，风险管理本身并不需要建立管理体系，重要的是需要将风险管理活动嵌入组织的各个层级和部门、各个管理体系、各项业务活动和具体项目。这就是风险管理的嵌入性特点，这也是ISO进入21世纪后在风险管理方面的最新研究成果之一，目前已成为国际风险管理界的主流共识。

五、风险管理的未来性

无论从哪一个具有权威性的机构对风险的定义都可以了解到“风险的未来性”。最权威的定义是国际标准化组织（ISO Guide 73：2009）的定义：风险是“不确定性对目标的影响”；最直白而简单的定义是风险管理研究所（IRM）提出的定义，风险是“某个事件发生的可能性及其结果”。在论及“不确定性”或者“事件发生的可能性”时，其时间节点必然都是在风险（事件）发生之前，由这些定义能够看到风险具有明确的未来属性。由于风险的未来性决定了风险管理的未来性，风险管理是对未来的管理，所以一个组织的风险管理的成功与否，决定着组织未来一定时期内的利益、绩效、名誉等，甚至包括生存与发展。

六、风险管理的时效性

在进行风险管理时，时间是需要考虑的重要因素，风险管理的时效性决定着风险管理的成败。ISO 31000：2009《风险管理——原则与指南》中提出了风险管理的 11 项原则，其中第 5 项原则是"采用系统化、结构化和时效化的方法"，这里"时效化"的方法就是针对风险管理的时效性而提出的。风险管理的时效性也可以理解为及时性，就是在风险来临前做好对风险的应对和防范。假设风险管理活动开展得不及时，就可能导致在风险管理开始前风险已经发生了。在针对特定风险时，无论是风险评估开展得不及时、风险应对措施制定得不及时、还是风险应对措施实施得不及时，都可能造成风险管理活动失去意义。

第四节　风险管理标准

一、国际风险管理标准总体情况

目前国际标准化组织（ISO）颁布的风险管理标准主要有四项（含一项技术报告），分别是 ISO Guide 73：2009《风险管理——术语》，ISO 31000：2009《风险管理——原则与指南》，ISO/IEC 31010：2009《风险管理——风险评估技术》，ISO/TR 31004：2013《风险管理——ISO 31000 实施指南》（技术报告）。前两项标准发布得较早，经过国际标准化组织（ISO）的多年努力，这两项标准均在 2009 年进行了重新修订，新版的标准对原标准进行了较大幅度的修改，甚至许多风险管理的概念都发生了根本性的变化。第三项标准于 2009 年发布，主要涉及风险评估的理论和技术。第四项（技术报告）于 2013 年发布。ISO 31000：2009 标准重新修订发布后，各国都很重视，许多国家直接等同采用了 ISO 31000：2009 标准，为了进一步指导风险管理的实施，国际标准化组织（ISO）于 2011 年决定通过开发一个新标准来落实 ISO 31000：2009 的实施，第四项 ISO/TR 31004：2013 就是这个"新标准"。ISO/TR 31004：2013 具有 3 年的试用期，若在试用期内符合各方的基本风险管理诉求，那么很有可能在经过适当修改后成为正式的 ISO 标准。国际标准化组织（ISO）颁布的这四项标准（含一项技术报告），对于推动风险管理在世界范围内的应用起到了重要的作用。

二、ISO Guide 73：2009 简介

ISO Guide 73：2009《风险管理——术语》是国际风险管理领域最具有权威性的术语标准之一，已被许多国家所采用。目前，我国的国家标准 GB/T 23694－2013 已经等同采用了 ISO Guide 73：2009 标准。

与 ISO Guide 73：2002 相比，ISO Guide 73：2009 在内容上进行了大幅度的修订，最引人关注的变化是对“风险”的定义进行了重新修订。2002 版标准对风险的定义是：“某一事件发生的概率和其后果的组合”，在 2009 版标准中改为：“不确定性对目标的影响”。这一改动使“风险”的定义更加明确、科学、严谨。是否存在风险，就看三个要素，不确定性、目标、影响三者俱备，才可考虑存在风险。值得注意的是术语定义的变化往往导致概念的变化，如果将 2002 版“风险”定义来与新版“风险”定义进行比较，可以看到，前者认为只要存在“某一事件发生的概率和其后果的组合”就是风险，后者则认为即使存在“某一事件发生的概率和其后果的组合”，但没有对目标造成影响，就不属于风险。可见，两者在概念上差别巨大。

ISO Guide 73：2009 一共包括 50 个风险管理术语。该标准将 50 个术语分为与风险有关的术语、与风险管理有关的术语和与风险管理过程有关的术语 3 个部分，并按 3 个部分对这 50 个术语进行定义和注解。

第一部分仅“风险”1 个术语。

第二部分包括了风险管理、风险管理框架、风险管理方针、风险管理计划 4 个术语。

第三部分是 45 个与风险管理过程有关的术语，这 45 个术语涉及了风险管理过程的主要活动。包括沟通与协商、建立环境、风险评估、风险应对、监测与评审，其中涉及风险评估的术语最多，达 23 个。由术语的数量可以看到风险评估在风险管理中的重要位置。

三、ISO 31000：2009 简介

ISO 31000：2009《风险管理——原则与指南》工作组历经四年多的研究和论证，于 2009 年 11 月达成共识，完成了对前一版 ISO 31000 标准的修订，并发布正式标准。

ISO 31000：2009《风险管理——原则与指南》是ISO风险管理标准中的核心标准，已被多国直接等同采用为本国的国家标准。由于澳大利亚的风险管理标准在国际上曾一度领先，因此，ISO 31000：2009《风险管理——原则与指南》中大量参考了澳新标准AS/NZS 4360：2004的内容。

在过去一段时间里，风险管理体系曾一度被用于风险管理。后来人们发现，由于风险管理的嵌入性特点，作为独立的风险管理体系很难与组织的其他管理体系有效衔接，风险管理工作也很难融入组织的各个层次。为解决这一问题，ISO 31000：2009《风险管理——原则与指南》中针对风险管理的嵌入性特点提出了风险管理框架的理论，这一理论是ISO标准对风险管理领域的最新贡献，风险管理框架的理论提出后迅速得到了国际上的普遍认同。由于风险无处不在，对于组织而言，各个不同的管理领域（体系）都有可能存在风险，所以风险管理需要融入组织的各个层级、业务、产品、项目、场所、活动等诸方面，这就是风险管理的嵌入性特点。

ISO 31000：2009主要包括风险管理原则、风险管理框架、风险管理过程三个部分。

ISO 31000：2009根据风险管理的特征和作用提出了11项"风险管理原则"，这些原则是企业风险管理的重要基础之一，也是风险管理核心思想的主要来源。"风险管理框架"是风险管理的顶层设计文件，其核心内容是组织开展风险管理的重要依据，也是组织实施全面风险管理的必要条件。"风险管理过程"涉及的工作是全部风险管理中最重要的工作，具有情况复杂、理论性强、工作难度大的特点，"风险管理过程"是否有效关系到组织风险管理的成败。

四、美国风险管理标准

美国最著名的风险管理标准是美国COSO 2004年9月发布的《企业风险管理——整合框架》。《企业风险管理——整合框架》拓展了COSO较早前发布的《内部控制——整合框架》的内容，更广泛地关注于企业风险管理这一领域。该标准将内部控制框架纳入其中，从而构建了一个更强有力的概念和管理工具。企业不仅可以借助这个风险管理框架来满足内部控制的需要，还可以借此转向一个更加全面的风险管理过程。

从COSO《企业风险管理——整合框架》中的风险定义和对事件不确定性的解释来看，COSO的风险概念与ISO Guide 73：2009中对风险的定义是有所区别的。ISO Guide 73：2009中提出风险是不确定性对目标的影响，这种影响有消极和积极两种，也就是说风险中可能出现负面和正面两种结果；COSO的风险概念则认为事件会带来正、负两个方面的影响，正的方面的影响是机会，负的方面的影响是风险；风险是事件给目标带来负面影响的可能性。需要强调的是，COSO 认为事件结果造成的影响具有正负两重性，既有可能是风险也有可能是机会；ISO Guide 73：2009 中对风险的定义则认为风险本身具有两重性，既有可能获利也有可能受损。

COSO 发布的《企业风险管理——整合框架》在世界范围内具有普遍的影响，特别是在北美，属于极具权威性的风险管理标准。

五、澳新风险管理标准

澳新风险管理标准主要是指澳大利亚和新西兰联合发布的 AS/NZS 4360《风险管理》国家标准。该标准于 1999 年首次发布，标准号为：AS/NZS 4360：1999，制定标准的目的是为了指导和促进澳大利亚和新西兰上市或私有企业风险管理的应用。标准参考了 1993 年的《澳洲新南威尔士洲风险管理指南》，所以，AS/NZS 4360 标准与《澳洲新南威尔士洲风险管理指南》在结构上具有相似性。AS/NZS 4360：1999《风险管理》在澳大利亚和新西兰两国经过了五年的使用，于 2004 年进行了修订并重新发布为 AS/NZS 4360：2004《风险管理》。由于 AS/NZS 4360：1999《风险管理》是国际上第一个风险管理的国家标准，标准发布后引起了许多国家的关注，AS/NZS 4360 标准曾经被澳大利亚政府和世界上许多上市公司采用，澳大利亚和新西兰许多的行业协会根据 AS/NZS 4360 和自己的行业特性编制了供本行业使用的风险管理标准。值得一提的是，2009 年发布的 ISO 31000《风险管理——原则与指南》中的许多内容继承了 AS/NZS 4360：2004《风险管理》的内容，与此同时，澳大利亚和新西兰两国等同采用了 ISO 31000：2009，标准号为：AS/NZS 31000：2010。

六、英国风险管理标准

英国是较早开展风险管理标准制定的欧洲国家，英国标准化协会（BSI）对国际标准化组织（ISO）具有一定的影响力，所以，ISO 31000《风险管理——原则与指南》的内容中有许多英国风险管理标准的影子，事实上，英国根据本国情况等同采用了 ISO 31000，标准号为：BS ISO 31000。英国不仅等同采用了 ISO 31000 标准，还特地为 ISO 31000 标准的应用制定了实施指南标准，编号名称为：BS 31100《风险管理——ISO 31000 实施指南》（*Risk Management—Code of Practice and Guidance for the Implementation of BS ISO* 31000)，BS 31100 的发布为英国实施 ISO 31000 提供了指南，也为其他国家应用 ISO 31000 提供了参考。

七、我国风险管理标准

我国风险管理的理论研究和应用与国际上发达国家有一定的差距，风险管理标准的制定工作也开展得较晚。近些年来，国家推动风险管理在企业的应用，特别是对金融企业和上市公司提出了明确要求，在这一大背景下，我国风险管理标准的制定工作加快了步伐。目前我国已等同采用了 ISO Guide 73《风险管理——术语》，标准号为：GB/T 23694：2013；以 ISO 31000《风险管理——原则与指南》（31000：2009 DIS 稿）为基础制定了 GB/T 24353：2009《风险管理——原则与指南》；参考 ISO/IEC 31010《风险管理——风险评估技术》制定了 GB/T 27921：2011《风险管理——风险评估技术》。除上述基础性和综合性的标准外，中国还制定了一些专业性的风险管理标准，如 GB/T 27914：2011《企业法律风险管理指南》、GB/T 24420：2009《供应链风险管理指南》、GB/T 23811：2009《食品安全分析工作原则》等。这些风险管理标准的发布和实施，对于促进中国风险管理的应用起到了积极的作用。

八、风险管理标准在主要国家的应用

ISO 风险管理标准发布以来，引起了许多国家对风险管理标准的重视，特别是 2009 年 ISO 发布了 ISO/IEC 31010：2009 并对 ISO Guide 73 和 ISO 31000 进行了重新修订，各国对这些风险管理标准给予了积极的响应。表 2－1 中是目前主要国家对 ISO 风险管理标准的应用情况。

表 2－1　　主要国家对 ISO 风险管理标准的应用情况

国家名称	标准号	发布时间	采用标准形式
美国	ANSI/ASSEZ 690. 1：2011	2011 年	等同采用 ISO Guide 73：2009
	ANSI/ASSEZ 690. 2：2011	2011 年	等同采用 ISO 31000：2009
	ANSI/ASSEZ 690. 3：2011	2011 年	等同采用 ISO/IEC 31010：2009

续表

国家名称	标准号	发布时间	采用标准形式
英国	BS ISO 31000：2009	2010 年	等同采用 ISO 31000：2009
	BS EN ISO/IEC 31010：2010	2010 年	等同采用 ISO/IEC 31010：2009
	BS 31100：2011	2011 年	ISO 31000：2009 的实施指南
澳大利亚/新西兰	AS/NZS ISO 31000：2009	2009 年	等同采用 ISO 31000：2009
	HB 158：2010	2010 年	ISO 31000：2009 的实施指南
加拿大	CAN/CSA – ISO 31000	2010 年	等同采用 ISO 31000：2009
	CAN/CSA – ISO/IEC 31010	2010 年	等同采用 ISO/IEC 31010：2009
	CSA Q31001：2011	2011 年	ISO 31000：2009 的实施指南
日本	JIS Q 0073：2010	2010 年	等同采用 ISO Guide 73：2009
	JIS Q 31000：2010	2010 年	等同采用 ISO 31000：2009
	JIS Q 31010：2011	2012 年	等同采用 ISO/IEC 31010：2009
中国	GB/T 23694：2013	2013 年	等同采用 ISO Guide 73：2009
	GB/T 24353：2009	2009 年	对应 ISO/DIS 31000
	GB/T 27921：2011	2011 年	参考 ISO/IEC 31010：2009

第五节　风险管理的基本条件

目前国际上影响最大的风险管理标准是国际标准化组织发布的 ISO Guide 73《风险管理——术语》和 ISO 31000：2009《风险管理——原则与指南》，下面以这两项 ISO 风险管理标准为基础来讨论开展风险管理的基本条件。

一、统一的概念

统一的风险管理概念是一个组织开展风险管理活动的基础，没有统一的风险管理概念就没有统一认识，也就失去了交流的前提。如：2002 年发布的 ISO Guide 73《风险管理——术语》中对风险的定义是“某一事件发生的概率和其后果的组合”，其中注 1 的解释是：术语风险仅用于至少产生负面结果的情况。2009 年发布的 ISO Guide 73《风险管理——术语》中对风险的定义则是“不确定性对目标的影响”，其中注 1 的解释是：影响是指偏离预期，可以是正面的和/或负面的。对于这两个定义可以看到明显的差别。

同样的术语，定义不同就等于概念不同，在这样一种情况下，看上去讨论的是同一个问题，实质上则相去甚远，认识上和概念上的混乱最终将导致管理上的混乱，使风险管理失败。因此，在开展风险管理时，需要在组织内确定一个统一的风险管理术语标准来统一风险管理概念。

二、明确的原则

组织开展风险管理活动需要遵循一定的原则，这些原则通常是风险管理活动特征和作用的总结，符合相应的客观规律。开展风险管理活动时认识、理解和遵循这些原则，将降低发生错误的可能性，少走弯路，起到事半功倍的效果。ISO 31000：2009《风险管理——原则与指南》中提出了风险管理需要遵循的 11 项原则，分别是：创造并保护价值、作为整体的所有过程的一部分、作为决策的组成部分、清晰地阐明不确定性、采用系统化、结构化和时效化的方法、基于最可利用的信息、关注环境关联性、考虑人文因素、注重透明性及包容性、基于动态性及往复性的特点对变化保持持续响应、促进组织的持续改进。至于这些原则的含义和作用，将在下面的一些章节讨论。

三、明确的职责权限

风险管理是一项复杂的管理活动，在复杂的管理活动中，如果没有明确的职责和权限，这类管理活动很难完成。基于风险管理的复杂性，在组织开展风险管理之前明确各级机构和人员的风险管理职责是风险管理成功的必要条件。风险管理需要与业务工作紧密结合，融入日常各项活动之中，在此基础上来明确各级人员在风险管理中的职责，才能使风险管理更加有效。根据目前风险管理的实践来看，在一个将要开展风险管理的组织内，需要对以下机构和人员明确风险管理的职责和权限：最高决策层（如董事会）、最高管理者和最高管理层、风险管理机构及风险管理专门人员、职能部门及涉及的人员、技术和业务部门及涉及的人员、作业部门及涉及的人员。

四、适宜的资源

配置一定的资源是开展一项活动的基础，风险管理也不例外。与一般的管理活动相比，风险管理需要配置更充分、更丰富的资源，这是由于风险管理活动的复杂性决定的。在资源配置不够充分的情况下，风险管理极有可能出现问题，甚至可能造成重大损失。如在开展风险评估活动时，由于资源不足，没有熟练掌握风险评估理论（工具）的技术人员参加，致使风险评估得出了错误的结论。错误的风险评估结论必将导致错误的风险应对，错误的风险应对终将导致损失的发生。由此可以看到，配置适宜的资源是开展风险管理活动必不可少的条件。ISO 31000：2009《风险管理——原则与指南》中提出了风险管理配置的资源主要包括：具备技术、经验和能力的人员；用于风险管理的过程、方法和工具；经费及相关资源；相关培训活动。

五、有效的风险管理框架

在风险管理的发展过程中，风险管理领域曾一度提出建立风险管理体系来开展风险管理活动。随着风险管理理论研究的深入，ISO 31000：2009《风险管理——原则与指南》中提出了建立风险管理框架的理论，并明确指出，风险管理的成功取决于风险管理框架的有效性，这个框架提供风险管理的基本组成和设置并使其嵌入组织的各个层级，而并不试图去描述一个管理体系。这一理论是国际标准化组织在风险管理方面的最新研究成果，体现了风险管理框架在风险管理中的重要作用，明确了风险管理的嵌入性特点，同时也取代了建立风险管理体系的理论。事实上，ISO 31000：2009 中对风险管理框架的描述已成为目前国际风险管理领域的基本共识。基于这一点，建立有效的风险管理框架是组织有效开展风险管理的基本条件，或者说，组织开展风险管理活动时应首先考虑建立一个有效的风险管理框架。

| 第三章 |

风险管理常用术语

目前，国际上主要发达国家几乎都制定了自己国家的风险管理标准，其中大多列出了风险管理术语。如美国 COSO《企业风险管理——整合框架》中对风险、不确定性、企业风险管理等多个术语进行了定义。但长期以来，风险管理领域中并没有统一的术语，有些主流标准之间的术语也存在着差异，这一情况严重影响了国家之间、组织之间、专家学者之间在风险管理方面的正常交流。

针对这一情况，国际标准化组织于 2009 年发布了最新的术语标准——ISO Guide 73：2009《风险管理——术语》（*Risk Management—Vocabulary*），其中对 50 个风险管理术语给出了定义；同年发布的 ISO 31000：2009《风险管理——原则与指南》（*Risk Management—Principles and Guidelines*）中也列出了 ISO Guide 73：2009 中的 29 个术语。ISO Guide 73：2009 与 ISO 31000：2009 同时发布，目的是给 ISO 风险管理标准提供统一的术语基础，而这一举措也为国际上风险管理领域的交流提供了共同“语言”。

值得一提的是 ISO Guide 73：2009 已被我国等同采用为国家标准，标准号：GB/T 23694：2013。

本书根据风险管理术语的使用情况，列出了 ISO Guide 73：2009 中的 43 个常用术语，并增加了 1 个术语，共 44 个术语。下面对这些术语和定义逐一解读。

1. 风险（risk）

不确定性对目标的影响（Effects of uncertainty on objectives）。

注 1：影响是指偏离预期，可以是正面的和/或负面的。

注 2：目标可以是不同方面（如财务、健康与安全、环境等）和层面（如战略、组织、项目、产品和过程等）的目标。

注 3：通常用潜在事件、后果或两者的组合来区分风险。

注 4：通常用事件后果（包括情形的变化）和事件发生可能性的组合来表示风险。

注 5：不确定性是指对事件及其后果或可能性的信息缺失或了解片面的状态。

[GB/T 23694：2013/ISO 73：2009，定义 2.1]

解读：

术语“风险”的定义是风险管理领域最基础的定义，它涉及风险管理最基本的概念。ISO Guide 73：2009 中对风险的定义是许多参与标准修订意见的国家达成的共识，也是 ISO 在风险管理方面的最新研究成果之一，这一定义目前已成为风险管理领域的主流定义。

从风险的定义“不确定性对目标的影响”中可以看到，形成风险有三个要素，第一是不确定性，第二是目标，第三是影响，此三个要素缺一不可。根据是否具备这三个要素，我们可以明确判断出风险是否成立。另外，这里还有一个关键的要素——“事件”，风险中的“不确定性”是对“事件”而言的，没有“事件”就没有“不确定性”，也就是说没有“事件”就没有风险。风险定义的注 3、注 4、注 5 中都涉及了“事件”，可见“事件”在风险中的重要地位。

为了便于理解风险的含义，下面分别解读“风险”定义给出的五个注解：

注 1 是对影响的解释。首先说明影响是指偏离预期，这里可以理解为偏离目标。其次说明影响可能是正面的，也可能是负面的。根据这一解释，可以认为风险具有“二重性”，正面的影响是会获益，负面的影响是会受损。如投资股票的风险，可能赚钱，也可能赔钱。又如新产品研发的风险，可能成功，带来新的竞争力；也可能失败，导致现金流短缺而倒闭。

注 2 是对目标的解释。重点说明了目标涉及的范围，可以包括不同方面、不同层级的目标，在此可理解为组织为求得生存和发展的任何目标，如财务目标、健康安全目标、项目目标、产品目标、经营目标、战略目标等。

注 3 说明了区分风险的方法，即用潜在事件、后果或两者的组合来区分风险。事件是风险的载体，没有事件风险也就无从谈起，更谈不上后果和可能性。在研究和了解事件及其后果的基础上，才能够有效地区分风险。

注 4 给出了风险的表示方法。在风险管理实践中，人们常用事件后果及其发生可能性的“乘积”表示风险的大小。风险的大小也称为“风险等级”。

注 5 解释了风险的“不确定性”。关于不确定性的详细论述读者可参见本书第一章第三节。

2. 风险管理（risk management）

在风险方面，指挥和控制组织的协调活动（Coordinated activities to direct and control an organization with regard to risk）。

［GB/T 23694：2013/ISO 73：2009，定义 3.1］

解读：

风险管理的定义为："在风险方面，指挥和控制组织的协调活动"。从这个定义上看，风险管理是对组织而言的，是组织的风险管理，在通常情况下，没有组织也就没有风险管理。事实上，在各种组织中企业是最关注或最应该关注风险管理的群体，因为，在各种组织中企业是最容易受到风险影响的群体。

ISO Guide 73：2009 对风险管理的定义较为简单、明确、适用范围广泛，同时信息量也较少，这为初期实施风险管理的组织认识和了解风险管理带来了困难。对于这一点，美国 COSO《企业风险管理——整合框架》中的"企业风险管理"定义更利于企业对风险管理的了解。COSO 将"企业风险管理"定义为："企业风险管理是一个过程，它由一个主体的董事会、管理当局和其他人员实施，应用于战略制定并贯穿企业之中，旨在识别可能会影响主体的潜在事项，管理风险以使其在该主体的风险容量之内，并为主体目标的实现提供合理保证"。

我国国务院国资委对"企业全面风险管理"的定义为："企业全面风险管理"是指企业围绕总体经营目标，通过在企业管理的各个环节和经营过程中执行风险管理的基本流程，培育良好的风险管理文化，建立健全全面风险管理体系，包括风险管理策略、风险理财措施、风险管理的组织职能体系、风险管理信息系统和内部控制系统，从而为实现风险管理的总体目标提供合理的保证过程和方法。这一定义将风险管理定义为一种过程和方法。无论是 COSO《企业风险管理——整合框架》中的"企业风险管理"定义，还是国务院国资委"企业全面风险管理"定义，都比 ISO Guide 73：2009 中的"风险管理"定义更为具体，更便于应用。

3. 风险管理框架（risk management framework）

为设计、执行、监测、评审和持续改进整个组织的风险管理提供基础和组织安排的一组构成（Set of components that provide the foundations and organizational arrangements for designing, implementing, monitoring, reviewing and continually improving risk management throughout the organization）。

注 1：基础包括风险管理的方针、目标、授权与承诺。

注 2：组织的安排包括计划、相互关系、责任、资源、过程和活动。

注 3：风险管理框架被嵌入组织的整体战略、运营方针及实践中。

[GB/T 23694：2013/ISO 73：2009，定义 3.1.1]

解读：

“风险管理框架”是风险管理的基本组成和设置，也是组织实施风险管理的前提条件。定义中将其描述为“一组构成”，这组构成包括了“设计、实施、监测、评审和改进”。这里有一点需要指出，GB/T 23694：2013/ISO Guide 73：2009 中将定义原文中的“Set of components”译为“要素集合”，国内也有一些风险管理著作或文章将“Set of components”译为“一组构成”，从字面来看，原文使用了 components（成分），而没有使用 elements（要素）或其他类似的词汇，所以“一组构成”更接近原文的含义。

定义中涉及了风险管理中的五个过程，包括设计、执行、监测、评审和持续改进，这五个过程组成了“实现风险管理”的全过程，为便于理解定义，我们用“实现风险管理”这一语句来替代上述五个过程，这样，原定义可写为：为实现风险管理提供基础和组织安排的一组构成（要素集合）。基于这一点，定义可解释为：实现风险管理是目的，为达到实现风险管理的目的，需要提供一组构成，一组构成包括基础和组织安排两个方面，这样一组构成就是风险管理框架。标准的定义中还有 3 个注，注 1 和注 2 分别解释了基础和组织安排两个方面包括的内容，注 3 则描述了风险管理框架应采用嵌入式的应用方法。

通过上述分析对风险管理框架可以做以下理解：

（1）构建和应用风险管理框架的目的是实现风险管理，这其中包括设计、执行、监测、评审和持续改进 5 个过程。由于监测和评审两个过程特征相似、目的相同，因此，在实践中常常合为一个过程进行管理。

（2）风险管理框架包括基础和组织安排两个方面，基础包括风险管理的方针、目标、授权与承诺，组织安排包括计划、相互关系、责任、资源、过程和活动。其中的相互关系含组织的环境。

（3）风险管理框架的应用是嵌入式的，这一框架应嵌入组织的整体战略、运营方针及实践中。这里所说的实践中包括了组织生产实践的各个过程。

图 3－1 表述了风险管理框架的结构。

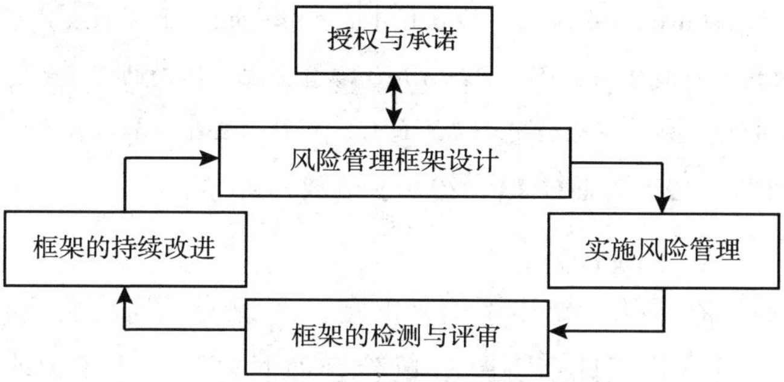

图 3-1　风险管理框架

图 3-1 与 ISO 31000：2009 标准中的风险管理框架构成图基本一致，图 3-1 中描述了风险管理框架由五部分组成：授权与承诺、风险管理框架设计、实施风险管理、框架的检测与评审、框架的持续改进。图 3-1 中分为两个层次，第一层次为授权与承诺，第二个层次是四个过程的 PDCA 循环，四个过程的 PDCA 循环是在授权与承诺控制和指导下完成的，同时过程中的各类信息也要通过风险管理框架设计向授权与承诺反馈，以便于实施改进。

4. 风险管理方针（risk management policy）

组织在风险管理方面的总体意图和方向的表述（Statement of the overall intentions and direction of an organization related to risk management）。

[GB/T 23694：2013/ISO 73：2009，定义 3.1.2]

解读：

"风险管理方针"表示了组织在风险管理方面的愿望和方向，是指组织开展风险管理的战略目的和追求。从定义中可以看到，"风险管理方针"是"组织在风险管理方面的总体意图和方向的表述"，对组织而言，"风险管理方针"通常是以文件的形式进行表述。风险管理方针通常需要清晰阐明组织的风险管理目标和对风险管理的承诺。形成文件的"风险管理方针"类似于"质量管理体系"中的"质量管理方针"和"环境管理体系"中的"环境管理方针"。

5. 风险管理计划（risk management plan）

在风险管理框架中，详细说明用于风险管理的方法、管理构成和资源的方案（Scheme within the risk management framework specifying the approach，the management components and resources to be applied to the management of risk)。

注 1：管理构成一般包括程序、实施方法、职责分配、活动的顺序和时间安排。

注 2：风险管理计划可用于特定产品、过程、项目以及组织的部分或整体。

[GB/T 23694：2013/ISO 73：2009，定义 3.1.3]

解读：

"风险管理计划"在术语中给出了明确的定义，说明了风险管理计划的重要性。从定义中可以看到，"风险管理计划"是"风险管理框架"中用于说明风险管理的方法、管理构成和资源的方案，由此可以看出"风险管理计划"是"风险管理框架"组成部分。由于"风险管理计划"中包括了"风险管理的方法、管理构成和资源的方案"，因此，"风险管理计划"是组织实施风险管理最重要的文件之一。

注 1 描述了"管理构成"应包括的内容。如果将"管理构成"应包括的内容代入该定义，可以看到如下关于"风险管理计划"的定义："在风险管理框架中，详细说明用于风险管理的方法、程序、实施方法、职责分配、活动的顺序、时间安排和资源的方案"。这一定义与原定义相比虽然有些冗长，但表述的更加具体，也更易于理解。

注 2 描述了"风险管理计划"适用的范围，其中包括组织的特定产品、过程、项目，也包括组织的部分或整体。这里的"特定"可以理解为具体事项，"特定产品"可以理解为某一具体产品。

6. 风险管理过程（risk management process）

将管理方针、程序和实施方法系统地应用到沟通与协商、建立环境以及识别、分析、评价、应对、监测与评审风险的活动（Systematic application of management policies, procedures and practices to the activities of communicating, consulting, establishing the context, and identifying, analyzing, evaluating, treating, monitoring and reviewing risk）。

[GB/T 23694：2013/ISO 73：2009，定义 4.1]

解读：

从定义可以看到，"风险管理过程"是一项活动，这一活动需要系统地应用管理方针、程序和实施方法，而应用的对象包括了沟通与协商、建立环境，以及识别风险、分析风险、评价风险、应对风险、监测与评审风险等，如图 3-2 所示。

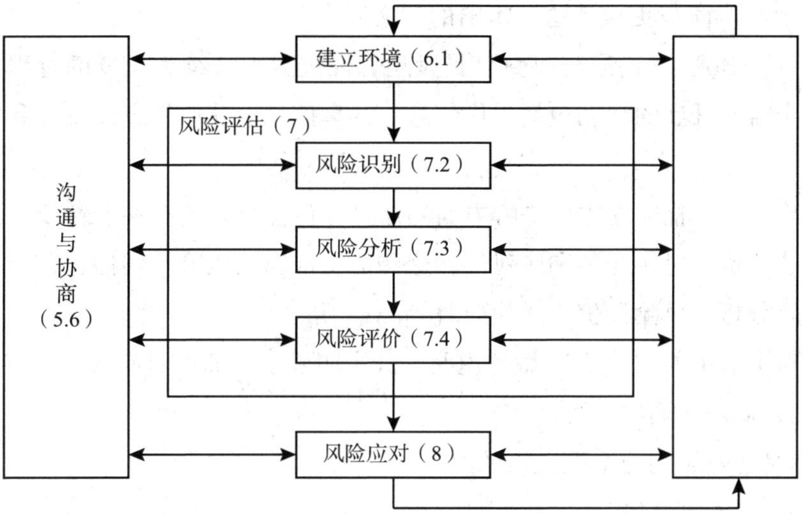

图 3－2　风险管理过程

定义中的“管理方针”是指风险管理方针，“程序”是指与风险管理相关的程序文件，“实施方法”是指实施风险管理活动的方法，在风险管理实践中，风险管理的“实施方法”通常包含在风险管理计划中。

7. 沟通与协商（communication and consultation）

组织在风险管理时，提供信息，共享信息、获取信息以及与利益相关者开展对话的持续和反复的过程（Continual and iterative processes that an organization conducts to provide，share or obtain information，and to engage in dialogue with stakeholders regarding the management of risk）。

注 1：信息可能涉及风险的存在、性质、形式、可能性、重要性、评价、可接受性和应对等方面。

注 2：协商是组织与其利益相关者在某一问题决策或确定方向之前所进行的充分的（informed）双向沟通的过程。协商是一个通过影响力而不是权力影响决策的过程；协商是对决策的输入，而不是共同决策。

[GB/T 23694：2013/ISO 73：2009，定义 4.2.1]

解读：

在 GB/T 23694：2013/ISO 73：2009 中将这一术语译为“沟通与咨询”，从英文“consultation”的含义看，既可译为“协商”也可译为“咨询”。注 2 将该过程描述为双向沟通的过程，而咨询往往是一方为主的过程，协商则是双向的过程，因此，将该术语译为“沟通与协商”更接近这一术语的英文原意。

从定义可以看到，“沟通与协商”是风险管理过程中持续和反复的过程，在这一持续反复过程中需要开展的活动包括提供信息、共享信息、获取信息以及与利益相关者开展对话。

注1明确了定义描述的主要是哪方面的信息，包括风险的存在、性质、形式、可能性、重要性、评价、可接受性和应对等，这些信息都属于风险管理信息，内容涉及了风险识别、风险分析、风险评价、风险应对等。

注2是对术语中的“协商”做的说明，其中明确了协商所具有的以下三个特征：

- 协商是双向沟通的过程；
- 协商是通过影响力影响决策的过程；
- 协商不是共同决策。

8. 利益相关者（stakeholder）

可以影响、被影响或感到自己会被某一决策或活动所影响的个人或组织（Person or organization than can affect，be affected by，or perceive themselves to be affected by a decision or activity）。

注：决策者可以是利益相关者。

［GB/T 23694：2013/ISO 73：2009，定义4.2.1.1］

解读：

“利益相关者”是影响决策或被决策所影响的个人或组织，组织的“利益相关者”可以分为内部利益相关者和外部利益相关者。内部利益相关者可包括股东、董事会成员、管理层、各级员工；外部利益相关者可包括顾客、委托人、供应商、销售商、分包商、债权人、投资者、政府机构、社区等。

从“利益相关者”的定义，可以看到，在风险管理过程中，“利益相关者”常常会影响决策，或被决策所影响，为此，在风险管理决策时需要充分考虑“利益相关者”的诉求和期望，以使风险管理的决策合理可行。

9. 风险感知（risk perception）

利益相关者对风险的看法（Stakeholder's view on a risk）。

注：风险感知能够反映利益相关者的需求、观点、知识、信仰和价值观。

［GB/T 23694：2013/ISO 73：2009，定义4.2.1.2］

解读：

“风险感知”是利益相关者对风险的看法，反映了“利益相关者”的需求、观点、知识、信仰和价值观，或者说“风险感知”是“利益相关者”的诉求和期望的体现。

“风险感知”是对利益相关者而言的，包括了内部利益相关者和外部利益相关者。事实上，对于组织而言，也有自己的需求、观点、知识、信仰和价值观，在风险管理决策时，两者都是需要考虑的重要方面。因此，在组织开展风险管理活动时，需要与“利益相关者”持续沟通，充分了解“风险感知”，这样才能全面分析风险的影响，做出准确的判断，为合理可行的决策提供支持。

10. 建立环境（establishing the context）

组织在管理风险，以及确定风险管理方针范围和风险准则时，界定需要考虑的内外部参数的过程（Defining the external and internal parameters to be taken into account when managing risk, and setting the scope and risk criteria for the risk management policy）。

[GB/T 23694：2013/ISO 73：2009，定义 4.3.1]

解读：

“建立环境”是风险管理的重要工作内容，也是实施风险管理过程之前需要开展的一个必要环节。术语“建立环境”的英文为：establishing the context，GB/T 23694—2013 中将其译为“明确环境”，本书则译为“建立环境”。两种译法从英文原意看都有道理，只是在风险管理初期有些环境需要明确，而有一些环境是需要建立的，特别是一些内部环境。如有些组织的经营战略、目标、资源、责任、程序等并不完善或者说还不能够适合开展风险管理的要求，这时就需要对他们进行改进和完善，即“建立环境”。

“建立环境”是有时效性的，定义中提出了三个时间点，第一个时间点是管理风险时，第二个时间点是确定风险管理方针范围时，第三个时间点是确定风险准则时。除此三个时间点外，其他时间考虑“建立环境”的相关事宜意义不大，如在实施风险应对措施时考虑“建立环境”，对于实施风险应对措施来说毫无价值。

从定义可知，“建立环境”是界定需要考虑的内外部参数的过程，值得注意的是，上述三个时间点上都需要完成这一过程。定义中的“内外部参数”可以理解为影响风险管理的内外部因素和条件。内部因素可包括组织的方针、目标、资源、业务能力、信息、文化、业务模式、现有制度和管理体系、内部利益相关者的价值观等。外部因素可包括政策、法律、经济、金融、技术、竞争环境、自然环境以及外部利益相关者对组织的影响等。

11. 外部环境（external context）

组织追求其目标实现时所处的外部状况（External environment in which the organization seeks to achieve its objectives）。

注：外部环境可包括：

——国际、国内、区域或地方的文化、社会、政治、法律、法规、金融、技术、经济、自然以及竞争环境；

——对组织目标产生影响的关键驱动因素和趋势；

——与外部利益相关者的关系以及他们的感知和价值观。

[GB/T 23694：2013/ISO 73：2009，定义 4.3.1.1]

解读：

风险管理中的“外部环境”是指企业范围以外的环境，这些环境可能会对企业风险管理的决策造成影响，并且这些外部环境是不受企业控制的。这些环境包括社会环境、自然环境、竞争环境，外部股票持有人和外部金融环境也是外部环境的重要组成部分，另外，还需要考虑影响组织目标实现的外部关键因素及其历史和变化趋势。外部环境的详细内容参考本书第六章第一节。

12. 内部环境（internal context）

组织追求其目标实现时所处的内部状况（Internal environment in which the organization seeks to achieve its objectives）。

注：内部环境包括：

——治理、组织机构、职能和责任；

——方针、目标，以及实现他们的战略；

——从资源和知识角度所理解的能力（如资本、时间、人力、过程、系统和技术）；

——信息系统、信息流和决策流程（正式的和非正式的）；

——与内部利益相关者的关系，以及他们的感知和价值观；

——组织的文化；

——组织采用的标准、指南和模型；

——合同关系的形式和程度。

[GB/T 23694：2013/ISO 73：2009，定义 4.3.1.2]

解读：

“内部环境”是指组织在追求目标的实现过程中影响目标实现的内部因素，包括组织内部可能影响风险管理的任何事情。定义揭示了组织目标与内部环境的依赖关系，并强调风险管理过程应与组织的文化、过程、结构、战略相一致。内部环境的详细内容参考本书第六章第一节。

13. 风险准则（risk criteria）

评价风险重要性的依据（Terms of reference against which the significance of a risk is evaluated）。

注 1：风险准则基于组织的目标、外部环境和内部环境。

注 2：风险准则可以来自标准、法律、政策和其他要求。

[GB/T 23694：2013/ISO 73：2009，定义 4.3.1.3]

解读：

“风险准则”是评价风险重要性的依据，将风险分析的结果与风险准则相比较可以得出风险的重要程度，根据风险的重要程度组织能够确定需要采取的风险应对措施，因此，“风险准则”是风险管理必不可少的重要内容。组织的“风险准则”通常以文件的形式做出规定，可以用一个或多个文件描述“风险准则”的内容。

通过注 1 和注 2 可以看到，“风险准则”基于组织的目标、外部环境和内部环境，“风险准则”可以来自标准、法律、政策和其他要求。值得注意的是，可行时，具体的“风险准则”宜采用可测量的形式提出，如确定的风险等级、量化后形成的指标等；“风险准则”通常体现风险发生的可能性与风险的影响程度两个方面。关于风险准则的详细内容可参考本书第六章第二节。

14. 风险评估（risk assessment）

包括风险识别、风险分析和风险评价的全过程（Overall process of risk identification，risk analysis and risk evaluation）。

[GB/T 23694：2013/ISO 73：2009，定义 4.4.1]

解读：

“风险评估”是风险管理的核心过程，其结果是组织进行风险应对决策的重要依据。从“风险评估”的定义可以看到，“风险评估”由“风险识别”“风险分析”“风险评价”三个子过程组成，如图3-3所示。

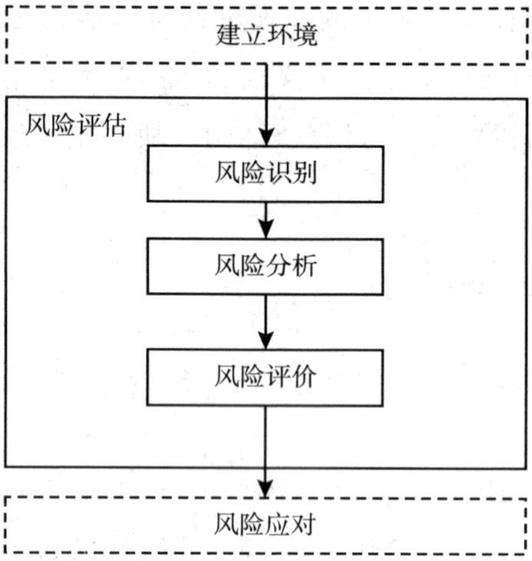

图3-3 风险评估过程

“风险评估”中的“风险识别”“风险分析”“风险评价”这三部分内容紧密相关，前一部分的输出是后一部分的主要输入，如风险识别的结果是风险分析基础和依据。虽然“风险评估”的重要性已被许多组织所认识，但只有将“风险评估”得到的结论转化为组织决策内容，以及针对具体风险采取的风险应对措施取得了预期效果，“风险评估”的价值才能得以体现。

风险评估活动可以在组织的各个层级开展，风险评估的范围可覆盖项目、单个活动或具体事项等。“风险评估”开展前首先需要确定本次“风险评估”的目标、范围、依据、进度和资源，除此之外，还需要重点考虑可能组建的专家团队、组织的环境和风险评估背景情况等。

15. 风险识别（risk identification）

发现、确认和描述风险的过程（Process of finding，recognizing and describing risk）。

注1：风险识别包括对风险源、事件及其原因和潜在后果的识别。

注2：风险识别可能涉及历史数据、理论分析、专家意见以及利益相关者的需求。

[GB/T 23694：2013/ISO 73：2009，定义4.5.1]

解读：

从“风险识别”的定义可以看到，“风险识别”是对风险从发现到确认，再到描述的过程。“风险识别”是风险评估的第一个子过程，其主要目的是，建立一个基于风险事件的、综合的、广泛的风险清单。清单中包括对风险源、事件及其原因和潜在后果的描述。在风险管理实践中，某个风险的发生可能是多个“风险源”造成的，在风险评估时常将“风险源”作为被识别风险的下层次风险。另外，“风险识别”中仅仅是对风险原因和后果进行初步描述，在风险分析阶段，还需要对风险原因和后果进行进一步的分析。

风险事件可能创造、加强、阻碍、降低、加速或推迟目标的实现。值得强调的是：第一，事件是风险的载体，风险清单以风险事件为基础；第二，风险清单应力求广泛、全面，因为不被识别的风险将无法进入风险评估的后续过程，只有风险被完整识别，才能充分发挥后续的风险分析和风险评价的作用。

16. 风险描述（risk description）

对风险所做的结构化的表述，通常包括四个元素：风险源、事件、原因和后果（Structured statement of risk usually containing four elements：sources，events，causes and consequences）。

［GB/T 23694：2013/ISO 73：2009，定义 4.5.1.1］

解读：

“风险描述”的定义使得组织在风险识别阶段对风险的表述能够明确而具体，主要包括四个元素：风险源、风险事件、风险原因和风险后果。

在风险管理实践中进行风险识别时，“风险描述”定义中的四个元素并不一定全部列出，但一般应列出风险源、风险事件和风险后果三个元素。风险原因有些情况下可以不在“风险描述”中列出，这主要是由于风险原因比较复杂，有些原因在风险识别时无法知晓，需要经过风险分析后才能够对风险原因有个基本的认识，还有一些风险原因人类可能至今还不清楚，如飞鸟撞击飞机的原因等。

为便于读者理解，我们用民航客机的飞行风险来举例说明这四个元素结构化的表述，如表 3－1 所示。需要说明的是，表 3－1 仅仅是对“风险描述”的举例，风险管理实践中的“风险描述”会更加详细和具体。

表 3－1　　风险描述举例

风险名称	风险源	风险事件	风险原因	风险后果
飞行风险	设备故障	飞行事故（含飞行全过程）	设备检修维护不充分	1. 机上人员受到惊吓；2. 飞机受损；3. 机上人员受伤或死亡；4. 机毁人亡（可能同时导致地面建筑物损坏和人员伤亡）
	人为操作失误	飞行事故（含飞行全过程）	1. 人员休息不充分；2. 人员培训不充分；3. 人员考核不到位	
	劫机	劫机事件	机场安检不充分	
	塔台指挥（失误或与飞机沟通不畅）	起飞或降落事故	1. 塔台发出指令有误；2. 塔台指令描述有误；3. 机长理解塔台指令有误	
	恶劣天气	飞行事故（含飞行全过程）	天气预报不准确，导致飞机没有避开恶劣天气	
	飞鸟撞击	飞机受损	小概率事件，原因不详	
	地面导弹攻击	飞机破损或坠机	1. 飞越了处于战争状态的国家；2. 恐怖袭击	
	……	……	……	……

表 3－1 描述了一个风险，即民航飞机的飞行风险；针对飞行风险列出了 7 个风险源（实践中可能更多）以及对应的风险事件、风险原因和风险后果。关于飞行事故的含义，读者可查询相关专业资料。

17. 风险源（risk source）

可能单独或共同引发风险的固有因素（Element which alone or in combination has the intrinsic potential to give rise to risk）。

注：风险源可以是有形的，也可以是无形的。

[GB/T 23694：2013/ISO 73：2009，定义 4.5.1.2]

解读：

GB/T 23694：2013 将风险源译为：可能单独或共同引发风险的内在要素。本书将“内在要素”译为“固有因素”。从整句的含义来看，“固有因素”更接近原文含义。“固有因素”指伴随事物而存在的因素，“内在要素”一词则是相对于外在要素而言的。作为风险源来说，既然“内在要素”能够引发风险，外在要素当然也能够引发风险。我们仍用民航客机的飞行风险来举例说明，从表 3－1 可以看到，民航客机的风险源可以包括：①设备故障、②人为操作失误、③劫机、④机场塔台指挥失误、⑤恶劣天气、

⑥飞鸟袭击、⑦中途遭受导弹攻击。这些风险源如果用“内在要素”来解释，则很难让人理解，通常人们会认为①、②项风险源是内在要素，④项风险源有部分内在要素，③、⑤、⑥、⑦项风险源则都是外在要素。为避免读者发生误读和歧义，本书选择了“固有因素”代替了“内在要素”。

风险源定义的注中指出：风险源可以是有形的，也可以是无形的。有形的风险源如电源、化学危险品、易燃易爆品等，无形的风险源如市场价格波动、国家政策调整、金融危机诱因等。

18. 事件（event）

某一类情形的发生或变化（Occurrence or change of a particular set circumstances）。

注1：事件可以是一个或多个情形，并且可以由多个原因导致。

注2：事件可以包括没有发生的情形。

注3：事件有时可以称为“事故”。

注4：没有造成后果的事件还可称为“未遂事件”“事故征候”“临近伤害”或“幸免”。

[GB/T 23694：2013/ISO 73：2009，定义4.5.1.3]

解读：

“事件”是风险中的关键要素，因为不确定性是对“事件”而言的，没有“事件”就没有不确定性，没有不确定性就没有风险，也就是说没有“事件”就没有风险。

“事件”是风险的基本特征之一，也是风险的具体体现。在不确定性的概念里，其最核心内容是“事件”，而“事件”本身又伴随有两个突出特征，一是“事件”的后果（影响程度），二是“事件”发生的可能性。ISO Guide 73：2009对风险的定义中的不确定性，我们可理解为“事件”发生的不确定性和“事件”后果（影响程度）的不确定性。事实上，ISO Guide 73：2009在风险定义的注3、注4、注5中对风险、事件和不确定性已经进行了说明，并描述了三者的关系。读者也可以结合表3－1进一步加深对事件的理解。

19. 危险源（hazard）

潜在伤害的来源（Source of potential harm）。

注：危险源可以是一个风险源。

[GB/T 23694：2013/ISO 73：2009，定义4.5.1.4]

解读：

安全生产领域的常用术语。从定义看，“危险源”是潜在伤害的来源，因此，有可能引发纯粹风险，但不会引发机会风险，由此也可得知风险源的范围包括了“危险源”。定义的“注”中也说明了这一点。

20. 风险分析（risk analysis）

理解风险性质、确定风险等级的过程（Process to comprehend the nature of risk and to determine the level of risk）。

注1：风险分析是风险评价和风险应对决策的基础。

注2：风险分析包括定性和定量分析，也包括风险估计。

［GB/T 23694：2013/ISO 73：2009，定义4.6.1］

解读：

“风险分析”是风险评估的第二个子过程，其结果是风险评价的输入也是风险评价和风险应对的重要依据。“风险分析”的目的主要有两个。一是加深对风险的理解，只有对风险的正确理解，才能在风险评价和风险应对时做出正确的决策；二是为风险评价提供输入，“风险分析”是在风险识别基础上开展的，与风险识别相比“风险分析”的结果更深入、更明确、更具有针对性。这两者显示了“风险分析”在风险评估过程中承上启下的作用，也说明“风险分析”是风险评估的核心子过程。

风险分析可以是定性的、半定量的、定量的或以上方法的组合。采用什么样的方法，要根据“风险分析”的目的、获得的信息数据和配置的资源来确定。一般情况下，首先采用定性分析，初步了解风险等级和揭示主要风险。适当时再进行更具体和定量的风险分析。采用定性分析时，应该对使用的术语和概念进行清晰的说明，并记录所有风险准则的设定基础。

21. 可能性（likelihood）

某事件发生的机会（Chance of something happening）。

注1：无论是客观的或主观的、定性或定量的方式来定义、度量或确定，还是用一般词汇或数学术语来描述（如概率，或一定时期内的频率），在风险管理术语中，“可能性”一词都用来表示某事发生的机会。

注2：“可能性”（likelihood）这一英语词汇在有些语言中没有直接与之对应的词汇，因此经常用“概率”这个词代替。不过，在英语中，“概率”通常被狭义地理解为一个数学词汇。因

此，在风险管理术语中，“可能性”应该有着与许多语言中使用的“概率”一词相同的解释，而不局限于英语中“概率”一词的意义。

[GB/T 23694：2013/ISO 73：2009，定义 4.6.1.1]

解读：

“可能性”一词在生产实践和日常生活中都很常见，属于常见词汇。从“可能性”定义的“注1”看，其含义也不难理解，无论进行怎样的定义和描述，在风险管理术语中，“可能性”一词都用来表示某事发生的机会。值得注意的是，“可能性”属于事件本身伴随的两个突出特征，一是事件的“后果”，二是事件发生的“可能性”。

“可能性”定义的“注2”中描述了英语中“可能性”与“概率”的区别，严格地说，在汉语中，“可能性”与“概率”也是有差别，可能性更通俗，概率更偏于数学，这方面与英语类似。在风险管理实践中“可能性”与“概率”的区分并不十分严格。

22. 暴露（敞口）（exposure）

组织和/或利益相关者受某事件影响的程度（Extent to which an organization and/or stakeholder is subject to an event）。

[GB/T 23694：2013/ISO 73：2009，定义 4.6.1.2]

解读：

“暴露（敞口）”的定义很明确：“组织和/或利益相关者受某事件影响的程度”，由此可知，“暴露（敞口）”是被量化的风险。在金融行业风险管理中，暴露也称敞口，敞口常用货币数量来表示。

23. 后果（consequence）

某事件对目标影响的结果（Outcome of anevent affecting objectives）。

注1：一个事件可能导致一系列后果。

注2：后果可能是确定的，也可能是不确定的，对目标的影响可能是正面的，也可能是负面的。

注3：后果可以定性或定量表述。

注4：通过连锁效应，最初的后果可能升级。

[GB/T 23694：2013/ISO 73：2009，定义 4.6.1.3]

解读：

“后果”是衡量风险严重程度的重要依据之一。风险是不确定性的影响造成的，在不确定性的概念里，其最核心内容是事件，而事件本身又伴随有两个突出特征，一是事件的“后果”，二是事件发生的“可能性”。风险等级通常用“后果”和“可能性”的组合表示，其风险等级值通常用两者的乘积表示。

关于注1解释的“一个事件可能导致一系列后果”，通过表3-1可以看到，一个风险事件（如飞行事故）可能导致人员受伤、死亡、飞机损毁、地面建筑物损坏等一系列“后果”。

关于注2中的内容在此分前后两部分举例说明：

（1）“后果可能是确定的，也可能是不确定的”。如飞机坠毁事件的“后果”必然导致机毁人亡，其“后果”是确定的；而某一局部中高等级地震的“后果”有可能使房屋倒塌、人员伤亡，也有可能没有损失，这与建筑的坚固程度以及地震时人员是否在建筑物中都有关系，这一事件的“后果”是不确定的。需要指出的是，“后果”的确定与不确定同事件的“不确定性”是完全不一样的概念，即使“后果”是确定的，事件依然是不确定的，例如，飞机坠毁事件的“后果”是确定的，但飞机坠毁事件本身是否会发生是不确定的。

（2）“对目标的影响可能是正面的，也可能是负面的”。如企业在国外投资，受国际政治形势和局部战争影响，造成企业财产损失，这是对目标的负面影响；企业在股市投资，投资后股票价格强势上涨，企业获利超出预期，这是对目标的正面影响。

注3较简单，无须说明。关于注4中谈到的“通过连锁效应，最初的后果可能升级”，例如，地震造成人员伤亡，建筑物倒塌，地震后期如果防疫不当还可能引发传染病大范围传染。

24. 概率（probability）

对事件发生机会的度量，用0和1之间的数字表示。0表示不可能发生，1表示确定发生（Measure of the chance of occurrence expressed as a number between 0 and 1，where 0 is impossibility and 1 is absolute certainty）。

［GB/T 23694：2013/ISO 73：2009，定义4.6.1.4］

解读：

“概率”是数学概率论的术语，在风险管理中反映了事件发生可能性的大小。概率是一个介于0~1之间的实数，对于事件来说，概率是0表示肯定不发生，概率是1表示肯定发生。一个事件的概率越接近0，该事件发生的概率越小（越不可能发生）；一个事件的概率越接近1，该事件发生的概率越大（越可能发生）。

在风险管理实践中，“可能性”常用“概率”来表示，0~100%之间的百分数表示概率的大小。

25. 频率（frequency）

单位时间内事件或结果的数量（Number of events or outcomes per defined unit of time）。

注：频率可以用于过去的事件或潜在的未来事件，可用于测量可能性/概率。

［GB/T 23694：2013/ISO 73：2009，定义 4. 6. 1. 5］

解读：

从“频率”的定义可以看到，“频率”的表示方式一定是：事件数或结果数/年或季度或月或日（或更小的时间单位），单位时间内的数字越多，说明发生的频率越高，从概率的角度看，发生的频率越高则概率越大。

26. 风险矩阵（risk matrix）

通过确定后果和可能性的范围来排列显示风险的工具（Tool for ranking and displaying risks by defining ranges for consequence and likelihood）。

［GB/T 23694：2013/ISO 73：2009，定义 4. 6. 1. 7］

解读：

“风险矩阵”是显示和分析风险的工具，也是常用的风险评估方法。风险矩阵中风险发生可能性的大小与风险影响程度的大小是横向 X 和纵向 Y 两个坐标参数，识别出的风险放到坐标系中进行分析和评估，从而能够得出是否需要进行应对的结论。风险矩阵如图 3－4 所示。

风险发生可能性	5（极高）	5	10	15	20	25
	4（高）	4	8	12	16	20
	3（中等）	3	6	9	12	15
	2（低）	2	4	6	8	10
	1（极低）	1	2	3	4	5
		1（极低）	2（低）	3（中等）	4（高）	5（极高）
		风险后果影响程度				

图 3－4　风险矩阵

注：本图是常用的五级风险矩阵。

图 3－4 的风险矩阵由五级风险发生可能性和五级风险后果影响程度组成，中间的阿拉伯数字是风险值，是对应的风险发生可能性和风险后果影响程度的乘积，数值越大风险越高。在风险管理实践中，风险矩阵通常是确定组织风险等级的有效方式，详细内容可参考本书第一章第四节和第四章第六节。

27. 风险等级（level of risk）

单一风险或组合风险的大小，以后果和可能性的组合来表示（Magnitude of a risk or combination of risk, expressed in terms of the combination of consequences and their likelihood）。

[GB/T 23694：2013/ISO 73：2009，定义 4.6.1.8]

解读：

“风险等级”最重要的作用是量化风险，从风险等级定义中可以看到，风险等级是以后果和可能性的组合来表示。如果用 R 表示风险等级，用 P 来表示可能性，用 C 来表示后果，则风险等级 R 的一般表达式可表示为：$R=R(P, C)$。

该式含义：风险等级 R 是可能性 P 和后果 C 的函数；当 P 和 C 的组合方式明确确定时，风险等级 R 可以采用可能性 P 和后果 C 的乘积来表示：$R=P\times C$。风险等级的详细描述参见本书第一章第五节和第四章第六节。

28. 风险评价（risk evaluation）

对比风险分析结果与风险准则，以确定风险和/或其大小是否是可接受或可容忍的过程（Process of comparing the results of risk analysis with risk criteria to determine whether the risk and/or its magnitude is acceptable or tolerable）。

注：风险评价有助于风险应对决策。

[GB/T 23694：2013/ISO 73：2009，定义 4.7.1]

解读：

“风险评价”是风险评估过程中的最后一个过程，其目的是协助决策，其结果是决定风险是否需要应对以及应对优先顺序的依据。“风险评价”涉及决策的内容包括风险是否需要应对及应对的优先顺序，“风险评价”的结果将对风险应对的决策产生决定性的影响。

风险分析的结果是“风险评价”的输入。“风险评价”的过程包括将风险分析的结果与预先设定的风险准则相比较，或者在各种风险的分析结果之间进行比较，以确定风险是否可接受并针对风险的严重程度进行排序。详细的“风险评价”内容可参考本书第七章第四节。

29. 风险态度（risk attitude）

组织评估风险进而寻求、保留、承担或规避风险的方式（Organization's approach to assess and eventually pursue，retain，take or turn away from risk）。

［GB/T 23694：2013/ISO 73：2009，定义 4. 7. 1. 1］

解读：

通过定义可以看到，“风险态度”涉及两个方面，一是风险评估，二是风险应对（寻求、保留、承担或规避风险），而风险评估的目的是为了进行风险应对。因此，“风险态度”可以理解为组织应对风险的心理倾向，或者简单来说，“风险态度”是组织应对风险的态度。

30. 风险偏好（risk appetite）

组织寻求或保留风险的意愿，包括风险的数量和种类（Amount and type of risk that an organization is willing to pursue or retain）。

［GB/T 23694：2013/ISO 73：2009，定义 4. 7. 1. 2］

解读：

GB/T 23694：2013/ISO 73：2009 中对“风险偏好”的定义是：“组织寻求或保留风险的意愿”，但英文原文中明确描述了风险的种类和数量，为了与原文一致，本书“风险偏好”的定义中保留了“包括风险的数量和种类”的内容。与风险态度相比“风险偏好”关注的是如何寻求或保留风险，风险态度关注的是如何应对风险。在风险管理的实践中，“风险偏好”通常也是可以量化的，这与“包括风险的数量和种类”的内容相符。

31. 风险容忍（risk tolerance）

组织或利益相关者为实现目标在风险应对之后承受风险的意愿（Organization's or stakeholder's readiness to bear the risk after risk treatment in order to achieve its objectives）。

注：风险容忍会受到法律法规要求的影响。

［GB/T 23694：2013/ISO 73：2009，定义 4. 7. 1. 3］

解读：

风险态度、风险偏好和“风险容忍”三个术语有类似的特征，都是描述风险管理心理倾向的术语，另外，这三个术语都与组织确定风险准则有关。“风险容忍”与前两个术语相比，有两个区别：第一，“风险容忍”的主体除组织外多了利益相关者；第二，“风险容忍”是指在风险应对之后承受风险的意愿。

32. 风险集合（risk aggregation）

为了对整体风险形成更为全面的理解，而将多个风险组合后形成的一个风险（Combination of a number of risks into one risk to develop a more complete understanding of the overall risk）。

[GB/T 23694：2013/ISO 73：2009，定义 4.7.1.5]

解读：

“风险集合”是多个风险组合后形成的一个风险。在风险管理实践中，为了对总体上的风险有个全面的理解和评估，常常将多个风险集合起来，形成一个风险，然后对其进行分析和评价。在风险分析和风险评价阶段皆可使用“风险集合”。

“风险集合”有利于组织对多个相关风险的整体理解。

33. 风险应对（risk treatment）

处理风险的过程（Process to modify risk）。

注 1：风险应对包括：

——不开始或不再继续导致风险的行动，以规避风险；

——为寻求机会而承担或增加风险；

——消除风险源；

——改变可能性；

——改变后果；

——与其他各方分担风险（包括合同和风险融资）；

——慎重考虑后决定保留风险。

注 2：针对负面后果的风险应对有时指“风险缓解”“风险消除”“风险预防”“风险降低”等。

注 3：风险应对可能造成新的风险或改变现有风险。

[GB/T 23694：2013/ISO 73：2009，定义 4.8.1]

解读：

“风险应对”是处理风险的过程，也是风险管理中的关键过程，“风险应对”是否正确决定了风险管理的成败。“风险应对”的工作内容包括两个方面：一是选择风险应对方式，二是实施风险应对方式。

“风险应对”是一个循环过程，这个循环过程包括了对“风险应对”可能造成新的风险的应对。详细内容可参考本书第八章第一节。

34. 控制（control）

处理风险的措施（Measure that is modifying risk）。

注1：控制包括处理风险的任何流程、策略、设施、操作或其他处理风险的活动。

注2：控制并非总能取得预期效果。

[GB/T 23694：2013/ISO 73：2009，定义 4. 8. 1. 1]

解读：

“控制”是处理风险的措施，从注1来看，控制也可以理解为处理风险的活动。通常意义上理解，控制是为了组织既定目标的实现而进行的管理活动，包括在确定的范围内进行的监督、检查、测量和纠偏的活动。此处的“控制”一词与通常意义上理解的“控制”有所区别，其含义特指对风险的控制。

35. 风险规避（risk avoidance）

为避免暴露于特定风险，不参与或退出某项活动的决定（Informed decision not to be involved in，or to withdraw from，an activity in order not to be exposed to a particular risk）。

注：风险规避可依据风险评价的结果和/或法律法规。

[GB/T 23694：2013/ISO 73：2009，定义 4. 8. 1. 2]

解读：

“风险规避”是一种风险应对方式，也可以称为一种风险应对策略，主要包括：决定停止或退出可能导致风险的活动。与其他风险应对方式相比，“风险规避”属于最为谨慎的应对方式，其结果相对最安全，但也可能丧失组织获利和发展的机会。

36. 风险分担（risk sharing）

涉及与其他各方就风险分配达成协议的风险应对形式（Form of risk treatment

involving the agreed distribution of risk with other parties)。

注 1：法律法规可能会限制、禁止或强制进行风险分担。

注 2：风险分担可以通过保险或其他合同形式实现。

注 3：风险被分散的程度取决于分担安排的可靠性和透明性。

注 4：风险转移是风险分担的一种形式。

[GB/T 23694：2013/ISO 73：2009，定义 4. 8. 1. 3]

解读：

"风险分担"是一种风险应对方式，也可以称为一种风险应对策略。"风险分担"不改变风险自身的大小和性质，只是通过增加风险的承受主体来实现对风险的分担，如选择项目合作单位共同承担风险。

"风险分担"与"风险转移"不同，"风险分担"是增加风险的承受主体来分担风险，"风险转移"是通过改变风险的承受主体来实现对风险的分担，如企业购买的保险。

37. 风险融资（risk financing）

为面对或处理一旦发生的财务后果而做出应急资金安排的风险应对形式（Form of risk treatment involving contingent arrangements for the provision of funds to meet or modify the financial consequences should they occur）。

[GB/T 23694：2013/ISO 73：2009，定义 4. 8. 1. 4]

解读：

"风险融资"是为应对风险而做出的资金准备，也是一种风险应对方式，只是"风险融资"与风险管理实践中经常遇到的风险应对方式（策略）不同，"风险融资"这样的资金准备对于多种风险应对方式（策略）都需要。一般情况下，风险管理中常见的一些风险应对方式（策略）在分类上是没有交叉的，如增加风险或承担新的风险以寻求机会、风险分担和风险保留这三种风险应对方式（策略）是相对独立的，但这三种风险应对方式（策略）都需要资金准备，也就是都可能需要"风险融资"。从这一情况看，"风险融资"可以理解为风险应对方式（策略）的基础措施。

38. 风险保留（risk retention）

接受某一特定风险的潜在收益或损失（Acceptance of the potential benefit of gain, or burden of loss, from a particular risk）。

注 1：风险保留包括接受剩余风险。

注 2：保留风险的风险等级取决于风险准则。

[GB/T 23694：2013/ISO 73：2009，定义 4.8.1.5]

解读：

“风险保留”通常指可接受风险的保留，也是一种风险应对方式（策略）。“风险保留”通常是组织面对风险，主动接受某一特定风险的潜在收益或损失的方式，采用这种方式应对风险时应采取谨慎的态度。当然，组织处于无奈的情况下也可能被迫“风险保留”，对于组织来说，这样的“风险保留”更像是一场赌博。

39. 剩余风险（residual risk）

风险应对之后仍然存在的风险（Risk remaining after risk treatment）。

注 1：剩余风险可包括未识别的风险。

注 2：剩余风险还被称为“残留风险”。

[GB/T 23694：2013/ISO 73：2009，定义 4.8.1.6]

解读：

“剩余风险”是风险应对之后仍然存在的风险，其来源主要产生于以下 3 个方面：

（1）风险识别不充分，没有将风险全部识别出来。

（2）风险应对措施不充分或有局限性，没有能够完全消除风险。

（3）风险应对措施本身引发了新的风险。

40. 恢复力（resilience）

组织对复杂变化环境的适应能力（Adaptive capacity of an organization in a complex and changing environment）。

[GB/T 23694：2013/ISO 73：2009，定义 4.8.1.7]

解读：

“恢复力”是组织对复杂变化环境的适应能力，也是组织抵御风险的能力。组织的恢复力强弱与组织配置的资源、员工素质、企业文化、领导者的能力和信心有关。

41. 监测（monitoring）

持续地检查、监督，密切观察或确认风险状态，以识别所要求或期望的绩效发生变化的水平（Continual checking，supervising，critically observing or determining the status in order to identify change from the performance level required or expected)。

注：监测可应用于风险管理框架、风险管理过程、风险或控制。

[GB/T 23694：2013/ISO 73：2009，定义 4. 8. 2. 1]

解读：

很显然，监测是一个过程，定义中的内容可理解为：监测是通过持续地检查和密切观察风险状态，来识别组织的措施实施效果与组织的期望之间差距的过程。监测可用于风险管理框架的监测，也可用于风险管理过程的监测，以及对风险或控制措施的监测等。监测通常会形成监测报告或监测记录。

42. 评审（review）

为实现既定目标而进行的决定某一事项的适宜性、充分性和有效性的活动（Activity undertaken to determine the suitability，adequacy and effectiveness of the subject matter to achieve established objectives）。

注：评审可应用于风险管理框架、风险管理过程、风险或控制。

[GB/T 23694：2013/ISO 73：2009，定义 4. 8. 2. 2]

解读：

在风险管理实践中，常常出现"监测"与"评审"两个词汇，事实上，"监测"与"评审"是风险管理全过程中的控制活动，目的是为了保证风险管理全过程中的各项活动和各种措施实施的有效性。"监测"主要是获取风险管理中的客观数据或结果，"评审"则主要针对具体事项作出是否适宜、充分和有效，是否需要改进的决定。

43. 风险管理审核（risk management audit）

为获得证据，进行客观评价，以确定风险管理框架或其一部分的充分性和有效性而进行的系统的、独立的、文件化的过程（Systematic，independent and documented process for obtaining evidence and evaluating it objectively in order to determine the extent to which the risk management framework，or any selected part of it，is adequate and effective）。

[GB/T 23694：2013/ISO 73：2009，定义 4. 8. 2. 6]

解读：

GB/T 19000：2016/ISO 9000：2015《质量管理体系 基础和术语》对"审核"做了如下定义："为获得客观证据并对其进行客观的评价，以确定满足审核准则的程度所进行的系统的、独立的并形成文件的过程”。通过对“审核”与“风险管理审核”的比较可以看到，两者的实质是一样的，只是前者的目的更具有广泛性，后者的目的更加明确，即确定风险管理框架或其一部分的充分性和有效性。值得注意的是，无论是前者还是后者，都确定审核是“系统的、独立的并形成文件的过程”。

44. 全面风险管理（comprehensive risk management）

全方位考虑、全范围管理、全过程控制、全员参与的风险管理活动（Risk management activity that can achieve comprehensive consideration，full-range management，overall process control，and all staff participation）。.

注 1：全方位考虑是指从组织的战略决策、经营（业务）管理、施工作业等不同层面对风险管理进行策划和设计，根据风险集合的理念，从贯穿组织全局的角度考虑风险。

注 2：全范围管理是指对组织内的所有机构、部门、工作现场，所有产品（项目）和经营业务活动，所有管理体系涉及的风险实施管理。

注 3：全过程控制是指对包括风险管理框架设计、沟通与协商、建立环境、风险评估、风险应对等风险管理全过程进行控制。

注 4：全员参与是指组织的利益相关者、决策者、管理者直至普通作业人员都有责任和义务参与风险管理活动。全员参与通常是组织风险管理文化的一部分。

解读：

随着风险管理在世界范围内的逐渐发展，全面风险管理已成为现代企业管理中不可或缺的内容。“全面风险管理”，相对于“风险管理”的区别体现在其全面性，是组织以自身整体为目标开展的风险管理活动。定义中包括了全面性的四个方面：全方位考虑、全范围管理、全过程控制、全员参与。注 1～注 4 对全面性的四个方面逐一进行了解释。

第二篇

企业风险管理实用内容

本篇共七章，这七章包括了开展风险管理所需的原则、框架、分类、要素、要求、过程、方法和适用工具等，属于企业实施风险管理必不可少的重要内容。本篇中的楷体字是“企业风险管理实用内容”，也是本书附录中的主要内容，这些内容是本书作者基于目前有影响的相关国内外标准（或文件）以及风险管理的实践活动进行研究、总结的结果。为便于读者理解和掌握“企业风险管理实用内容”，本篇每章各节均采用了先对“企业风险管理实用内容”进行描述，再对其进行解读的结构。

本篇包括第四章企业风险管理基础，第五章组织的管理要求，第六章建立环境与风险准则，第七章风险评估，第八章风险应对，第九章监测评审与持续改进，第十章风险评估技术。

| 第四章 |

企业风险管理基础

第一节　风险管理原则

风险管理原则是企业风险管理的重要基础之一，也是风险管理核心思想的主要来源。企业掌握和遵循符合客观规律的风险管理原则，在风险管理应用时将起到事半功倍的作用。风险管理原则可分为两类：一类是根据风险管理基本特征和作用归纳总结出的原则，我们称其为基本原则；另一类是从企业如何实施风险管理的角度提出的原则，我们将其称为实施原则。本节将对这些原则分别进行讨论。

一、风险管理基本原则

国际标准 ISO 31000：2009 中根据风险管理的基本特征提出了风险管理的 11 项原则，在此将其称为基本原则。这 11 项风险管理基本原则不仅能够指导企业风险管理工作，也是评判企业风险管理有效性的重要依据。以下对 11 项风险管理基本原则逐一描述和解读。

1. 第一项原则　创造并保护价值

风险管理有助于目标的达成和对绩效的明显改善，这些目标包括人身健康与安全、保安措施、法律法规遵从性、公众接受度、环境保护、产品质量、项目管理、运营绩效、治理和名誉等。

解读：

这一原则从风险管理的目的和作用角度提出了风险管理能够“创造并保护价值”，

风险管理之所以能够“创造并保护价值”，是因为“风险管理有助于目标的达成和绩效的明显改善”，组织在实施风险管理时需要遵循这一原则，使风险管理“创造并保护价值”。“创造并保护价值”是一项风险管理的原则，同时也是组织风险管理的努力方向。根据最新的风险定义，目标受负面影响可能使组织受损，风险管理能够避免或降低负面影响造成的损失，从这一角度来看，避免或降低损失本身就意味着“创造并保护价值”。另外，目标受正面影响可能使组织获益，风险管理能够保护正面影响的获益并产生增值，这也在“创造并保护价值”。

组织的目标有多个层级、多个方面，通常与风险的类别紧密相关。一级目标可以包括战略发展目标、财务管理目标、市场营销目标、企业运行目标、法律遵循目标等；二级目标可以更多，如一级目标——企业运行目标之下可以包括健康与安全、社会责任、产品设计与制造、项目管理、运营绩效等。“创造并保护价值”围绕企业目标展开，也可以认为，组织对风险管理绩效的评价和改进也应围绕企业目标进行。

2. 第二项原则　作为整体的所有过程的一部分

风险管理不是独立的、与组织的主要活动和过程相分离的一项活动。风险管理是管理职责和构成组织所有过程整体的一部分，包括战略策划、所有项目以及变更管理过程。

解读：

这一原则包括两个方面的含义。第一，组织的风险管理不是一项独立的活动，不需要单独建立风险管理体系，而是需要将风险管理活动融入组织的各个方面；第二，组织的各个过程都需要实施风险管理，不实施风险管理的过程是不完整的过程。这一原则也充分说明了风险管理的嵌入性特点，只有风险管理的策划针对组织的所有过程，风险管理活动嵌入组织的所有过程，风险管理才能有效实施。

3. 第三项原则　作为决策的组成部分

风险管理帮助决策者做出明智选择、优化活动顺序并辨别可选择的行动路线。

解读：

这一原则向组织明示，风险管理是组织决策的一部分。其中有两层含义，第一，在所有决策之前组织都需要考虑风险的影响；第二，风险管理获取的有关信息，包括风险评估的结果是组织进行决策的重要依据。在风险应对方面，这些风险管理过程中获取的信息可以让组织做出准确的判断，并确定应对风险的优先顺序，采取适当而有效的措施。

4. 第四项原则 清晰地阐明不确定性

风险管理需要明确地考虑不确定性、不确定性的性质，以及如何能清晰地阐明它。

解读：

风险管理的定义是“不确定性对目标的影响”，因此，对不确定性的了解是否充分决定着风险管理的有效程度，能否充分考虑不确定性、清晰阐述不确定性决定着风险应对的成败。不确定性主要体现在两个方面，第一是风险（事件）发生的不确定性，第二是风险（事件）后果影响程度的不确定性。

5. 第五项原则 采用系统化、结构化和时效化的方法

系统化的、结构化的和时效化的风险管理方法有助于提高效率，并获得一致的、可比较的和可靠的结果。

解读：

这一原则向组织表明，在实施风险管理时需要采用系统化的、结构化的和时效化的风险管理方法。其中包含了三层含义：第一，系统化的风险管理方法是指从系统的角度考虑风险管理的需求，开展风险管理工作，包括考虑组织的各种风险、各层级的机构、各种产品、各个过程以及它们之间的关系等，不能孤立地只考虑局部因素来开展风险管理工作；第二，结构化的风险管理方法是指从顶层开始逐层分解，按步骤、按阶段将风险管理划分成若干单元，使原本复杂的风险管理问题变得容易理解，使风险管理问题的处理变得简单易行；第三，时效化的风险管理方法是指风险管理具有时效性，在进行风险管理时，时间是需要考虑的重要因素，无论是风险评估不及时还是风险应对不及时，都将导致风险管理失效。

6. 第六项原则 基于最可利用的信息

风险管理过程的输入信息通常来源于历史数据、经验、利益相关者的反馈、观察、预测和专家判断等；基于这一情况，决策者应考虑到所使用数据或模型的局限性或各专家之间分歧的可能性，并对信息进行筛选。

解读：

这一原则的关键字是“最可利用”，数据来源有许多种，并不是所有数据都是最可利用的信息，有些数据的使用是有局限性的，有些数据的获取是基于当时的条件，有些数据专家之间并未取得一致意见，对于这些数据需要进行必要的筛选后才可用于风险管

理，或者说，用于风险管理的数据应该是能够反映客观实际的数据。

7. 第七项原则　关注环境关联性

风险管理应与组织的外部和内部环境以及风险状况相适应。

解读：

这一原则在ISO 31000：2009英文版中的原文是："Risk management is tailored"，在我国许多资料中将其直译为"风险管理是定制的"，此译法令人很难准确理解其含义，也不像一项原则。基于这一情况，本书中采取了意译的方式，根据ISO 31000：2009英文版中对原则的解释，将其译为关注环境关联性。风险管理之所以需要关注环境关联性，需要与组织的外部和内部环境以及风险状况相适应，是因为每一个组织都有自己的特点和实际情况，风险管理与组织的内部环境和外部环境直接相关联，风险管理的信息来自组织所处的内外部环境，风险源也存在于组织的内外部环境。

8. 第八项原则　考虑人文因素

风险管理需要识别外部和内部人员的能力、感知力和意愿，这些能促进或阻碍组织目标的实现。

解读：

这一原则的中心含义是向风险管理的领导者和组织者表明，人的因素会对风险管理的过程和结果产生决定性的影响，所以，在风险管理时需要识别人员的能力、感知力和意愿，并根据不同人员的特点采用适宜的工作方式，这些方式包括与相关方的沟通方式、风险管理人员的岗位与职责分配、适用的风险评估方法等，采用这些方式的最终目的是确保风险管理的效率和有效性。

9. 第九项原则　注重透明性、包容性

利益相关者（特别是组织所有层级的决策者）对风险管理工作的适当和及时参与，可以确保组织的风险管理方针是适宜的和最新的。所以，应允许有适当的利益相关者代表参与风险管理，并在决定风险准则中考虑他们的意见。

解读：

这一原则有两个含义。第一是风险管理的透明性，这一点更需要关注的是组织内部，无论是风险信息、风险评估结果，还是风险应对策略和措施都需要在组织内进行充分沟通，适当时在一定范围内公布有关信息或建立风险信息发布制度，使组织所有层级

的决策者和相关者能够及时参与风险管理工作。第二是风险管理的包容性，在关注内部的同时也需要及时将信息通知外部利益相关者，促使主要利益相关者能够基于获取的信息参与风险管理的工作，特别是在决定风险准则中充分考虑利益相关者意见。

10. 第十项原则　基于动态性、往复性的特点对变化保持持续响应

随着外部和内部事件的发生，环境和知识的变化，以及对风险的监测与评审，新的风险会出现，一些风险可能发生变化，另一些风险可能消失。所以，风险管理应该对变化保持持续的判断和响应。

解读：

这一原则表明了两层含义。第一，风险管理是一个不断变化的动态过程，这一动态过程的变化是随着内外部环境变化而变化的，组织需要持续地发现这些变化并对变化保持判断和响应。第二，随着环境的变化，风险管理会出现往复性，新的风险会出现，旧的风险可能发生变化，也有一些风险可能消失，这就需要对风险重新进行评估、应对和监测。

11. 第十一项原则　促进组织的持续改进

组织需要制定并实施持续改进策略，以改进组织各方面风险管理的成熟度。

解读：

这一原则有两个含义。第一是风险管理能够及时发现组织的风险和问题，促进组织对相关工作的持续改进；第二是风险管理本身需要制定并实施持续改进策略，以改进组织各方面风险管理的成熟度。

二、风险管理实施原则

风险管理实施原则有三项，这三项风险管理实施原则都来源于长期风险管理实践的总结。以下对三项风险管理实施原则逐一描述和解读。

1. 第一项原则　全面管理，预防为主

风险管理范围应覆盖组织的各个领域，并与组织的管理机制有机结合；突出风险防范，做到事前预防、事中控制、事后改进，有效管理和控制风险。

解读：

这一原则主要有两个方面的含义。第一是“全面管理”，这里的“全面管理”体现

了风险管理的覆盖范围，这一范围涵盖了组织的全部经营管理领域，包括组织的战略决策、经营（业务）管理、施工作业等不同层面的活动，组织内的所有机构、部门、工作现场，所有产品（项目）和经营业务活动，所有活动的不同阶段，风险管理框架设计、沟通与协商、建立环境、风险评估、风险应对等风险管理过程，组织内的各类相关人员；第二是“预防为主”，这里的“预防为主”其实质是一种思想方法，风险管理需要与各种管理活动（包括内部控制体系）有机结合，使预防为主的意识深入人心，并以此为基础建立起风险预防机制，对各类风险做到有效预判、有效防范。

2. 第二项原则　统筹策划，分级管理

组织应对全面风险管理工作进行统一策划和领导，建立风险管理框架和工作流程，完善各级风险管理职能。

解读：

这一原则主要是指组织需要对全面风险管理工作进行统一策划，特别是对风险管理框架的策划，对风险管理方针和风险管理总体目标的策划，在统一策划的基础上，建立对风险分级管理的制度，完善各级风险管理职能。如何分级管理并没有统一的模式，可根据组织的具体情况确定。

3. 第三项原则　明确责任，分工负责

风险管理应当与业务工作紧密结合，融入日常经营管理之中，建立健全风险管理责任体系，明确各类责任人在风险管理中的责任和权力。

解读：

这一原则的主要含义可理解为风险管理是业务工作的一部分，应当以组织的业务工作为主线建立健全风险管理责任体系，根据业务特点明确各级人员在风险管理中的职责和权限，其中的一个重要理念是“业务工作谁主管，风险管理谁负责”。

第二节　风险管理框架

国际标准 ISO 31000：2009《风险管理——原则与指南》中首次提出了“风险管理框架”的理论，为 21 世纪风险管理的开展翻开了新的一页。“风险管理框架”是风险管理的顶层设计文件，其核心内容是组织开展风险管理的重要依据，也是组织实施全面风险管理的必要条件。“风险管理框架”为组织提供了风险管理的基本组成和设置，风险管理的成功与否取决于“风险管理框架”的有效性。提出“风险管理框架”而不采用风险管理体系，这一思想是 ISO 31000：2009《风险管理——原则与指南》对风险管理领域的重要贡献，同时也得到了目前国际上风险管理领域的普遍共识。本节对“风险管理框架”进行详细解读。如果读者想进一步了解“风险管理框架”的有关内容，请参看本书第十八章“风险管理框架示例”。

一、风险管理框架描述

组织实施风险管理需要建立一个风险管理框架，风险管理框架为组织提供了风险管理的基本组成和设置，这些基本组成和设置需要嵌入组织的所有层级。风险管理的成功与否取决于风险管理框架的有效性。风险管理框架支持对组织中各项风险的管理，包括长期风险的管理和各项任务的日常风险管理。风险管理框架见图 4－1。

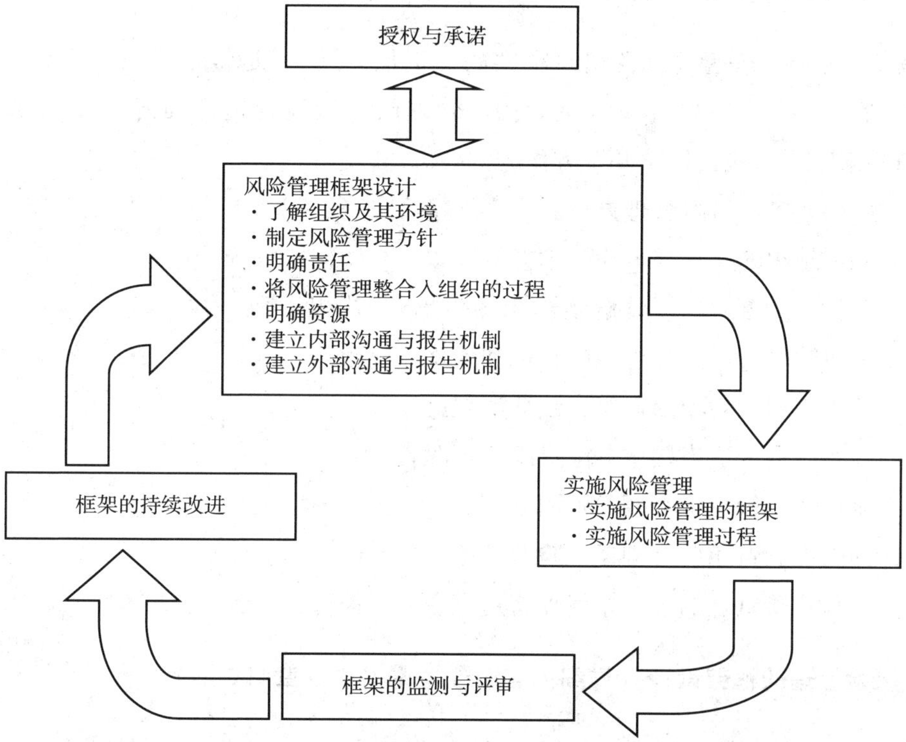

图 4－1　风险管理的框架的构成及其各部分之间的关系

风险管理框架并不试图描述一个管理体系，而是协助组织将风险管理整合融入组织的现有管理体系中。因此，为提高组织的整体绩效，在建立风险管理框架时，可与组织已有的其他管理体系整合，并应根据组织自身的特点将风险管理框架融入现有管理体系的各个层次。

二、风险管理框架解读

（一）风险管理框架的结构与内容

风险管理框架由五部分组成，包括：授权与承诺、风险管理的框架设计、实施风险管理、框架的监测与评审、框架的持续改进。其中分为两个层次，第一个层次为“授权与承诺”，第二个层次是其余四个部分组成的 PDCA 循环。这说明下层的四个部分是在“授权与承诺”的控制和指导下建立并实施 PDCA 循环的。下面分别对这五部分进行解读。

1. 授权与承诺（详细内容请参考本书第五章第一节）

“授权与承诺”是整个风险管理框架的“上层建筑”，是整个组织在风险管理活动中的重要组成部分，主要涉及了决策层、管理层在风险管理方面的“授权与承诺”。“授权与承诺”主要包括以下几个方面的内容。

（1）阐明并签署风险管理方针。

（2）确保组织的文化与风险管理方针一致。

（3）确保风险管理的绩效指标与组织的绩效指标相一致。

（4）使风险管理目标与组织的目标和战略相一致。

（5）确保组织的各项活动符合法律法规的要求。

（6）在组织内的适当层次分配风险管理职责。

（7）确保风险管理中必要的资源配置。

（8）与所有利益相关者沟通风险管理的益处。

（9）确保风险管理的框架始终保持适宜。

2. 风险管理的框架设计（详细内容请参考本书第五章第三节）

风险管理的框架设计的内容包括：了解组织及其环境、制定风险管理方针、明确责任、将风险管理整合入组织的过程、明确资源、建立内部沟通与报告机制、建立外部沟通与报告机制七个部分。

组织在进行风险管理框架设计之前应该充分了解风险管理的外部和内部环境，通过与利益相关方的沟通与协商了解其能力与期望，识别和明确组织的责任、能力、制约因素和不足。这些不足包括可能会阻碍其他要素发展的不足。如：

（1）董事会在承诺及资源配置方面的不足。

（2）责任和权力不明确。

（3）未能将风险管理整合到其他管理活动中。

（4）负责风险管理实施的人员没有足够的技能或所获授权不够。

3. 实施风险管理

实施风险管理分为实施风险管理框架和实施风险管理过程两部分。

组织在实施风险管理框架时，首先应确定实施框架的时机和策略，与利益相关方保持沟通，确保风险管理框架的适宜性；其次应给出具体的实施进度安排并按规定进度实施。

组织在实施风险管理时，应根据已批准应用的风险管理框架和具体情况制定风险管理实施计划，风险管理实施计划应落实到组织的各个层级和各个过程，对风险管理实施的情况保持检查、沟通和持续改进。

4. 框架的监测与评审

对框架进行监测与评审的目的是识别组织中影响风险管理框架的因素、发现实施风险管理框架过程中存在的问题，明确改进的方向，提高风险管理框架设计的合理性。框架的监测与评审需要制定相应的计划，配备适宜的人员开展工作，同时需要建立评审和沟通制度并保存相应记录。

5. 框架的持续改进

持续改进是现代管理领域重要的核心理念之一，风险管理也不例外。由于风险管理框架是顶层文件，是风险管理实施的重要依据，因此，对于风险管理框架来说，持续改进更加重要。风险管理框架的持续改进是建立在风险管理框架监测与评审之上的，组织根据框架的监测与评审过程发现的问题，对风险管理框架提出改进要求、制定改进计划、开展持续改进。

（二）风险管理框架的作用

由于风险无处不在，对于组织而言，各个不同的管理领域（体系）都有可能存在风险，所以风险管理需要融入组织的各个层级、业务、产品、项目、场所、活动等诸方面，这就是风险管理的嵌入性特点。在过去一段时间里，风险管理体系曾一度被用于风险管理。后来人们发现，由于风险管理的嵌入性特点，作为独立的风险管理体系很难与组织的其他管理体系有效衔接，风险管理工作也很难融入组织的各个层次。为解决这一问题，ISO 31000：2009《风险管理——原则与指南》中针对风险管理的嵌入性特点提出了风险管理框架的理论，风险管理框架的理论提出后迅速得到了国际上的普遍认同。

风险管理框架并不试图描述一个管理体系，而是协助组织将风险管理整合入组织的现有管理体系中，这是风险管理框架的核心作用。风险管理框架提出后，风险管理体系的概念已不在风险管理中出现。对于风险管理框架有以下三个重要内涵：

（1）风险管理框架是实施全面风险管理的必要条件，其为组织提供了风险管理的基本组成和设置，风险管理的成功与否取决于风险管理框架的有效性。

（2）实施全面风险管理只提风险管理框架，不提风险管理体系。这一思想是目前国际上风险管理界的主流思想，其主要理念有两点：

第一，风险存在于组织的各个方面，所以风险管理需要融入组织的各个方面，嵌入组织的现有管理体系之中，如产品研制风险可能涉及质量、环境、生产、法律、财务等方面的管理体系。

第二，由于风险管理的嵌入性特点，加之目前各种管理体系“泛滥”，缺乏科学的整合，如果风险管理自成体系，将会使组织形成多个管理体系交叉的混乱局面，导致整体绩效下降，还会使风险管理流于形式。

（3）风险管理框架不仅支持组织在总体上对风险的管理，还需要支持各项工作任务中对风险的管理，不仅需要针对长期风险，同时也要针对日常风险。

（三）风险管理框架的文档

风险管理框架的文档通常包括：风险管理方针、风险管理总体目标、风险管理框架描述、风险管理实施计划，必要时应包括针对具体任务（或项目）的实施要求和情况说明等。风险管理总体目标也可以不作为单独的文档，在风险管理框架描述中体现。风险管理框架的常用文档见图 4 －2。

风险管理框架描述是所有文档中内容最多、最为复杂的文档，其内容主要包括：总论、支持性要素、活动描述、符合性参数控制。适用时，也可以包括风险管理总体目标。风险管理框架描述的详细内容见图 4 －3。

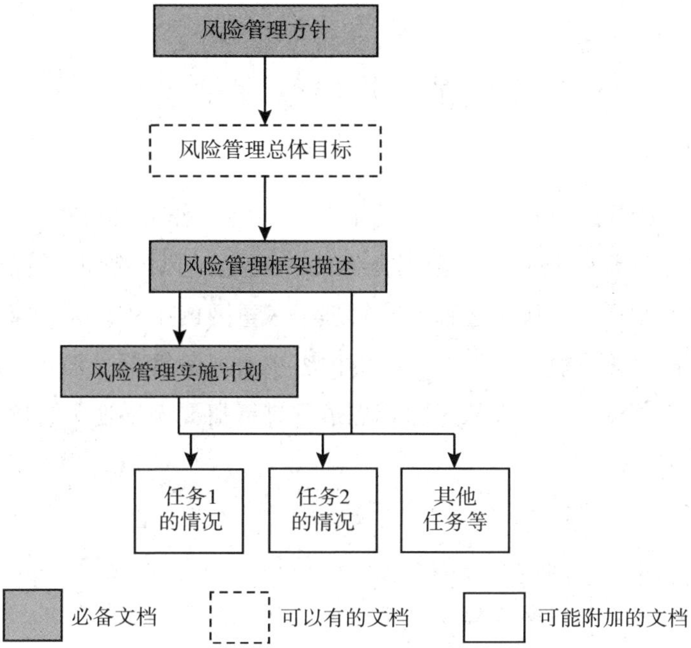

图 4－2 风险管理框架的常见文档

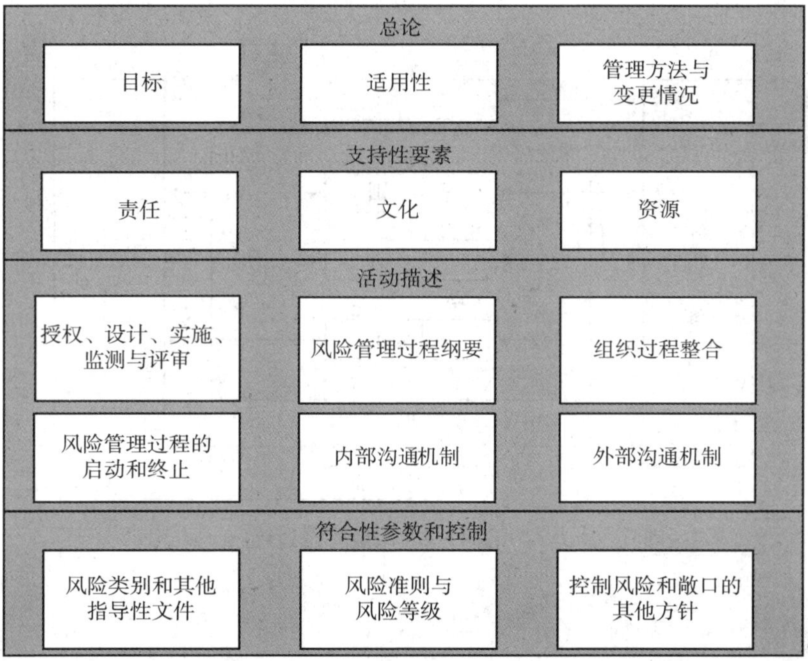

图 4－3 风险管理框架层级及主题

第三节 风险管理过程

风险管理过程涉及风险管理工作中的主要实质性工作，具有难度大、涉及问题多、情况复杂、理论性强等特点。风险管理框架的作用通过风险管理过程得以显现，可以说，风险管理过程涉及的工作是全部风险管理中最重要的工作，风险管理过程是否有效关系到组织风险管理的成败。本书在后续的内容中对风险管理过程涉及的每一项活动均有独立的章节详细介绍，下面仅从风险管理过程进行概要性描述和解读。

一、描述

风险管理过程是组织管理的有机组成部分，被嵌入组织的文化和实践中，贯穿于组织的科研、生产、经营等各个过程。风险管理过程的各项活动都需要考虑沟通和记录。风险管理过程见图4－4。

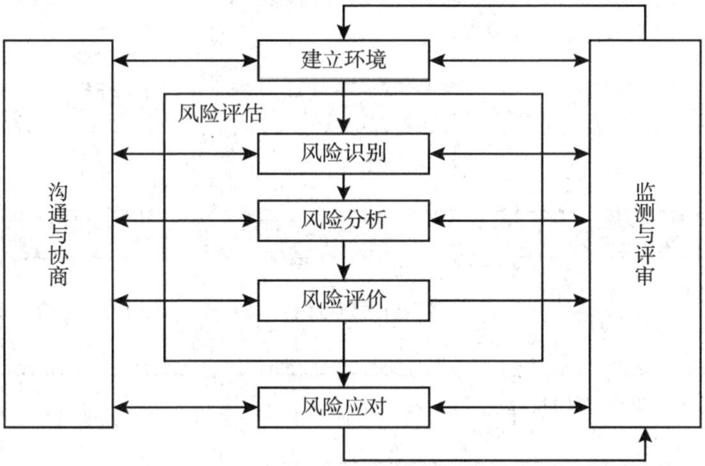

图4－4 风险管理过程

二、解读

风险管理过程应该被整合入组织的其他过程（包括所有科研、生产和经营过程），以及组织的文化和实践当中。

由图 4－4 可知以下信息：

第一，风险管理过程由五个活动构成：沟通与协商、建立环境、风险评估、风险应对、监测与评审。

第二，风险管理过程的“主循环流程”由“建立环境→风险评估→风险应对→监测与评审”构成。该循环过程的起点为“建立环境”，终点为“监测与评审”。组织依据“监测与评审”的结果，决定是否开始下一轮循环。

第三，“风险评估”由风险识别、风险分析、风险评价三个步骤组成，循序渐进。

第四，“建立环境、风险评估、风险应对”三个过程要经常与“沟通与协商”和“监测与评审”保持联系。

第四节　风险管理要素

风险管理框架和风险管理过程中涉及了诸多内容，其中的主要内容构成了风险管理要素。在实施全面风险管理过程中，这些风险管理要素在不同方面起着决定性的作用。本书中提出了以下 14 项风险管理要素：

- 授权与承诺；
- 管理职责；
- 风险管理框架设计；
- 风险管理方针与目标；
- 资源分配；
- 沟通与协商；
- 文件与记录；
- 风险管理实施；
- 建立环境；
- 风险准则；
- 风险评估；
- 风险应对；
- 监测与评审；
- 持续改进。

要素是构成事物所必需的基本单元，风险管理要素是有效实施全面风险管理的必要条件。本书中的风险管理要素在形式上与美国 COSO 风险管理框架的要素有些区别，但实质相同（见表4－1）。

表4－1　　风险管理要素对照

本书中提出的风险管理要素	COSO 风险管理框架中的要素
授权与承诺	①内部环境
管理职责	
风险管理框架设计	
风险管理方针与目标	
资源分配	
风险管理框架设计	②目标设定
建立环境	③事项识别
风险评估	④风险评估
风险应对	⑤风险应对
文件与记录	⑥控制活动
风险管理实施	
风险准则	
沟通与协商	⑦信息与沟通
监测与评审	⑧监控
持续改进	

从表4－1可以看到，由于本书中的风险管理要素比 COSO 中的风险管理要素多6个，所以两类风险管理要素并不是一一对应的。本书中之所以确定了14个风险管理要素，主要考虑两点：一是这些要素与企业熟悉的质量管理体系的要素接近，企业更容易理解和实施；二是在总体结构上与国际标准 ISO 31000：2009 协调一致。

第五节　风险分类

对事物进行分类的目的，是为了对有着相同特性和变化规律的事物采用同样的方法进行研究、分析、控制和管理，以提高效率和有效性。风险管理活动也不例外，同样也需要对风险进行分类，以使风险管理活动更加科学、有效。风险分类的重要依据就是风险管理需求，在风险管理的实践中，需要对分类方法和分类属性进行分析，根据实际需求来确定风险分类的方法和分类属性，建立适用的风险分类体系。

从分类学的观点来看，采用不同的分类方法可设计出不同的分类体系，如采用线分类法可建成树型分类体系，采用面分类法则可建成平行分类体系。另外，根据不同的分类属性可获得不同的分类结果。下文描述的风险分类是长期风险管理研究和实践的归纳和总结，仅为读者提供风险分类的思路，在组织开展风险管理时，可根据实际情况确定适合的风险分类。

一、风险分类描述

企业在实施全面风险管理时应识别风险，并可按以下方式对风险进行分类：

1. 一类风险。

（1）战略风险。

（2）财务风险。

（3）市场风险。

（4）运营风险。

（5）法律风险。

2. 二类风险。

每个一类风险类目之下对风险的再分类属于二类风险，企业可结合实际情况识别和划分二类风险。常见风险分类见表4－2。

表4－2　　　　常见风险分类

一类风险	1 战略类风险	2 财务类风险	3 市场类风险	4 运营类风险	5 法律类风险
二类风险	1.1 战略规划	2.1 财务管控与监督	3.1 销售组织及人员	4.1 组织运营效率与有效性	5.1 法律环境
	1.2 产业结构	2.2 财务与会计内控制度	3.2 市场需求变化	4.2 人力资源开发与使用	5.2 法人设立及组织形式

续表

一类风险	1 战略类风险	2 财务类风险	3 市场类风险	4 运营类风险	5 法律类风险
二类风险	1.3 战略地位	2.3 财务人员素质与能力	3.3 销售市场拓展	4.3 计划和预算管理与执行	5.3 司法管辖区
	1.4 政策影响	2.4 财务预算	3.4 交易规则及管制	4.4 投资与工程项目	5.4 知识产权
	1.5 人才影响	2.5 会计核算	3.5 产品价格影响	4.5 生产运营	5.5 采购与销售活动
	1.6 新产品/项目开发与储备	2.6 筹资与投资活动	3.6 原材料和能源价格影响	4.6 社会责任	5.6 投融资活动
	1.7 长期投融资	2.7 资金流动性	3.7 销售费用回收	4.7 产品设计与制造	5.7 企业并购与重组
	1.8 技术装备水平	2.8 税务	3.8 供应商选择和物流保证	4.8 新技术运用	5.8 提供担保
	1.9 能耗水平	2.9 保险	3.9 衍生品交易	4.9 信息化水平	5.9 社会责任履行
	1.10 产权与股权结构	2.10 财务分析对决策的影响	3.10 区域/行业经济运行趋势	4.10 应急管理与生产安全	5.10 劳动雇佣
	1.11 公司治理结构	2.11 政策优惠	3.11 利率和汇率变化	4.11 盈利指标实现	
	1.12 组织管控能力		3.12 税率变化	4.12 资产质量指标实现	
	1.13 科技创新		3.13 组织信用	4.13 偿债能力	
	1.14 战略合作			4.14 经营增长指标实现	

3. 三类风险及以下类别的风险。

企业可根据实际情况和具体事项在二类风险的各类目之下识别和划分三类风险以及三类风险以下各层次的风险。

二、解读

本书中提出的一类风险是企业风险管理中顶层的分类，这一分类与国资委《中央企业全面风险管理指引》中提出的分类相似；二类风险是本书作者通过对相关典型企业风险管理实践中风险类别的总结、研究，经整理、归纳后提出的。表 4－2 中列出的二类风险仅为各企业提供了风险分类的思路，实施风险管理时各企业可根据实际情况对二类风险进行调整和再分类，直至所分的风险类别能够满足企业风险管理的需要。

风险的分类有许多种，不同的分类源于风险不同的属性，例如将风险分为纯粹风险、机会风险和控制风险的分类，将风险分为长期风险、中期风险和短期风险的分类。本书中并没有严格的基于线分类（等级分类法）对风险进行分类，因此，不能排除风险分类的下级类别在风险管理实践中出现重复或交叉的可能。需要说明的是，大的风险类别确定之后，即使下级风险分类中出现个别的交叉或重复也不会对风险管理造成影响。

第六节　风险分级

风险分级顾名思义就是确定风险等级。风险分级的目的与风险分类相同，也是为了便于管理、提高效率。风险分级通常根据组织的实际情况和风险准则来确定，同时也要考虑组织的风险容忍、风险态度和风险偏好对风险等级的影响。本书中列出的风险等级标准是根据最低合理可行（ALARP）准则确定的，这一准则已被广泛应用于风险管理领域，在风险管理实践中组织参照这一准则也可根据自身需求和具体情况确定风险等级。

一、风险分级描述

（一）确定风险等级

组织在实施全面风险管理时，可以根据组织的风险偏好、风险容忍和已有的风险准则，针对风险发生可能性和风险后果影响程度确定风险等级标准。风险的等级标准参照表 4－3。

表 4-3 **风险等级**

风险发生可能性		风险等级标准				
5	极高（经常会发生）	3（5）	2（10）	1（15）	1（20）	1（25）
4	高（很多情况下会发生）	3（4）	2（8）	2（12）	1（16）	1（20）
3	中等（某些情况下会发生）	4（3）	3（6）	2（9）	2（12）	1（15）
2	低（很少情况下才发生）	4（2）	3（4）	3（6）	2（8）	2（10）
1	极低（一般情况下不发生）	4（1）	4（2）	4（3）	3（4）	3（5）
		极低（几乎无影响）	低（轻度影响）	中等（中度影响）	高（严重影响）	极高（重大影响）
		1	2	3	4	5
		风险后果影响程度				

（二）风险等级标准说明

表 4-3 是根据五级风险发生可能性和五级风险后果影响程度列出的风险矩阵，表中括号内的数字为风险发生可能性与风险后果影响程度的乘积，也可称为风险等级数值，括号外的数字为根据组织的风险准则确定的风险分级标准。表中的各级风险通常包括如下含义：

（1）1 级风险（风险等级数值 = 15 ~ 25）——不允许发生的风险。

（2）2 级风险（风险等级数值 = 8 ~ 12）——不希望发生的风险。

（3）3 级风险（风险等级数值 = 4 ~ 6）——在特定情况下能够接受的风险。

（4）4 级风险（风险等级数值 = 1 ~ 3）——广泛可接受风险。

表 4-3 括号中的风险等级数值具有不连续的特性，在实际应用中，如出现 12 ~ 15 之间的数值或 6 ~ 8 之间的数值，则应对这一风险等级数值进行具体分析，经分析后确定属于哪一级风险。

在风险管理的实践活动中，组织也可根据实际情况和已有的风险准则列出更加适用于组织实施风险管理的矩阵并确定风险分级标准，包括采用定量和半定量的方法确定风险发生可能性和风险后果影响程度。风险分级标准是风险准则的一部分，也是风险准则的细化。

（三）最低合理可行（ALARP）准则

按照最低合理可行（ALARP）准则，风险可划分为以下三个区域：

（1）不可接受区域——该区域包括了表4－2中的1级风险，在该区域内无论相关活动能够带来什么收益，风险都是无法接受的，必须尽全力进行风险应对。

（2）中间区域（又称ALARP区域）——该区域包括了表4－2中的2级风险和3级风险，在该区域内风险的应对需要考虑实施应对措施的成本与收益。对于区域内等级较低的风险，可以直接进行应对措施的成本收益分析，如果为应对措施增加的投入大于风险防控所获得的效益，则可认为风险是可容许的。对于区域内等级较高的风险，则需进一步采取应对措施，直至降低风险的投入不足以获得足够的风险防控效益。

（3）广泛可接受区域——该区域包括了表4－2中的4级风险，在该区域内的风险微不足道，无须采取任何风险应对措施。

最低合理可行（ALARP）准则的示意图见图4－5。

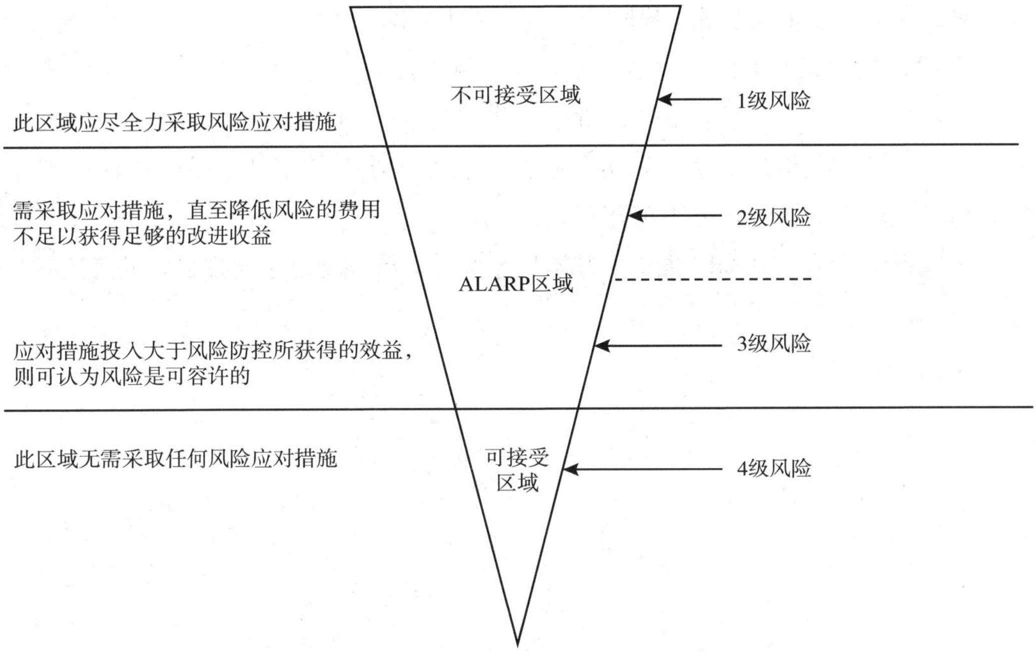

图4－5　ALARP准则示意

二、解读

风险分级是为了明确划分风险，从而有效管理风险。本书中给出了风险等级的确定方法，并在表4－3和图4－5中用表和图的方式描述了风险矩阵和ALARP准则。术语中对“风险等级”的定义是：“单一风险或组合风险的大小，以后果和可能性的组合表示”。从这一点可知，风险等级是风险发生可能性与风险后果影响程度的组合，其风险等级值通常用两者的乘积表示。

如何解决风险应对投入与风险应对收益之间的平衡关系，如何划分风险的区域，如何确定可接受风险，这些是西方许多研究风险管理的学者们长期关注的问题。1998年发布的IEC 61508：1998标准中引入了有关功能安全、安全生命周期的概念和最低合理可行准则，这些内容，特别是最低合理可行准则对21世纪的风险管理产生了重大影响，使人们从过去关注“安全的充分性”转变为现在关注“风险的可接受性”。

英国根据风险管理的理论，提出了最低合理可行准则，并很快得到国际上的普遍认同。ALARP准则的基本含义是：系统总是存在风险的，不可能通过预防措施来彻底消除风险，而且，当采取措施将风险降低到一定程度后，要想进一步降低风险的投入将会急剧升高，因此，必须在系统的风险和投入的成本之间找到平衡。

ALARP准则为我们提供了一个划分风险区域的原理，也为我们提出了风险管理应在风险应对投入与风险应对收益之间寻求平衡的思想。ALARP准则起源于英国，在西方国家首先应用，因此，在我国应用时应考虑我国具体情况和特点，特别是法律方面的要求。对于风险区域划分和风险可接受水平的确定方面，应针对不同情况进行专门研究。但可以肯定的是，ALARP准则的基本思想为风险管理提供了更加科学的思路。

| 第五章 |

组织的管理要求

第一节　授权与承诺

由于“授权与承诺”是整个风险管理框架的“上层建筑”，因此，在整个组织的风险管理活动中具有非常重要的位置，其内容涉及决策机构（如董事会）、最高管理者的权限、责任与承诺。下面对“授权与承诺”进行描述和解读。

一、描述

1. 组织的董事会（或相当于董事会的机构，以下出现董事会含义与此相同）是全面风险管理的最高决策机构，对全面风险管理的有效性向股东（资产所有者）负责。董事会负责审核或批准以下方面的事项：

——风险管理框架；

——风险管理方针和风险管理总体目标；

——年度风险管理报告；

——重大风险的评估报告（或评估结果）；

——重大风险的应对措施和重大改进方案；

——重大事项或重要业务的风险分级标准；

——风险管理的机构设置与职责分配方案；

——风险管理方面的其他重大决策。

2. 组织的最高管理者（指组织的最高行政领导，如总经理、厂长、所长等）是建立和实施风险管理框架及相关的风险管理要素的负责人，对全面风险管理的有效性向董事会负责。

3. 为确保风险管理有效运行，需要组织的董事会和相关的管理者提供强有力和持续性的承诺，为此应当：

——阐明并签署风险管理方针；

——确保组织的文化与风险管理方针一致；

——确保风险管理的绩效指标与组织的绩效指标相一致；

——使风险管理目标与组织的目标和战略相一致；

——确保组织的各项活动符合法律法规的要求；

——在组织内的适当层次分配风险管理职责；

——确保风险管理中必要的资源配置；

——与所有利益相关者沟通风险管理的益处；

——确保风险管理的框架始终保持适宜。

二、解读

（1）第一条提出了董事会在组织全面风险管理方面的主要责任，明确了在全面风险管理过程中需要董事会审核或批准的八个方面的事项。标准中的董事会是指对最高管理者具有约束力的组织的最高决策机构，当组织未设置董事会时，这一机构应当是相当于董事会的机构，如管理委员会。

（2）第二条明确了最高管理者在组织的全面风险管理方面的主要责任。

（3）第三条强调了组织的董事会和相关的管理者要提供强有力和持续性的承诺，承诺意味着在特定范围内的公开性，包括组织的管理方向、总体要求和责任，这些承诺包括第三条中列出的九项具体要求中。

（4）需要说明的是组织的管理者不仅包括组织的高级管理人员，对企业而言，还应包括对组织有出资、控制、监督职能的董事会、管理委员会等人员，如大股东、监事会成员、管理委员会成员等。通常，这些人员参与组织的重大决策，他们是组织风险管理的重要责任人。

另外，“管理承诺”意味着管理者的责任和权力，“承诺”也意味着公开。就某一特定领域的管理而言，“承诺”往往意味着在这一管理领域中组织的管理方向、总体要求和责任分配。

（5）在“授权与承诺”的9项要求里，风险管理方针的要求放在首位。首先要求组织应阐明并签署风险管理方针，然后确保组织的文化与风险管理方针相一致。

“授权与承诺”的第三项要求是“确保风险管理的绩效指标与组织的绩效指标相一致”。风险管理需要绩效考核，风险管理绩效不能脱离组织的绩效指标，否则就没有体现风险管理的嵌入性。风险管理第一项原则“风险管理创造并保护价值”的解释中就指出风险管理要为组织的“绩效改进”做出贡献。此处从“授权与承诺”的角度对组织的风险管理绩效提出了具体、明确的要求。在风险管理实践中，组织更应关注风险管理的关键绩效指标。

对于第9项要求“确保风险管理的框架始终保持适宜”，可做如下解读：一个组织如果选择和实施风险管理，就应按标准的要求建立起与自身实际情况相适宜的风险管理框架；同时，还应在实施风险管理过程中，根据组织内部、外部环境的变化，识别正在运行的风险管理框架是否对变化有适当的响应，从而保证风险管理框架与组织的状况“始终保持适宜”。组织可通过“框架的监测与评审”对所建立的风险管理框架进行“监测与评审”以满足第9项的要求。

“授权与承诺”是整个风险管理框架的“上层建筑”，在整个组织的风险管理活动中非常重要。组织在开展风险管理工作时，应明确“授权与承诺”的表示方法和具体内容，还应包括决策层（董事会）和执行层（CEO、COO等）对风险管理方针政策的陈述与声明。

第二节　管理职责

“管理职责”是“授权与承诺”的延伸和细化，对“授权与承诺”起支撑作用，主要包括风险管理中九个方面的责任和授权，也可以称为六项职责和三项制度。下面对“管理职责”进行描述和解读。

一、描述

组织需明确涉及风险管理方面的职责并通过以下方面界定风险管理的责任和授权，确保风险管理的充分性和有效性：

——明确最高管理者和最高管理层职责；

——明确风险管理机构或岗位人员的组成及职责；

——明确各职能和业务部门在风险管理方面的职责，包括各部门之间的协调职责；

——明确风险管理框架和风险管理过程设计、实施和维护人员职责；

——明确执行风险应对措施和报告风险信息人员的职责；

——明确普通管理人员和职工在风险管理方面的职责；

——建立批准和授权制度；

——建立绩效测量及相应的奖惩制度；

——建立对内对外报告制度。

二、解读

“管理职责”阐述了界定风险管理责任和授权的目的是确保风险管理的充分性和有效性，并提出了界定风险管理的责任和授权的九个方面（简称九条）。这九条归纳起来就是人员的职责、机构的职责和相关制度的建设，也可以归纳为六种职责和三项制度。下面对各条分别解释：

第一条在最高管理者的职责之后又提出了最高管理层的职责，是因为在大多数情况下最高管理者的职责是明确的，而最高管理层的职责需要进行更加具体的划分。

第二条的含义是在设置专门的风险管理机构时，需要明确风险管理机构的组成及职责，在没有风险管理机构的情况下，需要明确风险管理岗位人员的组成及职责。

第三条是针对各职能和业务部门在风险管理方面的职责，这一点进一步说明了风险管理的嵌入性特点，风险管理需要融入组织的各个过程、活动、项目和产品。

第四条是针对风险管理设计、实施和维护人员提出的，这类人员职责的明确对风险管理的整体绩效将产生重大影响。

第五条是针对执行风险应对措施和报告风险信息人员提出的，这类人员职责的不明确可能使风险导致的结果给组织造成重大损失。

第六条是针对普通管理人员和职工提出的，这条的意义在于企业的各级员工对风险管理的普遍关注和全员参与。

第七条是建立批准和授权制度，这一条重点是针对风险管理文件和事项的批准权限，通常批准权限是分级的。

第八条是建立绩效测量及相应的奖惩制度，这一条有两个目的，第一是对风险管理的效果进行评估，第二是促进各类人员为风险管理做出贡献。

第九条是建立对内对外报告制度，这一条的目的是与内部和外部利益相关者开展有效沟通与协商。沟通与协商是风险管理的重要组成部分，因此，建立有效的对内对外报告制度意义重大。

第三节　风险管理框架设计

“风险管理框架设计”是“风险管理框架”中的五个部分之一，是“风险管理框架”的基础，也是“风险管理框架”涉及内容中最为复杂的工作。下面对“风险管理框架设计”进行描述和解读。读者如果想进一步了解“风险管理框架设计”，可参看本书第十八章“风险管理框架示例”。

一、描述

1. 风险管理框架设计包括以下内容：

——了解组织及其环境；

——制定风险管理方针；

——明确责任；

——将风险管理与组织的所有过程整合；

——明确资源；

——建立内部沟通与报告机制；

——建立外部沟通与报告机制。

2. 在设计风险管理框架之前组织应开展以下活动：

——与利益相关者沟通以了解其能力和期望；

——了解并确定制约组织能力发挥的因素；

——识别组织在法律法规方面的责任；

——评审现在的过程对风险管理的影响；

——考虑使用现有经验和资源的方法，如扩展已在用的工具和文档的使用；

——检查风险管理框架的各部分以识别出对关键能力的要求；

——识别组织中影响风险管理框架的不足。

二、解读

（一）对“风险管理框架设计内容”的解读

风险管理框架设计包括七个方面的内容，下面逐一对七个方面进行解释。

第一条“了解组织及其环境”：在开始设计和实施风险管理框架之前，评价和了解组织的外部、内部环境十分重要，对框架的设计有显著影响。

在这里特别强调两点。第一是时间要求，了解组织及其环境应在开始设计和实施风险管理框架之前进行。“设计之前”是指组织在最初建立风险管理框架时的设计之前；“实施之前”是指风险管理的框架建立完成后，在开始实施该框架前。第二是活动要求，要求做两项工作，一是对组织的外部、内部环境进行了解，二是对组织的外部、内部环境进行评价，二者缺一不可。组织的外部和内部环境可参见本书第六章。

第二条“制定风险管理方针”：这一条明确了制定风险管理方针是风险管理框架设计的内容。术语中对风险管理方针的定义是“组织在风险管理方面的总体意图和方向的表述”。本书在后面还将专门分析和解读风险管理方针。

第三条“明确责任”：明确责任是风险管理框架设计的任务之一，在“管理职责”中提出了需要明确六个方面的职责和建立三项制度，这些都需要在风险管理框架设计时得到体现和落实。

第四条“将风险管理与组织的所有过程整合”：在风险管理框架设计的七项内容中，这一项最为复杂。如何将风险管理与组织的所有过程整合，如何将风险管理嵌入组织的各个方面，这需要根据组织的特点进行专门的研究和设计。对于组织已有的管理体系，可将风险管理直接嵌入管理体系中，如在质量管理体系中融入质量风险的管理，在财务管理体系中融入财务风险的管理。风险管理与组织的其他过程的整合是一个文件化的过程，通过文件将风险管理的原则、要求、职责、方法等内容固化在其他过程中。

第五条“明确资源”：明确资源是风险管理框架设计的任务之一，这里需要注意的是“明确”一词，风险管理框架设计过程中需要明确资源在风险管理中的配置要求。

第六条和第七条“建立内部沟通与报告机制”与“建立外部沟通与报告机制”：在“管理职责”中提出了需要建立三项制度，其中一项是建立对内对外报告制度，在风险管理框架设计中将这一内容分成两条分别描述为“建立内部沟通与报告机制”与“建立外部沟通与报告机制”，显然，这样的描述比“管理职责”中更详细，而且在其中还增加了“沟通”要求。在风险管理框架设计中需要对内外部沟通与报告机制作出具体规定。

（二）对“在设计风险管理框架之前组织应开展的活动”的解读

在设计风险管理框架之前组织应开展七个方面的工作，下面逐一对七个方面进行解释。

第一条“与利益相关者沟通以了解其能力和期望”：这一条明确组织要与利益相关者沟通，沟通的目的有两个方面，第一是了解利益相关者的能力，第二是了解利益相关者的期望。无论是能力还是期望都会影响利益相关者对风险的看法和态度，比如在投资风险方面，资金支付能力强的利益相关者和支付能力弱的利益相关者对风险的看法和态度会有很大的差别。所以，在设计风险管理框架之前需要了解利益相关者的能力和期望。

第二条“了解并确定制约组织能力发挥的因素”：这一条要求组织在开展风险管理框架设计之前了解并确定制约组织能力发挥的因素，这里讲的“了解并确定”是指先了解再确定，了解的目的是为了确定，所以确定制约组织能力发挥的因素是本条的核心。只有了解并确定了制约组织能力发挥的因素，才能针对这些因素采取措施，提高风险管理的绩效，降低制约因素对风险管理的影响。

第三条“识别组织在法律法规方面的责任”：这一条要求组织识别在法律法规方面的责任，其目的是识别组织在法律法规方面的风险，规避和防范法律法规方面的风险。

第四条“评审现在的过程对风险管理的影响”：这一条要求组织评审现在的过程对风险管理的影响，其目的是了解和掌握现状，根据过程对风险管理的影响采取相应的措施，调整和降低过程对风险管理的不利影响。

第五条“考虑使用现有经验和资源的方法，如扩展已在用的工具和文档的使用”：这一条明确提出了要考虑使用现有经验和资源的方法，其目的是充分利用已有的成熟经验和现有资源，降低风险管理成本，提高风险管理的绩效。

第六条“检查风险管理框架的各部分以识别出对关键能力的要求”：这一条的重点是识别出对关键能力的要求，识别对关键能力要求的目的是为了配置适宜的资源，以确保组织具备所需的关键能力。

第七条“识别组织中影响风险管理框架的不足”：这一条提出识别组织中影响风险

管理框架的不足，其目的是发现组织中存在的问题，明确改进的方向，提高风险管理框架设计的合理性。

第四节　风险管理方针与目标

“风险管理方针”表示了组织在风险管理方面的愿望和方向，是指组织开展风险管理的战略目的和追求。“风险管理方针”通常要形成文件。“风险管理目标”是“风险管理方针”的展开和具体化，是组织的具体追求。“风险管理目标”通常是多层级的，可分为总体目标和针对具体事项的目标。下面分别对“风险管理方针”和“风险管理目标”进行描述和解读。

一、描述

1. 风险管理方针。

组织需制定风险管理方针，并确保风险管理方针在组织内得到有效沟通和贯彻。风险管理方针通常需要清晰阐明组织的风险管理目标和对风险管理的承诺。风险管理方针通常需明确以下内容：

——组织风险管理的依据；

——风险管理方针与组织的目标及其他方针之间的关系；

——风险管理的职责分配；

——处理利益冲突的方式；

——承诺向风险管理负有责任和履行职责的人员提供必要的资源；

——测量和报告风险管理绩效的方式；

——承诺定期评审和改进风险管理方针和框架，并对事件或环境的变化做出响应。

2. 风险管理目标。

组织需根据风险管理方针和具体情况确定风险管理目标，并对风险管理目标的实现情况进行检查。风险管理目标可按照组织的层级和不同的风险类别进行分解，并涵盖项目、单个活动或具体事项等，必要时可在风险管理目标的基础上确定风险管理指标。

确定组织的风险管理目标是一项综合性的工作，需要从风险管理的各个环节和各个方面加以考虑，并需要区分不同风险管理目标的重要程度。必要时，组织可将风险管理目标划分为损失发生前目标和损失发生后目标。涉及以下方面的目标通常为重要目标：

——防止和降低风险带来的损失方面；

——应对风险的成本控制方面；

——损失发生后的资源保证方面；

——保护员工安全方面；

——满足法律与合同方面；

——消除不安方面。

二、解读

1. “风险管理方针”解读

“风险管理方针”不仅需要表述组织的总体意图和方向，通常还需要清晰阐明组织的风险管理目标和对风险管理的承诺，由此需要注意以下两点：

其一，“风险管理方针”作为文件发布时，可以包括风险管理目标和风险管理承诺。“风险管理方针”中阐述的“风险管理目标”通常是组织在一定时期内的总目标，各层级展开的具体目标通常在各具体文件中阐述。

其二，“授权与承诺”中提出的“承诺”不同于“风险管理方针”中阐述的“组织对风险管理的承诺”。前者是针对组织风险管理的战略性层面，通常不以一个文件的形式存在，而是嵌入组织的各个文件之中；后者则是“风险管理方针”作为文件发布时需要包括的具体内容。

在对“风险管理方针”的描述中提出了七个方面的内容，下面分别讨论。

第一条，风险管理方针必须要明确风险管理的依据。“依据”为组织风险管理框架的建立、实施、评价提供准绳。将“依据”放在“方针”的第一位，显示了对“依据”的重视。从我国企业目前开展风险管理的实践来看，应特别注重“依据”在风险管理中的重要性。原因是企业的性质不同，其监管方的要求也不同。下面用表 5 - 1 来说明。

表 5－1　　中国不同性质的企业风险管理的依据

规范或标准的名称	境外上市公司	境内上市公司	央企或大中型国企	银行（证券、信托等）	一般企业
美国萨班斯法案	☆	—	—	—	—
财政部等五部委《企业内部控制基本规范》	√	☆	√	O	√
国务院国资委《中央企业全面风险管理指引》	—	—	☆	—	O
巴塞尔（Basel）协议（Ⅱ、Ⅲ）	—	—	—	☆	—
ISO 31000：2009	O	O	O	O	O
GB/T24353－2009	—	O	O	O	O

注：①☆表示必须遵从，√表示应遵从，O 表示可参照遵从，—表示不要求或不适用。
②表 5－1 在实践中需组合使用，如对境内上市银行而言，需要同时参照表中的“境内上市公司”和“银行”两列的要求。

第二条，组织需明确风险管理方针与组织的“目标和方针”之间的关系。组织的目标和方针多种多样，如质量管理目标和质量管理方针，环境管理目标和环境管理方针等，组织在开展风险管理活动时，需阐明风险管理方针与它们之间的关系。由于风险管理嵌入组织管理体系的各个过程，所以风险管理方针为各个过程实现这些方针和目标提供风险管理方面的指南与保障。

第三条，组织的风险管理方针应对风险管理的责任和职责做出规定，这一条的要求实际上是“管理职责”中内容的具体化，也就是说“管理职责”中的内容需要在风险管理方针中得到落实。

第四条，组织需在风险管理方针中明确处理各种利益相关方之间的利益冲突的方式，该方式不是指对某一具体“利益冲突”的处理方式，而是指组织“处理利益冲突的方式”的总原则和方向，为制定特定的“利益冲突”方式提供指导。

第五条，要求对“两类人”提供必要的资源，一类是对管理风险“负有责任”的人，另一类是对风险管理“履行职责”的人。资源的配置和使用是为了实现目标，将组织中的这“两类人”置于风险管理的突出位置，说明在风险管理方面他们是组织最重要的人员。

第六条，在风险管理方针中要明确测量和报告风险管理绩效的方式。其中，“测量方式”包括绩效指标的设定、绩效测试方法等，“报告”是风险管理中的重要活动，“报告方式”包括报告的方法、途径、周期、责任等。

第七条，是对风险管理原则第十项、第十一项两项原则的体现。其中第十项原则指出“基于动态性、往复性的特点对变化保持持续响应”，第十一项原则指出“促进组织的持续改进”。这些原则需要落实到组织的风险管理方针中去。

2. “风险管理目标”解读

风险管理通常有多个目标，涉及风险管理的各个方面，包括总目标（或主要目标）和逐级分解的目标。总目标主要针对一定时期内企业经营的有效性、合规性以及风险应对成本与风险应对收益构成的合理性。逐级分解的目标可以按企业实际情况确定，可包括经营领域、管理类别、项目、产品、具体事项等。

在适用时，企业也可以按风险的基本特性分类（即纯粹风险和机会风险）确定风险管理目标，纯粹风险的风险管理目标主要针对降低风险带来的危害性以及对风险因素的监管，机会风险的风险管理目标主要针对降低风险并利用机会获得有益收获方面。

无论对风险管理目标进行定性描述还是定量描述，风险管理目标都应是可衡量、可评价的，企业应能够根据风险管理目标的内容与风险管理的实施情况较容易地评判出风险管理目标的实现情况。

第五节　资源分配

资源是实现管理的基本条件，对于风险管理这样的复杂活动来说，配置充分的资源显得尤为重要。由于风险管理理论性强、难度大、涉及情况复杂，在风险管理过程中最重要的资源是掌握风险管理方法、熟悉风险管理实践的专门人才。基于这一情况，组织需要对风险管理人才的引进、使用和培养给予足够的重视。下面对“资源分配”进行描述和解读。

一、描述

组织需要为全面风险管理的实施提供适宜的资源，资源分配需要与所开展的风险管理活动实际情况相适应，并确保组织的风险能够得到有效地应对和控制。资源分配包括建立风险管理人员的培训与考核机制，以确保为全面风险管理的实施提供适宜的人员。资源主要涉及以下方面：

——人员、技术、经验和能力；

——风险管理过程每一阶段所需的资金及相关资源；

——组织用于风险管理的过程、方法和工具；

——文件化的过程和程序；

——现代信息技术的应用及相应的管理系统；

——知识管理系统；

——培训。

二、解读

在这里提到的“资源分配”与“风险管理框架设计”中提到的“明确资源”稍有不同，由于风险管理框架在“明确资源”方面起着重要的作用，因此，风险管理框架设计时需要对资源提出明确的要求，以确保风险管理执行人员有能力去实施风险管理。而此处的“资源分配”则需要考虑资源分配和使用的适宜性，需要考虑资源分配时涉及的诸多方面，包括资源分配的需求、获取资源的方法、资源的类型等。

资源分配的目的是确保组织的风险能够得到及时、有效地应对和控制，为此，需要将风险管理嵌入组织的各个层级和所有过程。为了将风险管理嵌入组织的所有过程并使风险管理逐步成熟，需要相关人员具备能够胜任工作的能力，这些能力来源于有关的经历、技能、知识和培训，这些都属于资源配置的范畴。

在风险管理原则、授权与承诺、建立风险管理方针等处，皆提到“资源”问题，并将信息系统、过程、程序、方法和工具也视为资源。培训作为一种低投入和能够快速增长能力的方法，当然也是一种“资源”。

第六节　沟通与协商

由于风险涉及组织以及组织的多个利益相关者，因此，在风险管理的所有阶段，都需要与利益相关者进行“沟通与协商”。“沟通与协商”是风险管理过程中持续和反复的过程，在这一持续反复过程中需要开展的活动包括：提供信息、共享信息、获取信息以及与利益相关者开展对话。下面对“沟通与协商”进行描述和解读。

一、描述

组织在风险管理的所有阶段，都需要与内部和外部的利益相关者进行沟通和协商。

由于利益相关者的诉求、关注点等不同，造成了其风险偏好的不同，这可能对决策有重要影响。因此，组织需建立沟通机制，使风险管理每一阶段都能够与内部和外部利益相关者有效沟通，以保证风险管理责任者和利益相关者能够理解组织风险管理的依据，以及需要采取某些行动的原因。组织在与利益相关者进行沟通时，需制定和实施沟通计划并识别和记录利益相关者的风险偏好以及沟通的相关信息。

建立沟通机制主要需考虑以下方面：

1. 内部沟通机制：

——风险管理（含风险管理框架）的关键组成部分及其调整能够得到适当沟通；

——在内部充分报告风险管理框架和风险管理过程（含风险应对计划）实施的有效性和效率；

——在适当的层次和时间，可以获得风险管理应用的相关信息；

——建立与内部利益相关者协商的程序。

2. 外部沟通机制：

——对外报告符合法律、法规和相关要求；

——组织与外部利益相关者保持有效的信息沟通；

——在外部利益相关者中建立对组织的信心；

——在发生突发事件、危机和紧急状况时与利益相关者沟通；

——为组织提供外部利益相关者的报告和反馈。

二、解读

国际标准ISO Guide 73《风险管理——术语》“沟通与协商”的定义中对“协商”进行了解释，包括三个方面：协商是双向沟通的过程；协商是通过影响力影响决策的过程；协商不是共同决策。ISO Guide 73的解释明确了“协商”的含义和作用，对于在风险管理实践中理解和应用“沟通与协商”具有重要意义。

在风险管理的所有阶段，都需要与内部和外部的利益相关方进行沟通与协商，建立沟通机制。根据组织的环境，沟通可分为内部沟通和外部沟通；根据风险管理结构划分，沟通可分为风险管理框架的沟通和风险管理实施过程的沟通。组织在沟通与协商时重点需要关注以下方面：

1. 风险管理框架设计时的内部沟通

（1）内部沟通机制应涉及每一个风险管理过程任务的运行。

（2）内部沟通机制应涉及一个或更多风险管理过程任务的持续管理（包括任务的启动、修订和终止；监测；任务之间的交流等）。

（3）内部沟通机制应包括风险管理能力的开发和风险管理框架本身的实施。

（4）沟通应该包括风险管理中所有涉及的角色和所有相关信息，内部沟通机制应能够使组织内所有与风险管理相关的人员都能够方便地获得风险信息。

（5）内部沟通报告机制应与组织的实际情况相适应并与其治理结构相一致，为提高效率和整体绩效，风险管理报告可与其他内部报告整合。

（6）内部报告的结果和过程应留有详细的记录，记录应包括：时间、地点、记录人、报告主题内容、报告人、报告过程情况、报告结果等。

2. 风险管理框架设计时的外部沟通

（1）组织应与对应的外部利益相关者进行协商与沟通。

（2）组织应向外部利益相关者报告当前的风险状况、风险管理的情况及可能的发展情况。

（3）外部风险报告应基于利益相关者的需求，报告分发应考虑利益相关者获得报告的优先顺序、他们的职责和权限、所属的范围、所处位置等因素，并应保持与他们的职责相一致。

（4）外部风险报告应及时、简明、具体、可靠。

（5）外部风险报告应充分阐述，使利益相关者能恰当地理解重要问题。

（6）适用时，外部风险报告可与其他报告进行整合。

（7）外部风险报告应独立地进行定期评审，以保证其质量并与其利益相关者相适应。

3. 风险管理实施过程的沟通

（1）在设计风险管理过程的每个任务和管理特殊风险的时候，都应该进行内部、外部的沟通与协商。

（2）沟通与协商的程度应该恰当，尤其是与外部利益相关者沟通时，应限制在保密要求的范围内，重点沟通那些外部利益相关者关注的问题。

（3）沟通与协商计划可以涵盖单个风险、群体风险或是风险管理过程任务所包括的所有风险。针对重要风险或应对成本很高的风险，沟通与协商计划中的对应内容应更加详细，一旦识别和评估出它们很重要，或所提出的风险应对成本很高或需要更多的决策，可以为特殊风险增加更多的细节。

第七节　文件与记录

"文件与记录"是管理过程中不可或缺的重要内容，风险管理也不例外。风险管理的复杂性决定了涉及文件的复杂性和多样性，特别是风险评估和风险应对过程会产生大量的证据文件和执行文件，这些文件的正确与否通常关系到风险管理的成败，因此，需要对风险管理相关的文件和记录实施控制，确保文件符合规定的要求。下面对"文件与记录"进行描述和解读。

一、描述

1. 文件。

为有效实施风险管理，组织需要编制、控制和保持风险管理的相关文件。文件发布前应按规定的程序评审和批准。风险管理主要包括但不限于以下文件：

——风险管理方针；

——风险管理目标；

——风险管理框架的描述；

——风险管理职责；

——风险准则；

——形成文件的程序；

——风险管理计划；

——风险应对措施；

——风险应对计划；

——相关的作业文件和表格。

适用时，组织可按质量管理体系中有关文件的控制要求对风险管理中的文件实施控制和管理。

2. 记录。

记录是实施和改进风险管理过程的基础，组织需要建立和保持风险管理过程的相关记录。建立记录通常需考虑以下几个方面：

——出于管理的目的而重复使用信息的需要；

——进一步分析风险和调整措施的需要；

——风险管理活动的可追溯性要求；

——沟通的需要；

——法律、法规和操作上对记录的需要；

——组织本身持续学习的需要；

——建立和维护记录所需的成本和工作量；

——获取信息的方法、读取信息的容易程度和存储介质；

——记录保留期限；

——信息的敏感性。

适用时，组织可按质量管理体系中有关记录的控制要求对风险管理中的记录实施控制和管理。

二、解读

1. “文件”解读

“文件”中对风险管理的相关文件提出了两个方面的要求。其一是组织需要编制、控制和保持风险管理的相关文件，这里“控制”的含义与质量管理体系中对文件控制的含义相同，重点是确保使用有效文件，“保持”的含义重点是文件的持续适宜性。其二是文件发布前应按规定的程序评审和批准，这里提出了批准前对文件的评审要求，目的是充分让利益相关者和有关专家参与意见，使发布的文件更加合理、适用。在“文件”中一共列出了九类与风险管理相关的文件，其中风险管理方针是一份文件，风险管理目标有组织的总目标和不同层级分解目标多个文件，风险管理框架的描述可以是一份文件，风险管理职责的描述可以是一份文件，风险准则通常是针对具体事项的多个文件，形成文件的程序是多个文件，风险管理计划可以是多个文件，风险应对措施通常是多个文件，风险应对计划通常是多个文件，适用时风险应对计划也可与风险应对措施合并；相关的作业文件和表格是多个文件。“文件”中还提出了“适用时，组织可按质量管理体系中有关文件的控制要求对风险管理中的文件实施控制和管理”，在此可理解为本书推荐组织按质量管理体系中有关文件的控制要求对风险管理中的文件实施控制和管理，因为通常情况下，质量管理体系中文件的控制要求对各种类型的组织都是适用的。

2. “记录”解读

“记录”是一种证据文件，也是实施和改进风险管理过程的基础。“记录”中有一类是纯粹的客观证据文件，通常以表格形式出现，这类记录无须批准，只需记录填写人签字；另一类是以报告形式出现的，如风险评估报告、风险管理报告等，其中不仅有客观数据，也包括主观的分析，这些报告总体上仍属于证据类文件，与前者不同的是这些报告通常要写明报告编写人，有些报告需要审批。“记录”中并没有对记录提出更多要求，只是提出了建立记录需考虑的10个方面，从这10个方面可以看出，建立风险管理的相关记录是以组织在风险管理方面的需求为前提的，在风险管理框架设计时，应对所需的记录进行策划，在实施风险管理时，应建立并完善风险管理相关的记录。

第八节 风险管理实施

“风险管理实施”包括：“风险管理框架实施”“风险管理过程实施”“风险管理工作程序”三部分内容。“风险管理框架实施”相当于纲领性文件的实施，对整个风险管理工作具有推动作用；“风险管理过程实施”涉及组织的各层级和各项业务活动，是“风险管理框架实施”的延伸和细化；“风险管理工作程序”是“风险管理实施”的基础和保障。下面对“风险管理实施”进行描述和解读。

一、描述

1. 风险管理框架实施。

组织在实施风险管理框架时，需考虑以下方面：

——确定实施框架的时机和策略；

——将风险管理方针和过程应用到组织的所有过程；

——符合法律法规的要求；

——确保决策，包括目标的设置和制定，与风险管理过程的输出相一致；

——举办信息和培训课程；

——与利益相关者沟通和协商，以确保组织的风险管理框架是适宜的。

2. 风险管理过程实施。

为有效实施风险管理过程，组织需制定风险管理计划并确保风险管理过程能够按计划在组织的各个层次和职能上实施。风险管理计划可以同其他计划整合，如战略发展计划。

3. 风险管理工作程序。

组织需建立和保持风险管理工作程序，以确保风险管理能够融入组织的所有活动和过程中。风险管理工作程序通常涉及但不限于以下方面：

——风险管理的职责分配；

——实施风险管理的计划；

——涉及的程序和方法；

——资源配置；

——测量和报告风险管理绩效的方式。

二、解读

1. “风险管理框架实施”解读

实施风险管理的第一步是实施风险管理框架。组织在实施风险管理框架时，首先应确定实施框架的时机和策略；如果许可，还应给出具体的实施进度安排；实施框架的策略是“从上到下”的策略，还是“从点到面”的策略等。

在实施过程中，要遵纪守法，把风险管理方针和过程应用到组织的各个过程中去，这既体现了风险管理的“嵌入性”，又体现了“整体性”。

为了保证实施效果，举办会议和培训活动是必要的，同时还要保持与各利益相关方的沟通与协商，以确保框架保持适宜。

上述内容表示：组织在实施风险管理框架时，应制定一个有效的“风险管理框架实施计划”。

有效实施风险管理框架的条件是：

（1）新的、基于风险的方法整合入现有业务流程的适应性和有效性。

（2）组织高管层对风险管理的不断支持。

（3）员工对风险管理的支持，尤其是在各个活动的初始设计和试验阶段。

（4）按照学习、反馈、改进的过程分步实施。

2. “风险管理过程实施”解读

风险管理过程涉及的工作是全部风险管理中最重要的工作，风险管理过程是否有效关系到组织风险管理的成败，因此，风险管理过程的实施效果是对组织的重大考验。对“风险管理实施过程”的描述集中体现了风险管理过程的整合性和嵌入性。“风险管理过程实施”应注意以下方面：

（1）风险管理过程实施前应制定实施计划。

（2）风险管理过程应该嵌入组织的各个过程，包括科研、生产、经营等过程。

（3）风险管理过程实施应按照风险管理过程图进行循环。

（4）对风险管理过程实施进行监督和检查，保持持续改进。

（5）在风险管理过程实施前、实施中和实施后，都需要与利益相关方进行充分沟通与协商。

3. “风险管理程序”解读

组织需建立和保持风险管理工作程序，其目的是确保风险管理能够融入组织的所有活动和过程中。程序通常指为进行某项活动或过程所规定的途径，本书中的程序是指书面程序或称为程序文件，在“程序”中通常要规定：为什么要做（目的）？做什么？谁来做？何时做？何地做？如何做？也就是人们常说的5W1H（why、what、who、where、when、how）。风险管理工作程序是要对风险管理工作中的5W1H做出规定，内容可能涉及多个方面，所以可能需要多个程序文件。

| 第六章 |

建立环境与风险准则

第一节　建 立 环 境

在开展风险管理时，组织实施风险管理的能力和风险管理的预期结果会受到内部因素和外部因素的影响，这些内外部因素的组合构成了组织的环境。为了充分考虑内外部因素对组织风险管理的影响，在开展风险管理之前需要对这些因素进行识别、了解、关注、确定和评价，这些活动可以理解为“建立环境”。下面对“建立环境”进行描述和解读。

一、描述

1. 概述。

无论是进行风险管理框架设计还是实施风险管理过程，都需要在开展活动之前了解和评价组织的环境条件、确定环境关系、明确环境信息。

通过建立环境，组织可以明确风险管理的目标，确定与组织相关的内部和外部参数，并设定风险管理的范围和有关风险准则。

在进行具体的风险评估活动时，建立环境应包括界定内部、外部环境以及风险管理过程环境并确定风险准则。在此过程中，需确定风险评估目标及风险评估程序。

2. 外部环境。

外部环境包括但不限于：

——政治、经济、文化、法律、技术、金融环境；

——自然环境；

——竞争环境；

——影响组织目标实现的外部关键因素及其历史和变化趋势；

——外部利益相关者及其诉求；

——外部利益相关者和组织的关系等。

3. 内部环境。

内部环境包括但不限于：

——组织的方针、目标以及经营战略；

——资源和知识方面的能力（如资金、技术）；

——信息系统、信息流和决策流程；

——内部利益相关者及其诉求、价值观、风险容忍度；

——业务模式和采用的标准；

——组织的文化；

——组织结构（包括治理结构、任务和责任等）、管理过程和措施；

——与风险管理实施过程有关的环境等。

4. 风险管理过程环境。

风险管理过程的环境随组织的需求而变化，它包括但不限于：

——设定风险管理活动的目的和目标；

——在风险管理过程中，为风险管理确定职责；

——确定实施风险管理活动的范围、广度和深度，包括明确的内涵和外延；

——按照时间和地点确定活动、过程、职能、项目、产品、服务或资产；

——确定组织的特殊项目、过程或活动与其他项目、过程或活动之间的关系；

——确定风险评估方法；

——确定在风险管理中评价绩效和有效性的方式；

——识别和明确必须要做的决定；

——识别和确定所需的研究及其程度和目标，确定所需的资源。

二、解读

国际标准 ISO 31000：2009《风险管理——原则与指南》在 5.3 条重点描述了“建立环境”，其内容与本书内容类似。5.3 条标题的英文原文为“Establishing the context”，国内有许多资料译为“建立环境”，国家标准 GB/T 24353—2009《风险管理——原则与指南》中将其译为“明确环境信息”。从字面含义看，“建立环境”应该是直译，事实上风险管理所涉及的环境在有些情况下是客观存在的，也就是说在有些情况下是无法建立的，如外部环境；也有一些环境是需要建立的，如风险管理方针、目标的设立。为保持与英文字面含义的直接对应，本书采用了“建立环境”这一译法。在风险管理实践中可将“建立环境”理解为建立所需的环境、确定已有环境的关系、明确涉及的环境信息。

由于风险管理活动的结果受组织所处环境的影响，因此，风险管理的第一步就要“建立环境”，或者说是“确定环境关系”，无论是进行风险管理框架设计还是实施风险管理过程，都需要在开展活动之前了解和评价组织的环境条件、建立环境。如果不了解组织所处的环境，不建立所需的环境，盲目开展风险管理，将适得其反，可能导致更大的损失。

在进行具体的风险评估活动时，建立环境应包括：界定内部、外部环境，界定风险管理过程环境并确定风险准则。事实上，从分类学的角度看，内部环境已经包括了风险管理过程环境，但在进行具体的风险评估活动时，风险管理过程环境可作为一个独立的类别对待，这有助于对环境的分析和界定。下面对这三方面的环境分别解读。

1. 内部环境

内部环境是指企业的基本情况、资源、企业所开展的各项业务活动、企业所具备的各项技能和能力、企业的组织结构等。内部股票持有人及其期望值是内部环境的重要组成部分。内部环境可细分为以下类别：

（1）资源：资金、人才、知识、技术、信息、设备、设施、工具。

（2）能力：方针、目标、战略、决策、管理、流程、措施、业务模式、采用标准等。

（3）文化：诉求、意识、理念、心态、价值观、风险容忍度等。

（4）关系：顾客关系、供方关系、外部相关方关系、内部相关方关系。

2. 外部环境

外部环境是指企业的生存与发展环境，包括社会环境、自然环境、竞争环境，外部股票持有人和外部金融环境也是外部环境的重要组成部分。另外，还需要考虑影响组织目标实现的外部关键因素及其历史和变化趋势。外部环境可细分为以下类别：

（1）社会环境，包括政治、经济、文化、法律、技术、金融环境。

（2）自然环境，包括地理、地形、水文、生物、气候、土壤等环境。

（3）竞争环境，包括竞争对手数量、能力、技术水平、管理水平、顾客关系、市场影响、产品特点等。

(4) 外部利益相关者信息，包括外部利益相关者的数量、特点、风险偏好、诉求和期望、与组织的关系等。

3. 风险管理过程环境

涉及风险管理过程环境时，应重点考虑企业风险管理流程的特点及复杂程度。其核心问题在于风险管理流程要实现什么目标，企业是基于哪些因素的考虑而采取风险管理的。风险管理环境还涉及管理过程中的责权问题，包括风险管理的总体负责人、风险管理资源配置负责人、风险管理执行人等。另外还要考虑企业的风险容忍度、风险偏好、风险准则等。

第二节　风险准则

"风险准则"是风险管理中极为重要的概念之一，通常是组织实施风险评估时不可或缺的内容。由于组织所面对的风险各种各样，且其重要性也有所不同，所以在风险管理中，必须对已识别出的风险的重要性进行评价，"风险准则"是对已识别出风险的重要性进行评价的依据。下面对"风险准则"进行描述和解读。

一、描述

风险准则是评价风险严重性的依据。风险准则需体现组织的风险偏好和风险容忍度，反映组织的价值观、目标和资源。某些风险准则可能来源于法律、法规、相关的标准和经组织同意的其他约定。

组织需根据自身特点，结合已建立的环境合理设定本组织的风险准则。风险准则应与组织的风险管理方针一致。风险准则尽可能在风险管理开始时确定，并需要持续不断地监测（包括评审）和完善。确定风险准则时需考虑以下因素：

——可能发生后果的性质、类型以及后果的度量；

——可能性的度量；

——可能性和后果的时限；

——风险的度量方法；

——风险等级的确定；

——利益相关者的观点或意见；

——可接受或可容许的风险等级；

——多种风险组合的影响。

风险准则可包括总体层面和针对具体事项或业务确定风险准则，风险准则需要体现风险后果影响程度和风险发生可能性两方面。可行时，风险准则宜采用可测量的形式提出，如确定的风险等级、量化后形成的指标等。风险准则确定前组织需对其进行评审，并随风险准则的调整保持评审的持续性。

二、解读

“风险准则”是评价风险重要性的依据，将风险分析的结果与风险准则相比较可以得出风险的重要程度，根据风险的重要程度组织能够确定需要采取的风险应对措施，因此，“风险准则”是风险管理必不可少的重要内容。组织的“风险准则”通常以文件的形式做出规定，可以用一个或多个文件描述“风险准则”的内容。

“风险准则”可包括总体层面“风险准则”，也可以是针对具体事项或特定业务过程中出现的风险而建立的“风险准则”。如某企业确定的包括经济损失数额在内的风险等级标准就属于总体层面“风险准则”。危险品安全生产中对人员伤亡数量和财产损失的限制指标，长期投资项目确定的最低投资回报率等都属于具体事项或特定业务的“风险准则”。

“风险准则”基于组织的目标、外部环境和内部环境确定，“风险准则”可以来自标准、法律、政策和其他要求。可行时，具体的“风险准则”宜采用可测量的形式提出，如确定的风险等级、量化后形成的指标等。“风险准则”通常体现风险发生的可能性与风险的影响程度两个方面。

最低合理可行（ALARP）准则（详见第五章第六节）是目前被国际风险管理领域广泛接受的通用性“风险准则”，对组织建立风险准则具有重要参考价值。风险等级是“风险准则”的一部分，也是“风险准则”的细化，在风险管理的实践活动中，组织通常根据实际情况和已有的“风险准则”列出适用于组织实施风险管理的风险等级标准，包括采用定量和半定量的方法确定风险发生可能性和风险后果影响程度。“风险准则”的适用性和易读性是实施风险管理需要关注的重点，组织在实践中通常应该使用习惯的方式描述“风险准则”与风险等级，包括在可能的情况下将纯数字的表述方法赋予实质性含义，例如，1 级风险对应的经济损失为×××万元，2 级风险对应的经济损失为××万元等。

| 第七章 |

风险评估

第一节 概　　述

“风险评估”是风险管理中的核心内容。“风险评估”的结果是采取风险应对措施的依据，因此，“风险评估”是否充分考虑了各方面的风险影响因素，过程是否科学合理，结果是否真实、客观、准确，这些将对风险管理的决策起到决定性的作用。或者可以说，“风险评估”的结果直接关系到风险管理的成败。下面对“风险评估”进行描述和解读。

一、描述

风险评估包括风险识别、风险分析和风险评价三个步骤。

风险评估活动适用于组织的各个层级，评估范围可涵盖项目、单个活动或具体事项等。但是在不同情况下，所使用的工具和技术可能会有所差异。

风险评估有助于决策者对风险及其原因、后果和发生的可能性有更充分的理解，这可以为以下决策提供信息：

——是否应该开展某些活动；

——如何充分利用时机；

——是否需要应对风险；

——风险应对策略的选择；

——确定风险应对策略的优先顺序；

——选择最适合的风险应对策略，将风险的不利影响控制在可接受水平。

二、解读

“风险评估”是风险管理的核心过程，其结果是组织进行风险应对决策的重要依据。“风险评估”包括风险识别、风险分析和风险评价三个部分。这三部分内容紧密相关，前一部分的输出是后一部分的主要输入，如风险识别的结果是风险分析的基础和依据。虽然“风险评估”的重要性已被许多组织所认识，但只有将“风险评估”得到的结论转化为组织决策内容，以及针对具体风险采取的风险应对措施取得了预期效果，“风险评估”的价值才能得以体现。

“风险评估”应该包括初次识别的风险和后续识别的新风险，有些时候新的风险可能会替代部分原有的风险，识别这些新的风险有可能更好地描述整体所面临的风险。风险评估活动可以在组织的各个层级开展，风险评估的范围可覆盖项目、单个活动或具体事项等。“风险评估”开展前首先需要确定本次“风险评估”的目标、范围、依据、进度和资源，除此之外，还需要重点考虑可能组建的专家团队、组织的环境和风险评估背景情况等。

第二节　风险识别

“风险识别”是风险评估中的第一个子过程，该过程是对风险从发现到确认，再到描述的过程。“风险识别”包括对风险源、事件及其原因和潜在后果的识别。“风险识别”可能涉及历史数据、理论分析、专家意见以及利益相关者的需求。下面对“风险识别”进行描述和解读。

一、描述

风险识别是发现、确定和描述风险的过程。

风险识别的目的是确定可能影响系统或组织目标得以实现的事件或情况。一旦风险得以识别，组织需对现有的控制措施（诸如设计特征、人员、过程和系统等）进行识别。

风险识别包括对风险源、风险事件及其原因和潜在后果的识别。风险识别后可生成一个全面的风险清单（或称为风险列表），风险清单中至少需要描述：风险种类（名称）、各风险之间的关系（如并列关系、从属关系）、可能发生的事件、事件可能导致的后果。

识别风险不仅要考虑有关事件可能带来的损失，也要考虑其中蕴含的机会。

在风险识别时需要特别关注源于人的因素可能导致的风险。

进行风险识别时要掌握相关的和最新的消息，必要时，需包括适用的背景信息。除了识别可能发生的风险事件外，还要考虑其可能的原因和可能导致的后果，包括所有重要的原因和后果。不论风险事件的风险源是否在组织的控制之下，或其原因是否已知，都应对其进行识别。此外，要关注已经发生的风险事件，特别是新近发生的风险事件。

识别风险需要所有相关人员的参与。组织所采用的风险识别工具和技术应当适合于其目标、能力及其所处环境。

风险识别方法可能包括：

——基于证据的方法，如检查表法以及对历史数据的评审；

——系统性的团队方法，如一个专家团队遵循系统化的过程，通过一套结构化的提示或问题来识别风险；

——归纳推理技术，如危险与可操作性分析方法等。

二、解读

“风险识别”的主要工作内容是识别风险、风险源、影响的范围、相关事件、风险原因以及潜在的后果。“风险识别”是“风险评估”过程中的第一个过程，其结果是“风险分析”的输入，只有风险被完整识别，才能充分发挥后续的“风险分析”和“风险评价”的作用。“风险识别”的目的是确定可能影响系统或组织目标得以实现的事件或情况，简单地说，就是要搞清楚有多少个风险可能影响组织目标的实现。“风险识别”的结果（输出）是一份“风险清单”，“风险清单”中至少需要描述风险种类、各风险之间的关系、可能发生的事件、事件可能导致的后果。是否需要描述风险原因，可根据情况来确定，如果原因很明确或只进行简单的分析即可以得出结论时，可以在风险清单中描述风险原因，否则，应在后续的风险分析时再确定风险原因。“风险识别”是否充分、准确，“风险清单”列出的风险是否全面、客观，关系到“风险评估”是否能够得出正确的结论，从而会进一步影响到“风险应对”能否做出正确的决策。

“风险识别”过程会涉及多个层次的风险，在风险评估实践中，常常将下一层次的风险当作上一层次风险的风险源，以便于在风险识别之后进行风险分析和风险评价。从风险源的定义来看，这一做法具有一定的合理性。

在风险管理实践中，“风险识别”往往会随着“风险评估”过程的推进而反复地进行，其最终结果通常具有以下特征：

（1）风险管理过程任务的全部范围被探明。

（2）所有可能影响目标实现的风险被识别和考虑，包括利益相关者或目标之间的冲突，以及组织与其他业务领域的依赖关系。

（3）根据风险评估的初期结果对其后续新风险进行了重新识别。

（4）风险界定清晰，而且没有预料之外的偏差和交叉重叠。

（5）各种后果得到恰当描述。

（6）每一个风险的因果关系都被调查清楚。

（7）所有假设都进行了质疑和评价。

（8）对风险负责人识别已完成，风险能够按要求分配给风险负责人。

（9）针对每一个风险，清晰描述了可能发生的事件与可能导致的后果并形成了文件。

风险识别的三类方法中包含多种具体方法，常用的风险识别方法和工具请读者参考本书第十章第三节。

第三节 风 险 分 析

“风险分析”是理解风险性质、确定风险等级的过程，也是风险评估的核心子过程。在风险评估中“风险分析”的结果是风险评价的主要输入，在整个风险管理过程中“风险分析”是风险应对决策的基础。风险分析包括定性和定量分析，也包括风险估计。下面对“风险分析”进行描述和解读。

一、风险分析综述

（一）描述

风险分析的主要作用是增进对风险的理解，并为风险评价和风险应对提供信息支持。

风险分析要考虑导致风险的原因和风险源、风险事件的正面和负面的后果及其发生的可能性、影响后果和可能性的因素、不同风险及其风险源的相互关系以及风险的其他特征，还要考虑现有的控制措施及其效果和效率。

在风险分析中，需考虑组织的风险容忍度及其对前提和假设的敏感性，并适时与决策者和其他利益相关者有效地沟通。另外，还要考虑可能存在的专家观点中的分歧及数据和模型的局限性。

根据风险分析的目的、获得的信息数据和资源，风险分析可以是定性的、半定量的、定量的或以上方法的组合。其主要作用如下：

（1）定性的风险分析可通过重要性等级来确定风险后果、可能性和风险等级，如"高""中""低"三个重要性程度。可以将后果和可能性两者结合起来，并对照定性的风险准则来评价风险等级的结果。

（2）半定量法可利用数字评级量表来测度风险的后果和发生的可能性，并运用公式将两者结合起来，确定风险等级。量表的刻度可以是线性的，或者是对数的，或其他形式。

（3）定量分析可估计出风险后果及其发生的可能性的实际数值，并产生风险等级的数值。由于相关信息不充分、人为因素影响等，或是因为定量分析难以开展或没有必要，全面定量分析未必都是可行的或值得的。在此情况下，由具有专业知识和经验的专家对风险进行半定量或者定性的分析可能已足够有效。

一般情况下，首先采用定性分析，初步了解风险等级和揭示主要风险。适当时，进行更具体和定量的风险分析。采用定性分析时，应该对使用的术语和概念进行清晰的说明，并记录所有风险准则的设定基础。采用全面定量分析时，应注意计算获得的风险等级值是估计值，需确保其精确度不会与所使用的原始数据及分析方法的精确度存在偏差。

（二）解读

"风险分析"是风险评估过程中的第二个过程，"风险分析"的结果是风险评价的输入，也是风险评价和风险应对的基础。"风险分析"的目的主要有两条：一是揭示对风险的理解，只有对风险正确理解，才能在风险评价和风险应对时做出正确的决策；二是为风险评价提供输入，"风险分析"是在风险识别基础上开展的，与风险识别相比，"风险分析"的结果更深入、更明确、更具有针对性。这两者显示了"风险分析"在风险评估过程中承上启下的作用。“风险识别”仅仅是“发现、描述”风险，但还没有对这些风险的原因和特性等进行深入“理解”，更没对其后果和可能性的大小进行估计，所以这部分工作就留在“风险分析”阶段完成。

在“风险分析”时，需考虑组织和利益相关者的风险容忍度以及风险偏好。为此，开展“风险分析”的主要成员应适时与决策者和其他利益相关者有效地沟通。

进行“风险分析”时会用到大量的技术和理论方法，这些方法或者说工具称为风险评估技术，风险评估技术在风险分析过程中将起到极大的作用，它们可以是定性的、半定量的、定量的或以上方法的组合。在风险分析时，首先应采用定性分析，初步了解风险等级和揭示主要风险，采用定性分析时，应该明确使用的术语和概念，并界定风险准则。风险分析常用的方法是定性分析与定量（或半定量）分析的组合，这种组合的方法常常能够得出更接近实际情况的结果。采用全面定量分析时，应注意计算获得的风险等级值是估计值，需确保其精确度不会与所使用的原始数据及分析方法的精确度存在偏差。在采用以专家意见（包括专家打分）为主的风险分析方法时，要充分考虑专家观点的分歧及分歧的原因，即使在某些情况下采用客观数据，也要考虑数据和数学模型的局限性。

二、控制措施评估

（一）描述

风险的等级水平不仅取决于风险本身，还与现有风险控制措施的充分性和有效性密切相关，因此，组织需要对其现有风险控制措施进行评估。

在进行控制措施评估时，需要解决的问题包括：

——对于一个具体的风险，现有的控制措施是什么？

——这些控制措施是否足以应对风险，是否可能将风险控制在可接受范围之内？

——在实际中，控制措施是否以预定方式正常运行，当需要时，能否证明这些控制措施是有效的？

对于特定的控制措施或一套相关控制措施的有效性水平，可以进行定性、半定量或定量的表述。虽然在许多情况下难以准确表述控制措施的有效性水平，但这些信息有助于决策者进行比较和判断，并对现有控制措施实施改进。

（二）解读

由于风险发生的可能性和风险后果的影响程度与已有的风险控制措施密切相关，所以，对现有风险控制措施的有效性和充分性进行分析和评估，就成为风险分析工作的重要内容之一。对于风险控制措施评估，其中提出了需要解决的三个问题，也可以说是进行风险控制措施评估的三项准则。其中第一项是对控制措施的描述，解决是否有针对某些具体风险的控制措施；第二项是对现有风险控制措施充分性的评估；第三项是对现有风险控制措施有效性的评估。通过对这三个方面的评估可确定风险控制措施的有效性和充分性。对于控制措施的评估，目前有多种方法，可以采用单一方法，也可以采用两种以上方法的组合。通常采用组合的方法更能反映实际情况，如采用德尔菲法加检查表法，先设计检查表，根据检查表对现有应对措施进行检查，将检查结果分发给选定的专家，由专家打分得出最终结果。

三、后果分析

（一）描述

通过假设特定事件、情况或环境，后果分析可确定风险影响的性质和类型。某个事件可能会产生一系列不同严重程度的影响，也可能影响到一系列目标和不同利益相关者。在建立环境时，就应当确定需要分析的后果的类型和受影响的利益相关者。

后果分析的形式可以是对后果的简单描述，也可以是制定详细的数量模型等。

影响可能是轻微后果高概率，或严重后果低概率，或某些中间状况。通常情况下，需关注具有潜在严重后果的风险，因为这些风险往往会对组织造成较大负面影响。在某些情况下，需要同时分析具有严重后果和轻微后果的风险，因为频繁而轻微的问题可能具有很大的累计或长期效应。

后果分析应包括：

——考虑应对后果的现有控制措施，并关注可能影响后果的相关因素；

——将风险后果与最初目标联系起来；

——对马上出现的后果和那些经过一段时间后可能出现的后果要同等重视；

——不能忽视次要后果，例如那些影响相关系统、活动、设备或组织的次要后果。

（二）解读

风险分析过程中需要对风险产生的后果进行分析，包括后果的影响程度、影响范围、影响的对象、后果发生的概率。后果分析目的是加深对风险的理解，为选择适宜的风险应对措施提供技术支持。在进行后果分析时应充分关注风险特性，特别要注意“一个事件可能有多个后果，可能会影响多个目标”。一个风险可能影响多个目标，一个目标可能被多个风险影响；而不是一个风险只产生一个后果，影响一个目标。对风险后果的“测定”，其实质应该只是推测和估计。所以需要采用一些方法和手段获得这些结果，如情景模拟、实验研究、逻辑分析、数据推算等。在一些情况下（如不同时间、不同地点、不同团体或不同情形下），可能需要多个数值和指标来描述不同的后果及其可能性。如“矿难”，除直接的经济损失外，伤亡人数、设施的损害、环境的破坏等都是矿难的“后果”，这些指标和数值皆可对后果起到具体的说明作用。

风险产生的后果影响通常是轻度影响高概率，或重度影响低概率，或某些中间状况。也许有人会问，为什么不可能是重度影响高概率，或轻度影响低概率呢？这是因为重度影响高概率是企业不可接受的风险，这种风险的不可接受程度通常可导致企业停止或退出活动，以进行风险规避，所以，一般不会有这类风险产生的后果。而轻度影响低概率在多数情况下都属于企业的可接受风险，无须对其后果进行分析。通常情况下，应该对可能导致严重后果的风险进行重点分析，也就是重度影响低概率的风险，这些风险的后果往往会对组织造成较大损失；从另一个角度看，不仅需要分析重度影响低概率的风险，同时也需要分析具有轻度影响高概率的风险，因为轻微问题的频繁出现可能具有很大的累计或长期效应，这种长期累积效应将对组织产生不可低估的负面影响。

四、可能性分析

（一）描述

通常主要使用三种方法来估计可能性。这些方法可单独或组合使用，包括：

(1) 利用相关历史数据来识别那些过去发生的事件或情况，借此推断出它们在未来发生的可能性。所使用的数据应当与正在分析的系统、设备、组织或活动类型有关。如果某些事件过去发生频率很低，则任何可能性的估计都是不确定的。这一点尤其适用于从未发生的事件、情况或环境，人们无法推测其将来是否会发生。

（2）利用事故树和事件树等技术来预测可能性。当历史数据无法获取或不够充分时，有必要通过分析系统、活动、设备或组织及其相关的失效或成功状况来推断风险发生的可能性。

（3）系统化和结构化地利用专家观点来估计可能性。专家判断应利用一切现有的相关信息，包括历史的、特定系统的、具体组织的、实验及设计等方面的信息。获得专家判断的正式方法众多，常用的方法包括德尔菲法和层次分析法等。

（二）解读

风险等级是由风险发生的后果和可能性的乘积来表示的，这一形式在风险分析或整个风险评估过程中都非常重要。因此，对风险发生的可能性进行分析也是风险分析的重要内容。

（1）采用第一种方法的重点是数据的可靠性和可利用性，前面提到的 11 项实施原则中的第六项原则就是基于最可利用的信息，由此可以看到，数据可利用性是采用数据进行风险分析的前提条件。除数据的质量外，还要注意所采用的数据处理技术和数据分析方法的适宜性。因为数据即使没有任何问题，但采用了不适宜的数据处理技术和分析方法，得出的结果也不可能符合客观实际。

（2）采用第二种方法是利用事故树和事件树等技术来对风险发生的可能性进行分析，这两种风险评估技术既可以用于定性分析，也可以用于定量分析，只是这两项技术使用时要注意所要的输入条件，具体如下：

其一，事故树的输入。

- 定性分析：需要了解系统及故障原因和系统失效的方式；
- 定量分析：需要了解事故树中各基本事件的故障率或失效的可能性。

其二，事件树的输入。

- 相关初始事项清单；
- 关于应对、障碍和控制及其失效概率的信息；
- 最初故障加剧的过程。

（3）采用第三种方法是利用专家观点来估计可能性。这种方法需要采用系统化和结构化的设计来完成。系统化是指应用这一方法时，需要考虑从总体到局部的所有因素，以及各因素之间的作用和相互关系；结构化是指将复杂的问题分解为设计好的多个单元，使问题简单化。对于结构化我们可以举个例子，当我们需要获得专家对某个风险的看法时，假如直接向专家询问他对这个风险怎么看，往往很难得到你所需要的答复，因为专家并不清楚你想要知道什么。如果将设计好的表格请专家填写，问题就简单化了。当然，在考虑专家意见时一定要考虑专家之间的不同观点。获得专家判断的常用方法包括德尔菲法、头脑风暴及结构化访谈、层次分析法等。

五、综合筛选

（一）描述

需要对风险进行综合的筛选，以识别出最重大的风险或把不太重要和次要的风险排除，便于进一步分析，由此确保组织资源能集中应对最严重的风险。进行筛选时，需注意不要漏掉发生频率低但有重大累积效应的风险。

以上筛选活动需在建立环境时所确定的风险准则基础上进行。依据综合筛选结果，组织可能采取以下某个行动方案：

——无需进一步评估，立即进行风险应对；

——搁置暂不需应对的不重要风险；

——继续进行更细致的风险评估。

需记录最初的假定及结果。

（二）解读

“综合筛选”有时也称为初步分析，其目的是识别出最重要的风险、不太重要的风险和次要的风险，以便于在必要时能够及时采取措施，将有限资源集中用于对最重要风险的应对。综合筛选活动需要以确定的风险准则为依据，将识别出的风险与风险准则进行比较，得出风险重要程度的顺序。在资源有限的情况下，也可以将不太重要的风险和次要的风险暂时搁置。当认为综合筛选之前的风险分析不够充分时，在综合筛选后需要继续进行更细致的风险分析，这时的风险分析可以与对最重要风险的应对同时进行。进一步风险分析完成后，应根据分析的结果对应对措施进行调整。对于发生频率低但有重大累积效应的风险也需要进行筛选，在某些情况下，这种风险可能会成为最重要的风险。

六、不确定性及敏感性

（一）描述

在风险分析过程中经常会涉及相当多的不确定性。认识这些不确定性对于有效地解释和沟通风险分析结果是必要的。这些不确定性与在风险识别和风险分析时所使用的数据、方法及模型有关。

与不确定性密切相关的是敏感性分析。敏感性分析是确定某个参数输入的变化对风险等级的影响。这项分析可用来识别哪些数据是对结果影响较大的，从而更需确保其精确性。

需尽可能充分阐述风险分析的完整性及准确度。如有可能，需识别不确定性的起因，并阐述所使用数据、方法及模型的不确定性。敏感的参数及其敏感性程度需予以说明。

（二）解读

“风险”的定义是：“不确定性对目标的影响”。因此，可以说没有“不确定性”就没有风险，目前在风险管理领域普遍认为“不确定性”是风险最重要的组成部分，属于风险的基本特征之一。开展对不确定性的分析，深入认识不确定性是风险分析的重要步骤，其目的是加深对特定风险的了解。采用不同的数据、不同的方法、不同的模型可能得出不同的风险分析结果，也就是得出不同的不确定性。因此，要想获得接近真实的不确定性，就需要采用最可利用、最能反映客观实际的数据，选用最适宜的方法和模型。

敏感性与不确定性密切相关，敏感性也可以理解为某些参数与风险的相关性程度，其含义是某特定参数的变化对风险的影响。敏感性分析是对确定的某个参数输入不同值，观察这些不同的参数值对风险的影响，并将输出的结果同风险准则中确定的风险等级进行比较，以分析参数的变化对风险等级的影响。

七、风险分析结果

（一）描述

风险分析的结果是风险评价的依据，在风险评估中起着承上启下的作用。由于风险分析是一项复杂的活动，因此，风险分析的结果也因不同情况有所差异。风险分析的结果可涉及但不限于以下方面：

——对风险发生的事件及造成后果的分析结果；

——对风险发生可能性的分析结果；

——对现有控制措施的评估结果；

——不确定性和敏感性分析结果；

——风险综合筛选结果；

——利用定量或半定量方法对风险值进行计算的结果。

（二）解读

“风险分析的结果”是风险分析过程的最终输出，同时也是风险评价的输入，在风险评估中起着承上启下的作用。在前面“风险分析”中可以看到，“风险分析的结果”有六个方面，但并不是每次风险分析都必须包括这六个方面，也不是每次都不能超出这六个方面，或者说，本书只是提出了通常会涉及的六个方面。下面对这六个方面分别解读：

（1）风险发生的事件及造成后果的分析结果有两个方面的信息，分别是风险发生事件的分析结果及造成后果的分析结果。风险发生事件的分析结果主要包括分析风险事件的数量、种类、性质、变化情况、事件之间的作用和关系、事件导致的结果等。后果的分析结果主要是后果的形成原因、后果的影响程度、后果的影响范围等。这两方面的分析结果都属于风险评价的重要输入。

（2）风险发生可能性的分析结果主要是各种风险发生的概率，主要分为大、中、小三种概率，也可以根据确定的风险准则对风险发生的概率进行比较。风险发生可能性的分析结果也属于风险评价的重要输入。

（3）现有控制措施的评估结果通常是一份评估报告，主要是采用检查表法对现有控制措施进行检查，再采用德尔菲法由专家对检查结果打分，最终得出评估结论。控制措施的评估结果是风险评价的输入，同时也是风险应对的重要参考。

（4）不确定性和敏感性分析结果通常没有专门的报告，开展对不确定性和敏感性分析的目的是加深对特定风险的了解，所以，不确定性和敏感性分析的结果在许多情况下是分布在其他几个方面中的。

（5）在风险分析完成时，通常会有风险综合筛选的结果，其表现形式主要就是风险排序。风险综合筛选的结果也是风险评价的重要输入，在某些特定的条件下，风险综合筛选的结果会直接成为风险评估的结果。

（6）利用定量或半定量方法对风险值进行计算的结果包括了风险后果的影响程度和风险发生的概率两个方面，风险值通常用二者的乘积表示。利用定量或半定量方法对风险值进行计算的结果无疑也是风险评价的重要输入。

第四节 风险评价

“风险评价”是对比风险分析结果与风险准则，以确定风险是否可接受的过程。“风险评价”是风险评估过程中的最后一个过程，其结果是决定风险是否需要应对以及应对优先顺序的依据，将对风险应对的决策产生决定性的影响。下面对“风险评价”进行描述和解读。

一、描述

风险评价的目的是协助决策，决策的内容包括风险是否需要应对及应对的优先顺序。风险分析的结果是风险评价的主要输入。

风险评价包括将风险分析的结果与预先设定的风险准则相比较，或者在各种风险的分析结果之间进行比较，确定风险等级。

风险评价利用风险分析过程中所获得的对风险的认识，对未来的行动进行决策。道德、法律、财务以及包括风险感知在内的其他因素，也是决策的参考信息。

决策包括：

——某个风险是否需要应对；

——风险应对优先次序；

——是否应开展某项应对活动；

——应该采取哪种途径。

在建立环境时，需要做出决策的性质以及决策所依据的准则都已得到确定。但是在风险评价阶段，需要对以上问题进行更深入的分析，毕竟此时对于已识别的具体风险有更为全面的了解。如果该风险是新识别的风险，则应当制定相应的风险准则，以便评价该风险。

最简单的风险评价结果，是仅将风险分为两种，即需要应对与无需应对的。这样的方式简单易行，但其结果通常难以反映出风险估计时的不确定性，另外，也很难准确界定这两类风险的界限。

是否以及如何应对风险的决策，在很大程度上取决于承担风险的成本与收益以及实施应对措施的成本与收益。

依据风险的可容许程度，可将风险划分为如下三个区域：

——不可接受区域。在该区域内无论相关活动可以带来什么收益，风险等级都是无法容忍的，必须集中资源、竭尽全力进行风险应对。

——中间区域。对该区域内风险的应对需要考虑实施应对措施的成本与收益，并权衡机遇与潜在后果。

——广泛可接受区域。该区域中的风险等级微不足道，或者风险很小，无须采取任何风险应对措施。

根据“最低合理可行”或称为 ALARP 准则，在中间区域（或称 ALARP 区域）中，对于较低的风险可以直接进行应对措施的成本收益分析：如果增加安全的投入对安全效益的贡献不大，则可认为风险是可容许的；对于其中较高的风险，则需进一步实施应对措施，以使风险尽量向广泛可接受区域靠拢，直至风险降低的成本与获得的安全收益完全不成比例。

风险评价的结果应满足风险应对的需要，否则，需做进一步分析。

二、解读

“风险评价”是风险评估过程中的第三个过程，其目的是协助决策。“风险评价”的结果是风险应对的输入，是决定风险是否需要应对及应对的优先顺序的依据，将对风险应对的决策产生决定性的影响。

风险评价的方法是将风险分析的结果与建立环境时设定的风险准则相比较，或者将各种风险分析结果进行比较，以确定风险的重要性等级。简言之，风险评价就是要完成如下工作：

（1）检查风险分析的输出结果，并把得到的风险等级与风险准则相比较。

（2）决定是否需要风险应对。

（3）对需要进行风险应对的风险按优先次序进行排序。

最简单的风险评价结果仅将风险分为两种，即需要应对的与不需要应对的，这样的结果虽然简单易行，但却很难准确反映出风险的特征，特别是无法合理解决风险应对投入与风险应对收益之间的关系。最低合理可行准则（可参照第五章第六节）为如何解决风险应对投入与风险应对收益之间的平衡关系、如何划分风险的区域、如何确定可接受风险提供了基本原理和思路。ALARP 准则的基本含义是：系统总是存在风险的，不可能通过预防措施来彻底消除风险；而且，当采取措施将风险降低到一定程度后，要想进一步降低风险，投入将会急剧升高，因此，必须在系统的风险和投入的成本之间找到平衡。显然，ALARP 准则为我们提供了一个划分风险区域的原理，也为我们提出了风险管理应在风险应对投入与风险应对收益之间寻求平衡的思想。ALARP 准则起源于英国，在西方国家首先应用，因此，在我国应用时应考虑我国具体情况和特点，特别是法律方面的要求。但可以肯定的是，ALARP 准则的基本思想为风险管理提供了更加科学的思路，使人们从过去关注"预防的充分性"转变为现在关注"风险的可接受性"。目前 ALARP 准则已在国际上得到了普遍应用。

第五节　风险评估结果与文件的归档

"风险评估结果与文件的归档"是对风险评估过程中产生的文件的管理活动，涉及对各类文件的管理内容和要求，也是对风险评估结果和相关证据文件实现可追溯性的保障。下面对"风险评估结果与文件的归档"进行描述和解读。

一、描述

1. 风险评估完成后需根据风险评估的记录形成正式的风险评估报告，风险评估报告由授权的机构或人员批准，风险评估报告一般包括但不限于以下方面的内容：

——评估对象与评估背景；

——环境条件；

——评估依据；

——评估过程；

——风险清单；

——评估方法；

——评估结果；

——有关情况的说明。

适用时，组织可建立风险评估报告（或评估结果）的发布制度，根据风险的严重程度确定授权的发布机构、发布时机和发布范围。

2. 风险评估的过程和结果都应进行记录，这些记录需按照正式文档的要求归档保存。风险应以可以理解的术语来表达，同时风险等级也需得到清晰表述。

风险评估记录文件的内容将取决于评估工作的目标及范围。记录文件通常可包括：

——目标及范围；

——系统相关部分的说明及它们的功能；

——组织的内外部环境描述以及被评估对象与内外环境的关联情况；

——所使用的风险准则及其合理性；

——局限性、假定及假设的合理性；

——评估方法；

——风险识别的结果；

——数据的来源及校验；

——风险分析的结果及评价；

——敏感性及不确定性分析；

——关键的假定和其他需要加以监测的因素；

——结果的讨论；

——结论和建议；

——参考资料。

当需要风险评估来支持一个连续的风险管理过程时，风险评估的记录工作需在系统、组织、设备或活动的整个生命周期内持续进行。如果出现重要的新信息或者环境发生变化，需根据管理的需要对风险评估进行更新。

二、解读

描述“1”中描述了风险评估结果——风险评估报告的形成、批准以及包括的 8 个方面内容。风险评估报告属于证据文件的一种类型，其中有客观数据也有主观分析，所以，它与纯粹的客观记录是有所区别的。主要有以下两点区别：第一，风险评估报告需要批准，而记录不需要批准，只需要记录填写人签字；第二，风险评估报告并不是记录客观事实，而是根据获取的数据进行分析后得出的风险评估结论，其中包括了人们的主观判断和分析，记录则是纯粹的客观事实。

描述“2”中对风险评估过程产生的记录提出了要求，包括表达方式、表达内容和归档要求。风险评估记录的内容与风险评估工作的目标及范围有关，前面“记录”中针对风险评估记录提出了需要包括的14个方面。该描述还对连续的风险管理进行风险评估时所产生的记录提出了要求，即“当需要风险评估来支持一个连续的风险管理过程时，风险评估的记录工作需在系统、组织、设备或活动的整个生命周期内持续进行。如果出现重要的新信息或者环境发生变化，应根据管理的需要对风险评估进行更新”。这里包括两层含义，第一是风险评估记录在特定条件下的持续性要求，第二是风险评估记录在信息或环境发生变化时的动态性要求。

第六节　风险评估的监测与评审

“风险评估的监测与评审”是对风险评估过程的控制和管理活动，其目的是确保基于动态性、往复性的特点对风险的变化保持持续响应，确保风险评估结果的充分性、适宜性和有效性。下面对“风险评估的监测与评审”进行描述和解读。

一、描述

风险评估过程强调环境因素，这些因素可能会随时间变化，并且可能使风险评估的结果发生改变或失效。应当识别出这些因素并对这些因素和风险评估进行持续的监测与评审，以便在必要时更新风险评估的信息。

应当识别和收集为改进风险评估而监测的数据。还应当监测和记录风险控制措施的效果，以便为风险分析提供数据。应当明确证据、文件的建立和监测的责任。

二、解读

风险评估过程通常需要一定的时间，组织的环境因素是风险评估的基础，在风险评估期间环境因素可能发生变化，有些情况可能导致风险评估的结果发生改变或失效。因此，需要识别出这些因素并对这些因素和风险评估进行持续的监测与评审，其目的是在必要时更新风险评估的信息，改进风险评估的结果。这里的“监测”是指“持续地检查、监督，密切观察或确认风险状态，以识别与要求或期望绩效的偏离”，“评审”是指“为实现既定目标而进行的决定某一事项的适宜性、充分性和有效性的活动”。本节描述的内容还提出应当识别和收集为改进风险评估而监测的数据，还应当监测和记录风险控制措施的效果，这些工作的目的是为风险分析提供数据。另外，本节描述的内容最后要求明确证据、文件的建立和监测的责任，这一要求的目的是明确责任，确保提供的数据可靠、有效。

| 第八章 |

风险应对

第一节　风险应对概述

风险应对的工作内容包括两个方面：一是选择风险应对方式，二是实施风险应对方式。

风险应对包含一个循环过程，组织在选择和实施一个风险应对时应执行这个循环过程。

风险应对是对一个或一类特定风险而言的，是个性化的。组织对一个风险评估完成后，会对其做出是否需要应对的决定，该决定是风险应对的执行命令。如果某风险被评估后，其风险等级在组织的可接受或可容忍的范围之内，那么就不用启动风险应对，直接进入监测与评审过程。否则，就要设计、选择、实施风险应对。

为了方便理解，我们用图 8－1 来描述风险应对过程。

第二节　风险应对策略

确定的“风险应对策略”是选择风险应对措施的基础，也是组织根据风险评估的结果做出的初步选择。“风险应对策略”不一定互相排斥，因此，在适用的情况下可以多种“风险应对策略”组合使用。下面对“风险应对策略”进行描述和解读。

一、描述

在风险应对时，组织需要选择并确定风险应对策略。选择并确定风险应对策略应当考虑各种环境，包括内部和外部利益相关者的风险容忍度，以及法律、法规和

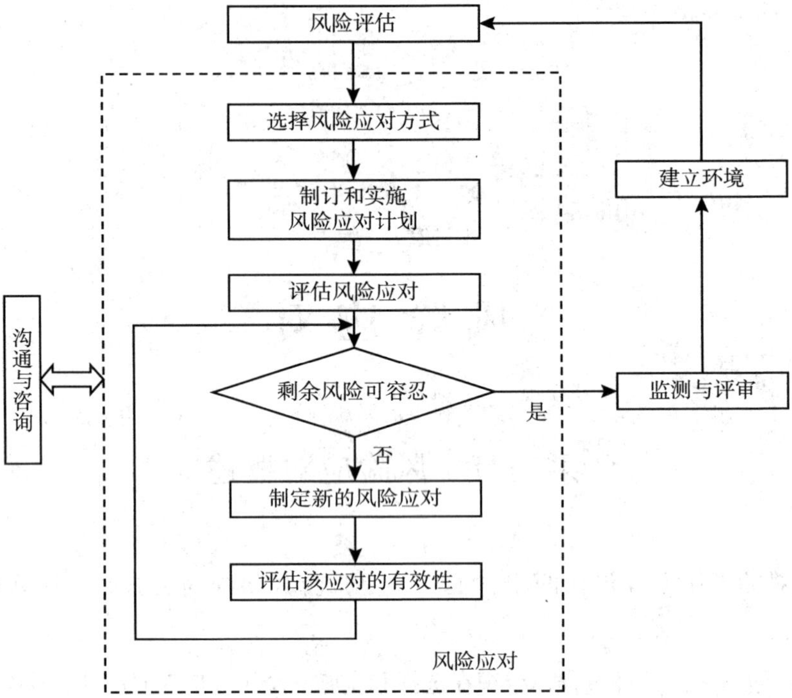

图 8-1 风险应对过程

其他方面的要求等。

风险应对策略之间不一定互相排斥，某个风险应对策略也不一定在所有条件下都适合。风险应对策略可包括以下方面：

——决定停止或退出可能导致风险的活动以进行风险规避；

——增加风险或承担新的风险以寻求机会；

——消除具有负面影响的风险源；

——改变风险事件发生的可能性的大小及其分布的性质；

——改变风险事件发生的可能后果；

——转移风险；

——风险分担；

——风险保留等。

二、解读

风险具有二重性，它对目标的影响可能是正面的，也可能是负面的。正因如此，风险应对的方式也各异。本节描述中列举了 8 种“风险应对策略”，下面对各种“风险应对策略”做简单解读。

策略一，其核心是规避风险。该策略通过不参与或不继续导致风险的活动来实现，适合于规避那些对组织目标有特别重大影响的负面风险。

策略二，其核心是增大风险以寻求机会。这是对于机会风险而言的。对机会风险，组织可以通过增大后果的大小或增大发生可能性的大小来实现。

策略三，消除风险源。该策略适用于纯粹风险。它是一种彻底的治本方式，在安全生产、食品安全等领域经常要求采用这种方式。

策略四，改变可能性；策略五，改变后果。这两种策略将直接改变风险大小。由风险的定义知道：可用后果及其发生的可能性这二者的结合来表示风险。这里的“改变后果”，只是改变后果的影响程度，并不改变后果的性质。

策略六，转移风险。这种策略不改变风险自身的大小和性质，只是通过改变风险的承受主体来实现对风险的分担。如企业购买的保险。

策略七，分担风险。这种策略不改变风险自身的大小和性质，只是通过增加风险的承受主体来实现对风险的分担。如项目合作单位。

策略八，保留风险。这种方式适合应对那些经风险评估后组织认为可接受或可容忍的风险，也适用于组织目前尚无资源和能力应对的风险。对后者而言，相当于赌博。

比较这八种风险应对策略，建议读者在风险管理实务中，要特别注意策略二、策略三和策略八的应用。

第三节　风险应对措施

“风险应对措施”是组织根据风险评估的结果结合确定的风险应对策略做出的决策，通常是根据风险应对策略并针对具体风险制定的具有实质性内容的具体应对措施，这些措施应该确保能够避免或降低组织面临的不可接受风险造成的损失。下面对“风险应对措施”进行描述和解读。

一、描述

1. 在风险应对策略确定后，组织需要根据确定的风险应对策略制定和执行一种或多种风险应对措施，包括改变风险发生的可能性或后果的措施。风险应对措施在正式批准前应进行评审，以确保其内容的适宜性、充分性和有效性。评审通常应有利益相关者、行业专家，经验丰富的一线人员（可能包括：管理人员、技术人员、作业人员）、风险管理相关负责人员、最高管理层的有关人员、风险主要涉及的部门负责人参加。

适用时，组织可考虑设置对风险的预警条件，当满足设置的预警条件时需要对风险进行预警。

2. 风险应对措施的制定和评审通常是一个递进的过程。对于风险应对措施中的剩余风险，组织需要评审其是否可以容忍，如果剩余风险不可容忍，需调整或制定新的风险应对措施，并评审新的风险应对措施的效果，直到剩余风险可以容忍。执行风险应对措施会引起组织风险的改变，需要跟踪、监测风险应对的效果和组织的有关环境，并对变化的风险进行评审，必要时重新制定风险应对措施。风险应对措施包含以下循环过程：

——制定一个风险应对措施；

——对这一风险应对措施进行评审；

——决定剩余风险的等级是否可容忍；

——如果不可容忍，则需制定一个新的风险应对措施；

——评审新的风险应对措施的有效性。

3. 制定风险应对措施时需对各方面的情况进行考虑，比如：

——法律、法规、社会责任和环境保护等方面的要求；

——风险应对措施的实施成本与收益（有些风险可能需要组织考虑采用经济上看起来不合理的风险应对决策，例如可能带来严重的负面后果但发生可能性低的风险事件）；

——选择几种应对措施，将其单独或组合使用；

——利益相关者的诉求和价值观、对风险的认知和容忍度以及对某些风险应对措施的偏好；

——风险应对的优先顺序；

——风险预警条件的设置和风险预警；

——人员的素质。

4. 风险应对措施在实施过程中可能会失灵或无效。因此，要把监测与评审作为风险应对措施实施的有机组成部分，以保证应对措施持续有效。

风险应对措施可能引起次生风险，对次生风险也需要评估、应对、监测与评审。在原有风险应对措施中要加入这些次生风险的内容，而不应将其作为新风险而独立对待。为此需要识别并评审原有风险与次生风险之间的联系。当组织内某一领域的风险应对措施影响到组织内其他领域的风险或影响到其他利益相关者时，要评估这些影响，并与有关利益相关者沟通，必要时调整风险应对措施。

决策者和其他利益相关者应当能够及时获得风险应对的相关信息，并清楚在采取风险应对措施后剩余风险的性质和程度。

二、解读

“风险应对措施”包括1、2、3、4中的四部分内容，为了便于理解，将上述各部分内容归纳成以下形式。

1. 第一部分重点提出三项要求

（1）风险应对策略是制定和执行风险应对措施依据。

（2）风险应对措施需要评审和批准，目的是确保其内容的适宜性、充分性和有效性。评审应有利益相关者参加。

（3）适用时，组织需要考虑设置风险的预警条件。

2. 第二部分对五个方面进行说明

（1）风险应对措施的制定和评审通常是一个递进的过程。

（2）对于风险应对措施中的剩余风险，组织需要进行评审。

（3）应对措施调整后，应评审新的风险应对措施的效果。

（4）跟踪、监测风险应对的效果和组织的有关环境，并对变化的风险进行评审，必要时重新制定风险应对措施。

（5）风险应对措施的制定过程是一个循环的过程，需要在不断调整中完善。

3. 第三部分提出了制定风险应对措施时需考虑的七个方面的情况

4. 第四部分提出了五项要求

（1）监测与评审作为风险应对措施实施的有机组成部分，目的是保证应对措施持续有效。

（2）对次生风险也需要评估、应对、监测与评审。

（3）在原有风险应对措施中要加入次生风险的内容，而不应将其作为新风险独立对待。

（4）当某一领域的风险应对措施影响到其他领域的风险或影响到其他利益相关者时，要评估这些影响，并与有关利益相关者沟通，必要时调整风险应对措施。

（5）决策者和其他利益相关者应当能够及时获得风险应对的相关信息，并清楚在采取风险应对措施后剩余风险的性质和程度。

需要关注的是，根据最低合理可行准则的原理，风险应对措施需要平衡收益与应对成本的关系，除此之外，还要考虑法律法规及其他要求。另外，还要注意在选择风险应对方式时，并不总是只考虑经济因素，有时，由于社会责任和自然环境保护等原因，组织可能要把自己的经济利益放在第二位。

第四节　风险应对计划

“风险应对计划”是针对实施风险应对措施制定的执行文件，也是风险应对措施有效实施的依据。“风险应对计划”中的内容和要求应与组织的风险管理环境和配置的资源相适应，并应能够确保风险应对措施得到有效贯彻和实施。下面对“风险应对计划”进行描述和解读。

一、描述

1. 为有效实施风险应对措施，组织需要制定并实施相应的风险应对计划。风险应对计划中应当包括以下信息：

——确定的风险应对策略和风险应对措施清单；

——选择应对方式的原因与预期的收益；

——绩效指标及考核方法；

——风险管理责任者及实施风险应对措施的人员安排；

——风险应对措施涉及的具体业务和管理活动；

——选择多种可能的风险应对措施时，实施风险应对措施的优先顺序；

——报告和监测、评审的要求；

——与适当的利益相关者的沟通安排；

——资源需求，包括应急机制的资源需求；

——执行时间表等。

风险应对计划需要与组织的管理过程整合。

2. 风险应对计划在正式批准前应进行评审，以确保其内容的适宜性、充分性和有效性，并在授权人批准后实施。

风险应对计划的评审通常应有利益相关者、行业专家，经验丰富的一线人员（可能包括：管理人员、技术人员、作业人员）、风险管理相关负责人员、最高管理层的有关人员、风险主要涉及的部门负责人参加。

二、解读

“风险应对计划”包括两部分内容。第一部分中明确了组织需要制订风险应对计划，其目的是有效实施风险应对措施。提出了风险应对计划中应包括的十个方面的要求，并提出了风险应对计划需要与组织的管理过程整合的要求。第二部分提出了风险应对计划在正式批准前应进行评审的要求，其目的是确保内容的适宜性、充分性和有效性，并对参与风险应对计划评审的人员类型提出了要求。

| 第九章 |

监测评审与持续改进

第一节　监测与评审

“监测与评审”是对风险管理全过程的控制活动，目的是为了保证风险管理全过程中的各项活动和各种措施实施的有效性。“监测与评审”的对象包括风险管理的过程，也包括风险管理的结果。下面对“监测与评审”进行描述与解读。

一、描述

1. 监测与评审的责任。

组织需要以文件的形式明确界定监测与评审的责任，以便在组织范围内对风险管理全过程实施监测与评审，包括对风险管理框架实施情况和风险管理过程实施情况的监测与评审。

监测可以有多种形式，包括对风险管理过程和结果的检查或监督。评审通常以会议的方式进行，主要针对风险管理活动中各环节的重要事项，如：风险管理框架、风险管理方针、风险管理计划、风险评估中的有关结果等。

2. 监测与评审计划。

组织需根据风险管理相关要求、风险管理计划和风险应对计划编制监测与评审计划，并按照计划实施监测与评审。监测与评审计划也可称为检查计划（或监督检查计划）。

监测活动包括常规检查和监控已知的风险，可分为定期或不定期检查。定期或不定期检查都应被列入计划。

3. 风险管理框架的监测与评审。

为确保风险管理有效并且持续支持组织的绩效，组织需：

——测量各种指标与风险管理绩效之间的差异，并开展定期检查；

——针对风险管理计划定期检查其进度和偏差；

——结合组织的内部环境和外部环境，定期评审框架、方针、计划是否适宜；

——对风险和风险管理计划的进展情况进行报告，并检查其与风险管理方针的一致性；

——检查或评审风险管理框架的有效性。

4. 风险管理过程的监测与评审。

在实施风险管理过程的监测与评审时，组织需：

——监测事件，分析变化及其趋势并从中吸取经验教训；

——发现内部和外部环境的变化，包括风险准则和风险本身的变化、可能导致的风险应对措施及其实施优先次序的改变；

——监测并记录风险应对措施实施后的剩余风险，以便在适当时做进一步处理；

——适用时，对照风险应对计划，检查工作进度与计划的偏差，保证风险应对措施的设计和执行有效；

——报告关于风险、风险应对计划的进度和风险管理方针的遵循情况；

——实施风险管理绩效评估；

——识别正在显露的风险。

5. 监测与评审结果。

组织需要对监测与评审的结果进行记录，并按要求保存监测与评审的记录，适当时，监测与评审的结果应当对内或对外报告。

风险管理绩效评估需纳入组织的绩效管理以及组织对内、对外的报告体系之中。

二、解读

“监测与评审”是对风险管理全过程的控制活动，包括了针对风险管理过程进行的日常检查或监督、针对风险管理结果进行的专项检查或监督，也包括了针对风险管理活动中各环节的重要事项进行评审。“监测与评审”的目的是为了基于风险动态性、往复性的特点对风险的变化保持持续响应，及时发现并纠正存在的问题，确保风险管理全过程的效率和有效性。关于“监测与评审”的目的可以从以下两个方面来理解。

第一，从风险动态性、往复性的特点看，风险管理是一个不断变化的动态过程，这一动态过程的变化是随着内外部环境变化而变化的，随着环境的变化，风险管理会出现往复性，新的风险会出现，旧的风险可能发生变化，也有一些风险可能消失，这就需要对风险重新进行评估和应对。为了能够及时获得风险变化的信息，对风险管理的相关过程与结果实施“监测与评审”是必不可少的过程。

第二，无论是设计完成的风险管理框架还是制定的风险管理措施都不可能完美无缺，面对风险管理这样复杂的管理活动，只有通过实践来验证风险管理框架和风险管理措施是否适用于组织的风险管理环境，是否存在问题，如果发现问题，则需进行修改和完善。为了能够及时获得风险管理框架和风险管理措施是否存在问题的信息，对风险管理的相关过程与结果实施“监测与评审”是必然的途径。

“监测与评审”不仅能够从获得的信息中发现风险的变化和措施存在的问题，从而对风险管理过程进行完善和改进，还可以从获得的信息中总结风险管理的经验和教训，从而改善或提升组织在风险管理过程中的能力。由于“监测与评审”并没有较难理解的内容，因此，下面仅对描述中的五部分内容分别进行归纳和概况。

1. 监测与评审的责任

这部分内容可以概括为以下几个方面：

（1）要求以文件的形式明确界定“监测与评审”的责任。

（2）“监测与评审”的范围是风险管理全过程，包括风险管理框架和风险管理过程的实施情况。

（3）监测包括对风险管理过程和结果的检查或监督。

（4）评审通常以会议的方式进行，主要针对风险管理活动中各环节的重要事项。

2. 监测与评审计划

这部分内容可以概括为以下几个方面：

（1）要求编制监测与评审计划并按照计划实施“监测与评审”。

（2）监测与评审计划的编制依据是风险管理相关要求、风险管理计划和风险应对计划。

（3）监测活动分为定期和不定期，这两种监测活动都应列入计划。

3. 风险管理框架的监测与评审

（1）定期检查风险管理框架确定的要求和指标与实际情况的差距。

（2）定期检查风险管理计划进度要求和实际进度的差距。

（3）定期评审风险管理框架、方针、计划的适宜性、有效性。

（4）检查风险管理计划的进展情况及其与风险管理方针的一致性。

4. 风险管理过程的监测与评审

（1）监测可能发生的事件，分析事件变化及其发展趋势并从中吸取经验教训。

（2）发现组织的环境和风险的变化可能导致的风险应对措施及其实施优先次序的改变。

（3）监测并记录风险应对措施实施后的剩余风险。

（4）对照风险应对计划，检查工作实际进度与计划要求进度的差距。

（5）报告风险的情况、风险应对计划的进度和风险管理方针的遵循情况。

（6）对风险管理的效果（包括避免和降低的损失）进行评估。

（7）识别新的风险。

5. 监测与评审结果

（1）要求对监测与评审的结果进行记录和保存。

（2）监测与评审的结果应当向组织授权的管理者和内外部利益相关方报告。

（3）风险管理效果的评估结果也应当向组织授权的管理者和内外部利益相关方报告。

第二节　持续改进

“持续改进”是指在管理过程中针对发现的问题进行不断改进的过程（一般指渐进

式改进)，通常是管理活动中形成闭环的最后一个过程，也是保持风险管理持续有效的必不可少的过程。下面对“持续改进”进行描述和解读。

一、描述

1. 基于监测与评审的结果，组织需要就如何改善风险管理框架、方针、计划做出决策，这些决定将导致组织的风险管理和风险管理文化的改善。

2. 组织需要按风险类别汇总和整理全面风险管理过程中发现的问题，并对问题的原因进行分析，针对原因制定适宜的整改措施。组织需要指定整改措施实施的部门和负责人，并对整改措施的实施进行监督检查。

3. 在每年的适当时机，组织需要对风险管理的实施情况进行评审，以确保风险管理的适宜性、充分性和有效性。

4. 组织需要利用风险管理方针、风险管理目标、风险准则、风险评估的结果、风险应对措施、风险应对结果、相关的记录与数据、监测与评审的结果、整改措施等对风险管理实现持续改进。

5. 组织需要通过生产实践积累与风险管理有关的历史数据，并利用信息技术进行处理和分析，以支持组织在风险管理方面的持续改进；组织可根据全面风险管理的需要，开展相应的信息化建设，以提高全面风险管理的效率和有效性。

二、解读

“持续改进”是组织永恒的主题，风险管理的持续改进是建立在监测与评审的结果之上的，是以风险管理框架、风险管理方针、风险管理目标、风险准则、风险管理过程、相关的记录与数据为依据的。组织“持续改进”的方面包括风险管理框架、方针、目标、计划、过程、措施等。“持续改进”的结果不仅可以使组织保持风险管理活动持续的适宜性和有效性，在很多情况下，这些改进还会在很大程度上影响组织的风险管理文化和理念。开展信息系统建设，利用现代的信息技术也是组织实现持续改进的有效手段。

在管理领域“持续改进”通常指渐进式改进，这种改进像春雨润物一样使组织的能力在不知不觉中得到加强和提升。另一种改进称为阶跃式改进，也可以称为突破式改进，这种改进往往会使组织在多方面产生跨越式提升。前者是经常性的改进，贯穿于风险管理的各个过程，所以作为风险管理的第十一项基本原则提出；而后者则要看组织的机缘、捕捉机会的能力、领导的理念和决心、可供支配的资源等多方面的因素，属于不常见的情况。虽然阶跃式改进没有作为一项原则提出，但并不等于风险管理中排斥这样的改进。

| 第十章 |

风险评估技术

第一节　技术的选择

风险评估技术是风险评估的工具，也是开展风险评估的必要条件。风险评估技术涉及大量的管理理论和数学方法，不同的风险评估技术适用于不同的风险评估过程，所以，需要对风险评估技术进行选择。下面对“技术的选择”进行描述和解读。

一、描述

（一）技术选择条件

决定进行风险评估并且确定了风险评估的目标和范围后，组织可以依据如下条件，选择一种或多种评估技术：

——风险评估的目标（这对于使用的方法有直接影响）；

——决策者的需要（某些情况下完成有效的决策需要充分地评估细节，而某些情况下可能只需要对总体情况进行大致了解）；

——所分析风险的类型及范围；

——后果的严重程度；

——专业知识、人员以及所需资源的程度；

——信息和数据的可获得性；

——修改/更新风险评估的必要性（一些评估结果可能在将来需要修改或更新。

在这方面，某些方法比其他方法更易于调整)；

——法律法规及合同要求等。

只要满足评估的目标和范围，简单方法应优先于复杂方法被采用。此外，另有一些条件对风险评估技术选择的影响也值得关注，例如资源的可获得性、现有数据和信息中不确定性的性质和程度，以及在应用方面的复杂性等。

（二）资源的可获得性

可能影响风险评估技术选择的资源和能力包括：

——风险评估团队的技能、经验及能力；

——信息及数据的可获得性；

——时间和组织内其他资源的限制；

——需要外部资源时的可用预算。

（三）不确定性的性质和程度

由于可获得的信息和数据并不一定总能对未来的预测提供可靠的支持，所以组织内外部环境中常常存在着不确定性。不确定性可能产生于信息的质量、数量和完整性，例如较差的数据质量或缺乏基本的、可靠的数据；某些风险可能缺少历史数据；数据收集方式的有效性；或者是不同利益相关者会对现有数据做出不同的解释。进行风险评估的人员应理解不确定性的类型及性质，同时认识到风险评估结果可靠性的重大意义，并向决策者说明这些情况。

（四）复杂性

风险自身经常具有复杂性的特征。例如，在复杂的系统中进行风险评估时，需对其系统总体进行评估，而不是孤立地对待系统中的每个部分，并忽视各部分之间的相互关系。在某些情况下，对某一风险采取应对措施可能会对其他活动产生影响。需要认识后果之间的相互影响和风险之间的相互依赖关系，以确保在管理一个风险时，不会导致在其他地方产生另一个不可容忍的风险。理解组织中单个或多个风险组合的复杂性，对于选择适当的风险评估技术和方法至关重要。

二、解读

1. “技术选择条件”解读

组织在实施风险评估时，可能需要一种或多种风险评估方法。选择合适的风险评估方法与技术，有助于组织及时、经济、有效地获取准确的评估结果。在实践中，风险评估活动的复杂程度及详细程度千差万别，所以，风险评估的形式及输出应当与组织的自身情况相适合，并在风险评估之前“建立环境”时确定。

组织一旦决定进行风险评估并且确定了风险评估的目标和范围后，就应根据如下适用的因素选择一种或多种评估技术。

（1）研究目标。风险评估的目标对风险评估使用的方法有直接影响，如有的风险评估根本不需要很细致的后果和分析模型。

（2）决策者的需要。某些情况下做出有效的决策需要充分的细节，而某些情况下可能只需要对总体状况进行大致的了解即可。总之，能满足决策需要即可，而不是越复杂越精细越好。

（3）分析风险的类型及范围。主要考虑不同风险分析方法对不同类型的风险和范围的适用情况。

（4）结果的潜在严重程度。这一点有时需要前期估计，它将直接影响到风险评估的投入和方法的选择。

（5）专业程度以及人和其他资源的要求。一般来说，用于风险评估的投入应与被评估的风险等级相适宜。只要能满足评估的目标和范围，简单易行的方法远胜于复杂而难以操作的方法。正如国际标准 ISO/IEC 31010：2009 中所言：与一个复杂的方法相比，一种简单的方法，只要做得好，就能得到更好的结果。

（6）可用的信息和数据。无论采用复杂的方法还是简单的方法，都需要获得尽可能客观、真实、准确的数据。

（7）修改或更新风险评估的需要。考虑到一些评估结果可能在将来需要修改或更新，因此需要采用更易于调整的方法。

（8）法律法规及合同要求等。采用的风险评估技术需要满足法律法规及合同要求。

对于一个具体风险评估目标和特定范围来说，合适的风险评估技术应具备以下三个特征：有充分的适用性并能够被组织所接受；得出的结果能够加深人们对风险性质及风险应对策略的认识；能够按可追溯、可重复及可验证的方式使用。

2. “资源的可获得性”解读

在风险评估实务中，影响风险评估技术选择的影响因素有很多，这里主要介绍三个因素：组织现有的资源与能力、不确定性因素的性质与程度以及风险的复杂性与潜在后果。

对任何组织而言，其资源都是有限的。可能影响风险评估技术选择的资源和能力包括：

（1）风险评估团队的技能、经验、规模及能力。

（2）信息及数据的可获得性。

（3）时间以及组织内其他资源的限制。

（4）需要外部资源时的可用预算。

3. “不确定性的性质和程度”解读

在考虑不确定性的性质和程度时，需要对所涉及的风险，认识其可获得信息的质量、数量和完整性，这包括在实现目标方面获得关于风险、风险源、风险原因及其后果的信息充分到什么程度。不确定性可能源于较差的数据质量或缺乏基本的、可靠的数据。如数据收集的方法可能改变，组织使用这种方法的方式也可能改变，或者对已识别的风险，组织可能根本就没有一种有效的数据收集方法。

不确定性是组织内外部环境中必然存在的情况，现有的数据也并不总是能为预测未来提供可靠的依据。某些风险可能缺少历史数据，或是不同利益相关方会对现有数据做出不同的解释。进行风险评估的人员应理解不确定性的类型及性质，同时认识到风险评估结果可靠性的重大意义，并向决策者说明这些情况。

4. “复杂性”解读

复杂性是风险评估中应考虑的另一个重要因素。理解组织中单个或多个风险的复杂性对于选择合适的风险评估方法至关重要。风险可以由它们自身组合而成，所以，在复杂的系统中，在进行风险评估时，不仅要对系统中的每个部分进行评估，更要注意系统各部分之间的相互关系，应注意风险可能产生的间接影响。在某些情况下，处理单个风险可能会对其他活动产生影响。

至于风险评估技术的复杂性，它也是选择风险评估技术的一个重要因素。技术越复杂，对组织的资源要求就越高，使用成本也就越高。

第二节　风险评估技术在生命周期各阶段的应用

风险评估技术在活动、项目和产品生命周期的所有阶段都能够应用，生命周期的不同阶段可能需要不同的风险评估技术，不同的风险评估技术在生命周期的不同阶段也会发挥不同作用。下面就这一内容进行描述和解读。

一、描述

许多活动、项目和产品被认为具有生命周期，从最初的概念和定义、实现到最终的完结。风险评估可以应用于生命周期的所有阶段，而且通常以不同的详细程度被应用多次，以便为每一阶段需做出的决策提供帮助。

生命周期各阶段对风险评估有不同的需求，并需要不同的评估技术。例如，在概念和定义阶段，当识别一个机会时，可以使用风险评估来决定是继续还是放弃。在有多个方案可供选择时，风险评估可以用于评价替代方案，帮助确定哪种方案能够提供最好的风险平衡。

在设计和开发阶段，风险评估有助于：

——保证系统风险是可接受的；

——精细化设计过程；

——成本的有效性研究；

——识别在后续阶段可能出现的风险。

在生命周期其他阶段，可以用风险评估提供必要的信息，以便为正常情况和紧急情况制定程序。

二、解读

风险评估技术能够应用于组织的活动、项目和产品生命周期中的任何阶段，也可以针对不同的情况和详细程度被多次应用，以帮助组织在每个阶段做出其需要的决策。生命周期中的不同阶段虽有不同特点和不同风险，但风险的基本特征没变，也就是说风险评估技术总体上对不同阶段风险的适用性没变，这就是风险评估技术之所以能够应用于生命周期中任何阶段的原因。

风险评估技术能够应用于生命周期中的不同阶段，不等于说生命周期各阶段都可以采用相同的风险评估技术。由于生命周期中各个阶段所处的背景条件和具体情况不同，所以不同阶段可能发生不同的风险，这就导致了风险评估需求的不同，不同风险评估需求可能采用不同的风险评估技术。

"描述"中所说的概念和定义阶段，也可以理解为活动、项目或产品的论证阶段，设计和开发阶段可以理解为活动、项目或产品全部生命周期中的初期工作阶段，包括活动的策划、项目或产品的设计等。设计和开发阶段通常是生命周期初期阶段，因此，开展风险评估是为了能够避免或降低生命周期全过程中因风险而造成的损失。"描述"中专门列出了设计和开发阶段风险评估的四项作用。

风险管理是一个不断变化的动态过程，这一动态过程的变化是随着内外部环境变化而变化的，随着环境的变化，风险管理会出现往复性，新的风险会出现，旧的风险可能发生变化，也有一些风险可能消失，这就需要对风险重新进行评估、应对和监测。在生命周期的其他阶段开展的风险评估主要是针对上述情况。

值得注意的是，无论在风险评估过程中，还是在风险评估技术的选择中，生命周期的概念都是非常重要的。这也体现了"风险管理是动态的"这一基本原则。

第三节　风险评估技术的类型

本节参照国家标准 GB/T 27921：2011《风险管理——风险评估技术》列出了 32 种常用风险评估技术。读者需要了解风险评估技术详细情况时，可阅读 GB/T 27921：2011《风险管理——风险评估技术》。如需要进一步对某些具体的风险评估技术进行深入的研究，可查阅专门的资料。

一、风险评估技术的适用阶段

目前，国际上常用的风险评估技术较多，这些技术各有特点，能够适用于不同的风险评估阶段。本节所说的风险评估阶段与前一节所说的生命周期各阶段是不同的概念，前者主要是风险评估自身所包含的内容，后者则是根据事物生命周期不同时期的特点划分的各个特定过程。风险评估主要包括以下阶段：

（1）风险识别。

（2）风险分析。

——后果分析；

——可能性分析（对发生的可能性的定性、半定量或定量分析）；

——控制措施评估（评估现有控制措施的有效性）；

——风险等级估计。

（3）风险评价。

对于风险评估的每一阶段各类技术的适用性参见表 10－1。

表 10－1　风险评估技术在风险评估各阶段的适用性

风险评估技术	风险评估过程					
	风险识别	风险分析				风险评价
		后果	可能性	控制措施	风险等级	
头脑风暴法	SA	A	A	A	A	A
结构化/半机构化访谈	SA	A	A	SA	A	A
德尔菲法	SA	A	A	A	A	A
情景分析	SA	SA	A	A	A	A
安全检查表	SA	NA	NA	SA	NA	NA
预先危险性分析	SA	NA	NA	NA	NA	NA
失效模式和效应分析	SA	SA	SA	SA	SA	SA
危险与可操作性分析	SA	SA	A	A	A	A
危害分析与关键控制点	SA	SA	NA	NA	NA	SA
结构化假设分析	SA	SA	SA	A	SA	SA
风险矩阵	SA	SA	SA	A	SA	A
人因可靠性分析	SA	SA	SA	A	SA	A
以可靠性为中心维修	SA	SA	SA	NA	SA	SA
压力测试	SA	A	A	A	A	A
保护层分析法	A	SA	A	A	A	NA
业务影响分析	A	SA	A	A	A	A
潜在通路分析	A	NA	NA	NA	NA	NA

续表

风险评估技术	风险评估过程					
	风险识别	风险分析				风险评价
		后果	可能性	控制措施	风险等级	
风险指数	A	SA	SA	A	A	SA
事故树分析	A	NA	SA	A	A	A
事件树分析	A	SA	A	A	A	NA
因果分析	A	SA	SA	NA	A	A
根原因分析	NA	SA	SA	NA	SA	SA
决策树分析	NA	SA	SA	NA	A	A
蝶形图	NA	A	SA	NA	SA	A
层次分析法	NA	A	A	NA	SA	SA
在险值法	NA	A	A	NA	SA	SA
均值—方差模型	NA	A	A	NA	A	SA
资本资产定价模型	NA	NA	NA	NA	NA	SA
FN 曲线	A	SA	SA	NA	A	SA
马尔可夫分析法	A	SA	NA	NA	NA	NA
蒙特卡罗模拟法	NA	NA	NA	NA	NA	SA
贝叶斯分析法	NA	SA	NA	NA	NA	SA

注：SA 表示非常适用，A 表示适用，NA 表示不适用。

二、风险评估技术的影响因素与特征

影响风险评估技术选择的因素有多种。在风险评估实践过程中，以下因素更应引起关注：

（1）所需资源的程度，主要涉及时间、专业知识水平、数据需求或评估成本等。

（2）不确定性的性质及程度。

（3）问题和所需分析方法的复杂性。

（4）方法是否可以提供定量结果。

基于以上方面，对各类风险评估技术特征的描述如表 10－2 所示。其中用高、中、低来表示每一种技术与影响因素的联系。

表 10－2　　风险评估技术的影响因素与特征

风险评估方法及技术	说明	影响因素			能否提供定量结果
		资源能力	不确定性	复杂性	
头脑风暴法及结构化访谈	一种收集各种观点和评价在团队内进行评级的方法。头脑风暴可由提示、一对一以及一对多的访谈技术所激发	低	低	低	否
德尔菲法	一种综合各类专家观点并促其一致的方法，这些观点有利于支持风险源及影响的识别、可能性与后果分析以及风险评价。需要独立分析和专家投票	中	中	中	否
情景分析	在想象和推测的基础上，对可能发生的未来情景加以描述。可以通过正式或非正式的、定性或定量的手段进行情景分析	中	高	中	否
安全检查表	一种简单的风险识别技术，提供了一系列典型的需要考虑的不确定性因素。使用者可参照以前的风险清单、规定或标准	低	低	低	否
预先危险性分析	一种简单的归纳分析方法，其目标是识别风险以及可能危害特定活动、设备或系统的危险性情况及事项	低	高	中	中
失效模式和效应分析	一种识别失效模式、机制及其影响的技术。有以下几类：设计（或产品）失效模式和效应分析，用于部件及产品；系统失效模式和效应分析；过程失效模式和效应分析，用于加工及组装过程；服务失效模式和效应分析；软件失效模式和效应分析	中	中	中	是
危险与可操作性分析	一种综合性的风险识别过程，用于明确可能偏离预期绩效的偏差，并可评估偏离的危害度。它使用一种基于引导词的系统	中	高	高	否
危害分析与关键控制点	一种系统的、前瞻性及预防性的技术，通过测量并监控那些应处于规定限值内的具体特征来确保产品质量、可靠性以及过程的安全性	中	中	中	否
结构化假设分析	一种激发团队识别风险的技术，通常在引导式研讨班上使用，并可以用于风险分析及评价	中	中	任何	否
风险矩阵	一种将后果分级与风险可能性相结合的方式	中	中	中	是
人因可靠性分析	主要关注系统绩效中人为因素的作用，可用于评价人为错误对系统的影响	中	中	中	是
以可靠性为中心维修	一种基于可靠性分析方法实现维修策略化的技术，其目标是在满足安全性、环境技术要求和使用工作要求的同时，获得产品的最小维修资源消耗。通过这项工作，用户可以找出系统组成中对系统性能影响最大的零部件及其维修工作方式	中	中	中	是

续表

风险评估方法及技术	说明	影响因素			能否提供定量结果
		资源能力	不确定性	复杂性	
压力测试	在极端情景下（最不利的情形下），评估系统运行的有效性，发现问题，制定改进措施的方法	中	中	中	是
保护层分析法	保护层分析，也被称为障碍分析，它可以控制措施及其效果进行评价	中	中	中	是
业务影响分析	分析重要风险影响组织运营的方式，同时明确如何对这些风险进行管理	中	中	中	否
潜在通路分析	一种用于识别设计错误的技术。潜在通路是指能够导致非期望的功能或抑制期望功能的状态，这些不良状态的特点具有随意性，在最严格的标准化系统检查中也不一定检测到	中	中	中	否
风险指数	可以提供一种有效的划分风险等级的工具	中	低	中	是
事故树分析	始于不良事项（顶上事件）的分析并确定该事件可能发生的所有方式，以逻辑树形图的形式进行展示。在建立起事故树后，就应考虑如何减轻或消除潜在的风险源	高	高	中	是
事件树分析	运用归纳推理方法将各类初始事件的可能性转化成可能发生的结果	中	中	中	是
因果分析	综合运用事故树分析和事件树分析，并允许时间延误。初始事件的原因和后果都要予以考虑	高	中	高	是
根原因分析	对发生的单项损失进行分析，以理解造成损失的原因以及如何改进系统或过程以避免未来出现类似的损失。分析应考虑发生损失时可使用的风险控制方法以及怎样改进风险控制方法	中	低	中	否
决策树分析	对于决策问题的细节提供了一种清楚的图解说明	高	中	中	是
蝶形图	一种简单的图形描述方式，分析了风险从危险发展到后果的各类路径，并可审核风险控制措施。可将其视为分析事项起因（由蝶形图的结代表）的事故树和分析后果的事件树两种方法的结合体	中	高	中	是
层次分析法	定性与定量分析相结合，适合于多目标、多层次、多因素的复杂系统的决策	中	任何	任何	是
在险值法	基于统计分析基础上的风险度量技术，可有效描述资产组合的整体市场风险状况	中	低	高	是
均值—方差模型	将收益和风险相平衡，可应用于投资和资产组合选择	中	低	中	是

续表

风险评估方法及技术	说明	影响因素			能否提供定量结果
		资源能力	不确定性	复杂性	
资本资产定价模型	清晰地阐明了资本市场中风险与收益的关系	高	低	高	是
FN 曲线	通过区域块来表示风险，并可进行风险比较，可用于系统或过程设计以及现有系统的管理	高	中	中	是
马尔可夫分析法	通常用于对那些存在多种状态（包括各种降级使用状态）的可维修复杂系统进行分析	高	低	高	是
蒙特卡罗模拟法	用于确定系统内的综合变化，该变化产生于多个输入数据的变化，其中每个输入数据都有确定的分布，而且输入数据和输出结果有明确的关系。该方法能用于那些可将不同输入数据之间相互作用计算确定的具体模型。根据输入数据所代表的不确定性的特征，输入数据可以基于各种分布类型，风险评估中常用的是三角分布或贝塔分布	高	低	高	是
贝叶斯分析	一种统计程序，利用先验分布数据来评估结果的可能性，其推断的准确程度依赖于先验分布的准确性。贝叶斯信念网通过捕捉那些能产生一定结果的各种输入数据之间的概率关系来对原因及效果进行模拟	高	低	高	是

第三篇
风险管理应用示例

风险管理涉及问题复杂、理论性强、技术难度大，致使企业在风险管理实践中面临诸多困难。为使企业能够更加顺利地开展风险管理活动，本篇为读者提供了风险管理应用示例。

本篇共八章，这八章内容给出了风险评估、风险应对措施和风险管理框架三个方面的八个应用示例。由于风险评估的复杂性，本篇中专门给出了六个采用不同风险评估方法的应用示例。为便于读者理解，除第十八章外，每章中的应用示例均给出了要点说明。

本篇八章的具体名称为：第十一章以风险矩阵为主的产品研制风险评估示例，第十二章以层次分析法为主的市场风险评估示例，第十三章以检查表、事故后果模拟法、事故树法和预先危险性分析为主的安全风险评估示例，第十四章以在险值法（VaR）为主的资金风险评估示例，第十五章以 FMEA 方法为主的知识产权风险评估示例，第十六章以压力测试为主的长期投资风险评估示例，第十七章风险应对措施示例，第十八章风险管理框架示例。

| 第十一章 |

以风险矩阵为主的产品研制风险评估示例

第一节 背 景

某公司为顾客（甲方）研制××产品，对××产品的研制风险开展风险评估。

公司根据企业自身情况和产品特点成立了风险评估组，对风险评估进行了总体策划，并按风险识别、风险分析、风险评价的顺序开展风险评估。在开展风险评估之前，明确了以下方面的内容。

（1）风险评估目标：明确公司研制××产品存在的不可接受风险及其风险等级和排序。

（2）风险评估范围：覆盖公司研制××产品在国内可能涉及的各类风险。

（3）风险评估依据：国内相关法律法规、公司的风险准则以及相关的风险管理文件。

（4）风险评估进度：已确定（总进度在公司与顾客签订××产品研制合同前两周完成）。

（5）风险评估资源：资源配置能够满足风险评估的需要。

（6）风险评估方法：德尔菲法、风险矩阵等。

本示例中的产品研制风险属于本书表4－2中对风险分类的二类风险（表4－2中4.7），位居运营类风险（一类风险）中的第7项，名称为“产品设计与制造”。

第二节 风险识别

风险评估组根据需要组建了12人的专家团队，设计了调查表，采用德尔菲法用五轮调查问卷的方式征询了每一位专家的意见，风险评估组对每一轮的结果进行了收集、归纳、整理、分析，经最终整理后列出了产品研制风险清单（见表 11 -1）。

表 11 -1　　产品研制风险清单

序号	风险名称	风险源（下层次风险）	可能发生的事件与可能导致的后果
1	设计风险	设计的复杂程度	(1) 无法实现预期的功能性能，造成合同违约，导致赔偿和诉讼 (2) 未能按进度完成设计，不能如期交付，导致赔偿和诉讼 (3) 产品出现设计缺陷，导致赔偿和诉讼 (4) 设计结构造成产品某些部分不宜加工，拖延进度，不能如期交付，导致顾客不满和赔偿 (5) 设计过程中出现重大问题，导致顾客强烈不满
		产品安全性要求	
		以前的可借鉴的设计经验	
		设计团队的素质和经验	
		内部管理与控制系统的有效性	
		技术的成熟度	
		设计所需的硬件和软件条件	
		产品的可制造性	
		设计进度要求	
		试制和试验所需的设备设施条件	
2	制造风险	质量管理体系的有效性	(1) 设备设施不足，影响产品生产能力，拖延交付期，导致顾客不满或违约赔偿 (2) 产品质量管理与控制不利，出现产品质量问题，导致顾客不满或违约赔偿 (3) 人员素质低，影响产品质量与交付，导致顾客不满或违约赔偿 (4) 生产过程的管理与控制不利，使生产成本增加，效率低下，导致公司经济损失、顾客不满
		关键过程的识别与控制	
		关键件加工与控制	
		特殊过程的识别与控制	
		产品检验系统的有效性	
		生产制造能力	
		加工设备、设施水平与环境条件	
		员工的业务素质与培训	
		过程瓶颈的识别与管控	
		生产过程的管理与控制	
		计量仪器水平与管理	
3	财务风险	顾客财务状况	(1) 顾客经费未及时到位，或顾客无力支付经费，导致公司经济损失 (2) 在顾客按合同支付经费的情况下，公司无力支付其余经费，造成进度拖延或无法交付，导致赔偿和诉讼 (3) 顾客破产，导致公司经济损失
		顾客债务情况	
		顾客法人性质及股东情况	
		合同经费总额与经费到位计划	
		公司自有资金情况	
		公司筹融资能力	
		公司财务制度有效性	
		公司财务人员素质	

续表

序号	风险名称	风险源（下层次风险）	可能发生的事件与可能导致的后果
4	采购与外包风险	采购供应商情况	（1）采购产品/外包过程发生质量问题，影响生产进度和最终产品质量；导致违约和赔偿 （2）因采购产品/外包的原因，最终产品交付顾客后发生质量问题，导致赔偿，影响组织声誉 （3）供应商售后服务不利，影响生产进度和最终产品质量；导致顾客不满和赔偿 （4）采购产品市场价格升高，导致产品研制成本增加
		外包方情况	
		采购器材质量	
		采购器材市场价格	
		公司采购管理与控制制度的有效性	
		公司外包过程控制制度的有效性	
		外购器材入厂复检制度的有效性	
5	法律与政策风险	合同的合法性	（1）合同违法或顾客的不合法性，导致纠纷、被调查和诉讼 （2）产品或其中的性能指标不合法，导致被调查和诉讼 （3）违法侵权，导致纠纷、被调查、赔偿和诉讼 （4）环保与安全方面违法，导致被调查、罚款和诉讼
		顾客法人结构的合法性	
		合同违约涉及的法律条款与程序	
		研制产品的法律约束条件	
		涉及的专利和知识产权情况	
		政策对研制产品的影响	
		涉及环保的法律约束条件	
		涉及安全的法律约束条件	

表 11－1 中的风险属于产品研制风险的下层次风险，不同于表 4－2 常见风险分类表中的一类风险和二类风险。风险源则可以看作表 11－1 中五种风险的下层次风险。

在风险识别过程中可能涉及多层次的风险，例如表 11－1 中的“采购供应商情况”，其下层次的风险可能包括表 11－2 中的内容。

表 11－2　　采购供应商情况

采购供应商情况	交付准时性
	产品与服务质量
	供应商财务
	环境与安全
	制造能力

表 11－2 中采购供应商情况的下层次风险（或风险源）也可能继续向下分解，如表 11－3 给出了交付准时性的下层次风险（或风险源）。

表 11 -3 交付准时性风险

交付准时性	历史上的交付业绩
	基础设施和运输情况
	供应商内部交付指标
	内部生产管理系统情况
	采购控制与原料来源
	顾客对交付时间的抱怨数

通过表 11 -2 和表 11 -3 可以了解到，在风险识别实际应用过程中，风险清单有可能较复杂。本示例从简单实用的角度出发来说明风险评估技术的应用，在产品研制风险清单中仅列出了风险名称和一层风险源以及可能发生的事件与可能导致的后果，没有列出更多层次的风险（或风险源）。

第三节 风险分析

在进行风险分析时，需要对风险发生的可能性和风险后果影响程度两个方面展开分析。根据表 11 -1 列出的风险清单，风险评估组同专家团队对相关信息进行了多层次的分析，并采用列表的形式五轮征询专家意见（采用德尔菲法），分别列出了各风险源（下层次风险素）对风险的影响程度和影响的可能性的评价标准。详见表 11 -4 和表 11 -5。

表 11 -4 风险源对风险的影响程度评价标准

影响程度分值	1	2	3	4	5
影响程度描述	不受影响（可能会有极低的财务损失）	轻度影响（可能会有轻微的财务损失）	中度影响（一定的财务损失，企业声誉受到一定损害）	严重影响（重大财务损失，企业声誉受到重大损害）	重大影响（极大的财务损失，企业声誉受到巨大损害，受到调查或诉讼）

表 11－5　　风险源对风险的影响可能性评价标准

影响可能性分值	1	2	3	4	5
影响程度描述	一般情况下不发生	极少情况下才发生	某些情况下发生	较多情况下发生	经常会发生

设风险源对风险的影响程度为 C，风险源对风险的影响可能性为 P，风险源的风险值为 R。根据风险评估的理论，通常情况下 $R = C \times P$。风险评估组利用检查表法和德尔菲法再次对专家征询三轮意见，请专家根据风险源对风险影响的程度和可能性，按照表 11－4 和表 11－5 中列出的分值为每一项风险源分别给出 C 的分值和 P 的分值。每一风险源中专家给出的分值相加再除以专家数量即为该风险源的分值。对三轮意见归纳整理后得出各风险源 C 分值和 P 分值，并经计算后得出 R 分值，详见表 11－6。为简化表格的内容，本示例在表 11－6 中仅给出了设计风险中各风险源对应的分值，其余略。

表 11－6　　设计风险各风险源对应分值

序号	风险名称	风险源（下层次风险）	*C* 分值	*P* 分值	*R* 分值	*T* 值
A	设计风险	A_1 设计的复杂程度	3.6	3.5	12.6	0.173
		A_2 产品安全性要求	3.8	3.3	12.5	0.171
		A_3 以前的可借鉴的设计经验	3.4	3.5	12	0.165
		A_4 设计团队的素质和经验	2	2	4	0.055
		A_5 内部管理与控制系统的有效性	2	2.1	4.2	0.057
		A_6 技术的成熟度	3.8	3.4	12.9	0.177
		A_7 设计所需的硬件和软件条件	1.2	1.3	1.6	0.02
		A_8 产品的可制造性	2.1	1.8	3.8	0.05
		A_9 设计进度要求	2.2	2.8	6.2	0.09
		A_{10} 试制和试验所需的设备设施条件	1.6	1.8	2.9	0.04
B	制造风险	B_1 质量管理体系的有效性				
		B_2 关键过程的识别与控制				
		B_3 关键件加工与控制				
		B_4 特殊过程的识别与控制				
		B_5 产品检验系统的有效性				
		B_6 生产制造能力				

续表

序号	风险名称	风险源（下层次风险）	*C* 分值	*P* 分值	*R* 分值	*T* 值
B	制造风险	B_7 加工设备、设施水平与环境条件				
		B_8 员工的业务素质与培训				
		B_9 过程瓶颈的识别与管控				
		B_{10}生产过程的管理与控制				
		B_{11}计量仪器水平与管理				
C	财务风险	C_1 顾客财务状况				
		C_2 顾客债务情况				
		C_3 顾客法人性质及股东情况				
		C_4 合同经费总额与经费到位计划				
		C_5 公司自有资金情况				
		C_6 公司筹融资能力				
		C_7 公司财务制度有效性				
		C_8 公司财务人员素质				
D	采购与外包风险	D_1 采购供应商情况				
		D_2 外包方情况				
		D_3 采购器材质量				
		D_4 采购器材市场价格				
		D_5 公司采购管理与控制制度的有效性				
		D_6 公司外包过程控制制度的有效性				
		D_7 外购器材入厂复检制度的有效性				
E	法律与政策风险	E_1 合同的合法性				
		E_2 顾客法人结构的合法性				
		E_3 合同违约涉及的法律条款与程序				
		E_4 研制产品的法律约束条件				
		E_5 涉及的专利和知识产权情况				
		E_6 政策对研制产品的影响				
		E_7 涉及环保的法律约束条件				
		E_8 涉及安全的法律约束条件				

根据风险评估的理论，上层次风险等级数值与下层次风险等级数值的关系可由式（11－1）进行计算：

$$R = \sum T_i \times R_i \qquad (11-1)$$

式中：

R——上层次风险等级数值；

i——下层次风险序号；

T_i——下层次风险中第 i 个风险所占的权重；

R_i——下层次风险中第 i 个风险等级数值。

对于权重，可以通过数据得出，也可以通过专家经验分析协商后确定，在没有数据支持的情况下，可通过式（11－2）计算：

$$T_i = R_i / \sum R_i \qquad (11-2)$$

利用式（11－2）代入表 11－6 中 R 分值可得出各权重数值 T，详见表 11－6。

将表 11－6 中 R 分值和 T 值代入式（11－1）可得设计风险等级数值：

$$\begin{aligned} R_A &= T_{A1} \times R_{A1} + T_{A2} \times R_{A2} + T_{A3} \times R_{A3} + T_{A4} \times R_{A4} + T_{A5} \times R_{A5} + T_{A6} \times R_{A6} \\ &\quad + T_{A7} \times R_{A7} + T_{A8} \times R_{A8} + T_{A9} \times R_{A9} + T_{A10} \times R_{A10} \\ &= 9.9 \end{aligned}$$

采用同样的方法可得到表 11－6 中的其他风险值，最终获得各风险值为：

（1）设计风险等级数值 $R_A = 9.9$。

（2）制造风险等级数值 $R_B = 5.9$。

（3）财务风险等级数值 $R_C = 1.4$。

（4）采购与外包风险等级数值 $R_D = 5.3$。

（5）法律与政策风险等级数值 $R_E = 3.1$。

第四节　风 险 评 价

风险评估组对风险分析的结果归纳整理后，开展了风险评价。

风险评估组采用风险矩阵法，根据企业的风险准则列出了带有 5 点结果等级和 5 点可能性等级的风险矩阵（见图 11－1）。

风险发生可能性		风险分级标准				
5	极高（经常会发生）	3（5）	2（10）	1（15）	1（20）	1（25）
4	高（很多情况下会发生）	3（4）	2（8）	2（12）	1（16）	1（20）
3	中等（某些情况下会发生）	4（3）	3（6）	2（9）	2（12）	1（15）
2	低（很少情况下才发生）	4（2）	3（4）	3（6）	2（8）	2（10）
1	极低（一般情况下不发生）	4（1）	4（2）	4（3）	3（4）	3（5）
		极低（几乎无影响）	低（轻度影响）	中等（中度影响）	高（严重影响）	极高（重大影响）
		1	2	3	4	5
		风险后果影响程度				

图 11 -1　风险矩阵

图 11 -1 中括号内的数字为风险发生可能性 P 与风险后果影响程度 C 的乘积，即风险等级数值 R。图 11 -1 中括号外的数字为根据组织的风险准则确定的风险分级标准。表中的各级风险含义如下：

（1）1 级风险（$R=15\sim25$）——不允许发生的风险。

（2）2 级风险（$R=8\sim12$）——不希望发生的风险。

（3）3 级风险（$R=4\sim6$）——在特定情况下能够接受的风险。

（4）4 级风险（$R=1\sim3$）——广泛可接受风险。

将风险分析后得出的各风险等级数值与风险矩阵中的各级风险数值进行比较可以看到：

$R_A=9.9$ 属于 2 级风险，按照最低合理可行准则，对于这类风险需采取应对措施，直至降低风险的投入不足以获得足够的风险防控效益。$R_B=5.9$，$R_D=5.3$，这两个风险都属于 3 级风险（$R=4\sim6$）；按照最低合理可行准则，对于这类风险，可以直接进行应对措施的成本收益分析，如果为应对措施增加的投入大于风险防控所获得的效益，则可认为风险是可容许的，否则，应采取应对措施。

$R_C=1.4$，这一风险属于 4 级风险（$R=1\sim3$），无须采取应对措施。

$R_E=3.1$，由于这一数值在整数 3 ~4 之间，需要分析后确定其风险等级。风险评估组对这一数值分析后认为属于 4 级风险，为慎重，风险评估组采用专家投票的方式对这一风险等级数值进行了确认，其投票结果为 83% 的专家认为这一数值为 4 级风险，17% 的专家人为其属于 3 级风险。最终，风险评估组将 $R_E=3.1$ 归入 4 级风险，无须采取应对措施。

为确定产品研制风险（总风险），需要确定风险 A、B、C、D、E 在产品研制风险中的权重，设产品研制风险为 R_0，根据已得的风险等级数值及式（11－1）与式（11－2）可得表 11－7 中的数值。

表 11－7　　研制风险（总风险）的确定

项目	设计风险	制造风险	财务风险	采购与外包风险	法律与政策风险
风险等级 R_i	$R_A=9.9$	$R_B=5.9$	$R_C=1.4$	$R_D=5.3$	$R_E=3.1$
权重 T_i	0.387	0.23	0.055	0.207	0.121
$T_i \cdot R_i$	3.83	1.36	0.08	1.1	0.37
总风险 R_0	$R_0 = \sum T_i \cdot R_i = 6.74$				

通过表 11－7 可得产品研制风险（总风险）$R_0=6.74$，该风险等级数值在 2 级风险与 3 级风险之间，经风险评估组分析和专家判断，最终将这一风险确定为 3 级风险。

第五节　要点说明

一、风险识别要点说明

本示例在“风险识别”中采用了风险识别常用的德尔菲法，风险评估组根据需要组建了 12 人的专家团队，文中描述的调查表是经过结构化设计的调查问卷，因为采用德尔菲法需要对每一位专家进行独立的问卷调查，以获得每位专家独立提出的意见，所谓独立提出的意见是指专家不受任何组织和个人影响提出的意见。

示例中采用五轮调查问卷的方式征询专家意见，也可以采用多一些或少一些轮次的调查方式，问卷调查轮次的多少主要取决于风险的复杂程度和专家对风险的了解程度，另外，专家意见的一致程度也会对调查轮次产生影响。当设计的问卷调查轮次完成，而专家意见高度不统一时，就需要适当增加问卷调查的轮次。

风险清单也可以称为风险列表。在风险识别时，需要包括风险源、风险事件、风险事件原因、风险事件可能导致的后果等，由于风险评估技术应用示例重点需要描述风险评估技术的应用，所以，为简单明了，在产品研制风险清单中仅列出了风险名称、风险源、风险事件和风险事件可能导致的后果。同样道理，通过表 11－2 和表 11－3 可以了解到，在风险识别实际应用过程中，风险清单有可能较复杂，常常会出现多层次的风险

（或风险源）。本示例从简单实用的角度出发来说明风险评估技术的应用，在产品研制风险清单中没有列出更多层次的风险（或风险源）。

二、风险分析要点说明

示例中描述的征询专家意见的过程在此不过多赘述，采用德尔菲法由专家得出的两个评价标准（见表11－4、表11－5）是仅供风险分析使用的标准，是为了方便使用半定量化法计算风险值而采取的方法，这一方法应在征询专家意见之前做好方案策划和结构化调查表的设计。

专家根据风险源对风险的影响程度和可能性，以表11－4和表11－5中列出的分值为对照标准，为每一项风险源分别给出C的分值和P的分值（专家个人分值），每一项风险源中专家给出的分值相加再除以专家数量即为11－6中的分值。也就是说表11－6中C的分值和P的分值是专家给出的平均值，其中的R分值和T分值都是根据专家给出的C和P分值计算得出的。这里需要注意的是，专家意见的分歧可能带来的影响。风险分析的结果得出了各风险的等级数值，但所有这些数值都源自专家的打分，因此，并不是真正的定量计算，而应属于半定量计算法。

三、风险评价要点说明

示例中图11－1是风险评估组采用风险矩阵法，根据企业的风险准则列出的带有5点结果等级和5点可能性等级的风险矩阵。

表中的各级风险含义如下：

（1）1级风险（$R=15\sim25$）——不允许发生的风险；

（2）2级风险（$R=8\sim12$）——不希望发生的风险；

（3）3级风险（$R=4\sim6$）——在特定情况下能够接受的风险；

（4）4级风险（$R=1\sim3$）——广泛可接受风险。

将风险分析后得出的各风险等级数值与风险矩阵中的各级风险数值进行比较，即可知风险分析阶段得出的各风险值属于哪一等级的风险。如$R_A=9.9$，而2级风险$R=8\sim12$，$R_A=9.9$在2级风险范围之内，因此属于2级风险。

除得出风险等级外，还需要按照企业的风险准则（如ALARP准则），确定哪几类风险需采取应对措施，并进行风险排序。

| 第十二章 |

以层次分析法为主的市场风险评估示例

第一节　背　　景

某公司近期拟自主研制目前市场需求量很大，而且国家通过优惠政策大力扶持的××产品。为了解市场需求风险对××产品的影响，公司组织对××产品的市场风险开展风险评估。

公司根据产品特点和市场需求情况成立了风险评估组，对风险评估进行了总体策划，并按风险识别、风险分析、风险评价的顺序开展了风险评估。在开展风险评估之前，明确了以下方面的内容。

（1）风险评估目标：针对市场需求对××产品的影响，明确市场需求风险种类及其排序。

（2）风险评估范围：公司××产品在国内可能遇到的市场需求风险。

（3）风险评估依据：国内相关法律法规、公司最高决策层要求和相关的风险管理文件。

（4）风险评估进度：已确定（总进度在公司××产品研制计划实施前一个月完成）。

（5）风险评估资源：资源配置能够满足风险评估的需要。

（6）风险评估方法：头脑风暴法、层次分析法等。

本示例中的市场需求风险属于本书表4－2中对风险分类的二类风险（表4－2中3.2），位居市场类风险（一类风险）中的第2项，名称为“市场需求变化”。

第二节 风险识别

风险评估组确定以会议的形式使用头脑风暴法进行风险识别。

公司成立了由熟悉产品和市场专家组成的10人专家团队，明确讨论的问题是：识别该产品的市场需求风险及其变化，不包括通货膨胀、紧缩以及金融风暴等带来的影响。确定会议主持人一名，记录人员两名。风险评估组通过热身、明确问题、重新表述问题、畅谈、筛选和会后的设想处理六个环节确定了市场需求风险清单（见表12－1）。

表12－1　　市场需求风险清单

序号	一类风险	二类风险	可能发生的事件与可能导致的后果
1	竞争对手造成的风险	竞争对手增多	市场竞争加剧，市场上产品价格下降，导致公司利润减少或亏损
2		竞争对手产品优势	竞争对手产品具有技术、质量、成本等优势将吸引大量潜在顾客，导致公司市场份额下降，利润减少或亏损
3	政策与法律风险	税收风险	国家对产品优惠政策调整，使税收增加，导致公司利润减少
4		法律法规环境	产品侵权，产品性能、质量或服务质量不符合相关法律法规，导致赔偿、罚款或诉讼
5		政策放宽进口	国家政策放宽产品进口，同类进口产品冲击国内市场，导致公司市场份额下降，利润减少或亏损
6		政策限制该行业发展	国家政策限制该行业发展，导致产品销售量下降，利润减少或亏损
7	替代产品造成的风险	出现替代的升级产品	升级的产品可能吸引大量潜在顾客，导致公司市场份额下降，利润减少
8		采用新材料、新技术或新能源的产品	采用新材料、新技术或新能源的产品可能吸引大量潜在顾客，导致公司市场份额下降，利润减少
9		假冒产品	假冒产品可能扰乱正常的市场秩序，削弱消费信心，造成公司经济损失和名誉损失

续表

序号	一类风险	二类风险	可能发生的事件与可能导致的后果
10	市场价格风险	原材料与能源价格	原材料或能源价格上涨使制造成本增加，产品涨价，潜在顾客流失，公司利润减少
11		运输、贮存价格	运输、贮存价格上涨使物流成本增加，产品涨价，潜在顾客流失，公司利润减少
12		人工成本	人工成本上涨使各环节成本增加，产品涨价，潜在顾客流失，公司利润减少

第三节　风险分析

一、概述

由于该企业处于特殊时期，企业最高层决定对任何等级的市场风险均采取应对措施，但需对各类风险的重要程度进行排序，按不同的重要程度采取不同的应对措施。根据这一情况，风险评估组结合专家意见，采用层次分析法开展风险分析。

二、构建层次结构模型

运用层次分析法（AHP）进行风险分析，每一类风险作为一层，按照最高层、中间层、最底层的形式排列起来，如图 12－1 所示。

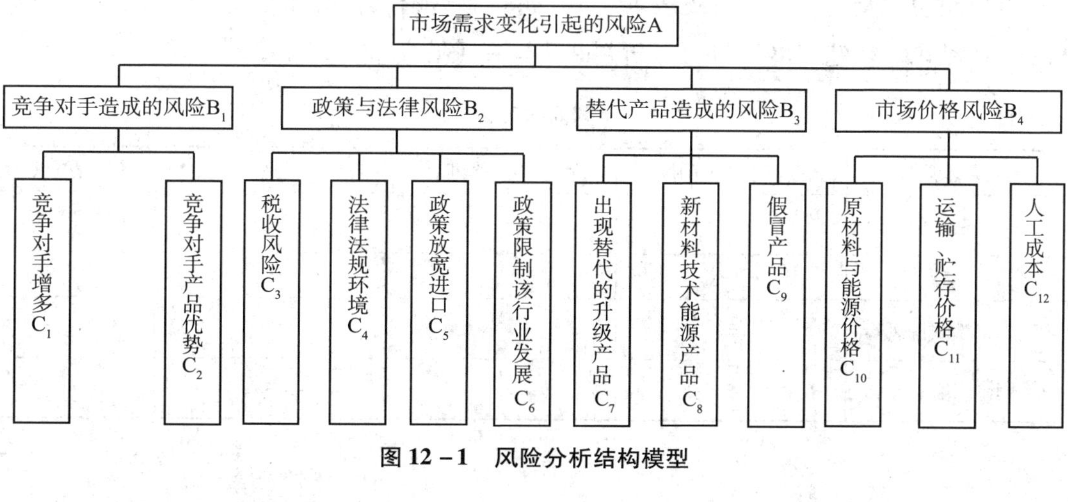

图 12－1　风险分析结构模型

三、构造判断矩阵

判断矩阵表示针对上一层次某风险而言，本层次与之有关的各风险之间的相对重要性。假定 A 层中风险 A_k 与下一层次中风险 B_1，B_2，…，B_n 有联系，则构造判断矩阵如表 12－2 所示。

表 12－2 判断矩阵

A_k	B_1	B_2	…	B_n
B_1	b_{11}	b_{12}	…	b_{1n}
B_2	b_{21}	b_{22}	…	b_{2n}
…	…	…	…	…
B_n	b_{n1}	b_{n2}	…	b_{nn}

b_{ij}是对于 A_k 而言，B_i 对 B_j 的相对重要性的数值表示，通常 b_{ij}取 1，2，3，…，9 及它们的倒数，其含义为：

$b_{ij}=1$，表示 B_i 与 B_j 一样重要；

$b_{ij}=3$，表示 B_i比 B_j 重要一点（稍微重要）；

$b_{ij}=5$，表示 B_i 比 B_j 重要（明显重要）；

$b_{ij}=7$，表示 B_i 比 B_j 重要得多（强烈重要）；

$b_{ij}=9$，表示 B_i 比 B_j 极端重要（绝对重要）。

它们之间的数 2，4，6，8 及各数的倒数具有相应的类似意义。

专家组对识别出的风险（见表 12－1）进行了讨论、分析和比较，根据专家组比较和分析的结果，构造出 B 层综合分析判断矩阵 A（见表 12－3）。

表 12－3 判断矩阵 A

市场需求风险	竞争对手造成的风险	政策与法律风险	替代产品造成的风险	市场价格风险
竞争对手造成的风险	1	$\frac{1}{7}$	$\frac{1}{3}$	$\frac{1}{5}$
政策与法律风险	7	1	5	3
替代产品造成的风险	3	$\frac{1}{5}$	1	$\frac{1}{3}$
市场价格风险	5	$\frac{1}{3}$	3	1

表 12－3 中的含义是：替代产品造成的风险比竞争对手造成的风险重要一点儿，市场价格风险比竞争对手造成的风险重要，政策与法律风险比竞争对手造成的风险重要得多。

$$
\text{判断矩阵 } A=\begin{bmatrix} 1 & \frac{1}{7} & \frac{1}{3} & \frac{1}{5} \\ 7 & 1 & 5 & 3 \\ 3 & \frac{1}{5} & 1 & \frac{1}{3} \\ 5 & \frac{1}{3} & 3 & 1 \end{bmatrix}
$$

使用 AHP，判断矩阵的一致性是十分重要的，当判断矩阵具有满意的一致性时，矩阵的最大特征根 λ_{max} 稍大于矩阵阶数 n，其余特征根接近于 0，这时基于 AHP 得出的结论才基本合理。

为了检验矩阵的一致性，需要计算它的一致性指标 CI：

$$
CI=\frac{\lambda_{max}-n}{n-1} \tag{12-1}
$$

显然，当判断矩阵具有完全一致性时，$CI=0$。$\lambda_{max}-n$ 越大，CI 越大，矩阵的一致性越差。衡量不同阶判断矩阵是否具有满意一致性，我们还需引入判断矩阵的平均随机一致性指标 RI 值。对于 1～9 阶判断矩阵，根据层次分析法的相关资料 RI 的值如表 12－4 所示。

表 12－4　　1～9 阶矩阵的平均随机一致性指标

1	2	3	4	5	6	7	8	9
0.00	0.00	0.58	0.90	1.12	1.24	1.32	1.41	1.45

对于 1 阶、2 阶判断矩阵，RI 只是形式上的，1 阶、2 阶判断矩阵总是完全一致的。当阶数大于 2 时，判断矩阵的一致性指标 CI 与同阶平均随机一致性的指标 RI 之比，称为判断矩阵的随机一致性比例，记为 CR，即：

$$
CR=\frac{CI}{RI} \tag{12-2}
$$

根据层次分析法等相关理论，当 $CR<0.10$ 时，判断矩阵具有一致性，否则就需对判断矩阵进行调整。下面计算判断矩阵的一致性：

（1）计算判断矩阵每一行元素的乘积 M_i：

$$M_i = \prod_{j=1}^{4} a_{ij}, i = 1, 2, 3, 4 \tag{12-3}$$

（2）计算 M_i 的 4 次方根 $\bar{W}_i$：

$$\bar{W}_i = [\bar{W}_1 \quad \bar{W}_2 \quad \bar{W}_3 \quad \bar{W}_4]^T \tag{12-4}$$

（3）对向量 $\bar{W}$ 正规化：

$$W_i = \frac{\bar{W}_i}{\sum_{j=1}^{4} \bar{W}_j}, i = 1, 2, 3, 4 \tag{12-5}$$

则 $W = [W_1 \quad W_2 \quad W_3 \quad W_4]^T$ 即为矩阵 A 的特征向量。

根据式（12－3）、式（12－4）和式（12－5）计算得：

$$W = \begin{bmatrix} 0.055 \\ 0.564 \\ 0.118 \\ 0.263 \end{bmatrix}$$

（4）计算判断矩阵的最大特征根 $\lambda_{max} = \sum_{i-1}^{4} \frac{(AW_i)}{nW_i} = 4.117$，根据式（12－1）和式（12－2）和表 12－4 得，$CI = \frac{\lambda_{max} - 4}{4 - 1} = 0.039$，$RI = 0.90$，$CR = 0.043 < 0.10$，该判断矩阵具有一致性。

W 为对应于 λ_{max} 的正规化特征向量，W 的分量 W_i 即是相应风险单排序的权值。按照由高到低的顺序对风险进行排序（见表 12－5）。

表 12－5　　风险排序

风险名称	政策与法律风险	替代产品造成的风险	市场价格风险	竞争对手造成的风险
风险排序	1	2	3	4
权重	0.564	0.263	0.118	0.055

同理构造 C 层综合分析判断矩阵：B_i。

由竞争对手造成的风险综合分析判断矩阵 B_1 见表 12－6。

表 12 - 6 判断矩阵 B_1

竞争对手造成的风险 B_1	竞争对手增多 C_1	竞争对手产品优势 C_2
竞争对手增多 C_1	1	3
竞争对手产品优势 C_2	$\frac{1}{3}$	1

$$W_{b1}=\begin{bmatrix}0.750\\0.250\end{bmatrix}$$

$\lambda_{max}=2$，$CI=0$，$RI=0$，$CR=0<0.10$，判断矩阵 B_1 具有满意的一致性。按照由高到低的顺序对风险进行排序（见表 12 - 7）。

表 12 - 7 风险排序

风险名称	竞争对手增多	竞争对手产品优势
风险排序	1	2
权重	0.750	0.250

由政策导向造成的风险综合分析判断矩阵 B_2（见表 12 - 8）。

表 12 - 8 判断矩阵 B_2

政策导向造成的风险 B_2	税收风险 C_3	法律法规环境 C_4	政策放宽进口 C_5	政策限制该行业发展 C_6
税收风险 C_3	1	$\frac{1}{5}$	3	$\frac{1}{9}$
法律法规环境 C_4	5	1	6	$\frac{1}{4}$
政策放宽进口 C_5	$\frac{1}{3}$	$\frac{1}{6}$	1	$\frac{1}{8}$
政策限制该行业发展 C_6	9	4	8	1

$$W_{b2}=\begin{bmatrix}0.077\\0.252\\0.044\\0.627\end{bmatrix}$$

$\lambda_{max}=4.265$，$CI=0.088$，$RI=0.9$，$CR=0.098<0.10$，判断矩阵 B_2 具有满意的一

致性。按照由高到低的顺序对风险进行排序（见表 12－9）。

表 12－9　风险排序

风险名称	政策限制该行业发展	法律法规环境	税收风险	政策放宽进口
风险排序	1	2	3	4
权重	0.627	0.252	0.077	0.044

由替代产品造成的风险综合分析判断矩阵 B_3（见表 12－10）。

表 12－10　判断矩阵 B_3

替代产品造成的风险 B_3	出现替代的升级产品 C_7	采用新材料、新技术或新能源的产品 C_8	假冒产品 C_9
出现替代的升级产品 C_7	1	$\frac{1}{5}$	$\frac{1}{3}$
采用新材料、新技术或新能源的产品 C_8	5	1	3
假冒产品 C_9	3	$\frac{1}{3}$	1

$$W_3 = \begin{bmatrix} 0.104 \\ 0.637 \\ 0.258 \end{bmatrix}$$

$\lambda_{max} = 3.0385$，$CI = 0.0193$，$RI = 0.58$，$CR = 0.0332 < 0.10$，判断矩阵 B_3 具有满意的一致性。按照由高到低的顺序对风险进行排序（见表 12－11）。

表 12－11　风险排序

风险名称	采用新材料、新技术或新能源的产品	假冒产品	出现替代的升级产品
风险排序	1	2	3
权重	0.637	0.258	0.104

由市场价格造成的风险综合分析判断矩阵 B_4（见表 12－12）。

表 12 - 12　　判断矩阵 B_4

市场价格的风险 B_4	原材料与能源价格 C_{10}	运输、贮存价格 C_{11}	人工成本 C_{12}
原材料与能源价格 C_{10}	1	9	3
运输、贮存价格 C_{11}	$\frac{1}{9}$	1	$\frac{1}{5}$
人工成本 C_{12}	$\frac{1}{3}$	5	1

$$W_4 = \begin{bmatrix} 0.672 \\ 0.063 \\ 0.265 \end{bmatrix}$$

$\lambda_{\max} = 3.026$，$CI = 0.013$，$RI = 0.58$，$CR = 0.025 < 0.10$，判断矩阵 B_4 具有满意的一致性。按照由高到低的顺序对风险进行排序（见表 12 - 13）。

表 12 - 13　　风险排序

风险名称	原材料与能源价格	人工成本	运输、贮存价格
风险排序	1	2	3
权重	0.672	0.265	0.063

利用同一层次中所有层次单排序的结果，就可以计算针对上一层次而言本层次所有风险重要性的权值，这就是层次总排序。层次总排序需要从上到下逐层顺序进行。假定上一层次所有风险 A_1，A_2，…，A_m 的总排序已完成，得到的权值分别为 a_1，a_2，…，a_m，与 a_i 对应的本层次风险 B_1，B_2，…，B_n 单独排序的结果为：b_1^i，b_2^i，…，b_n^i，这里，若 B_j 与 A_i 无关，则 $b_j^i = 0$。层次总排序如表 12 - 14 所示。

表 12 - 14　　层次总排序

层次	A_1	A_2	…	A_m	B 层次的总排序
	a_1	a_2	…	a_m	
B_1	b_1^1	b_1^2	…	b_1^m	$\sum_{i=1}^{m} a_i b_1^i$
B_2	b_2^1	b_2^2	…	b_2^m	$\sum_{i=1}^{m} a_i b_2^i$
…	…	…	…	…	…
B_n	b_n^1	b_n^2	…	b_n^m	$\sum_{i=1}^{m} a_i b_n^i$

计算 C 层风险总排序，计算结果如表 12－15 所示。

表 12－15　　C 层风险总排序

风险层次	B_1	B_2	B_3	B_4	C 层次的总排序
	0. 055	0. 564	0. 118	0. 263	$\sum_{j=1}^{4} b_j c_{ij} (i = 1, 2, \cdots, 12)$
C_1	0. 750	0	0	0	0. 041
C_2	0. 250	0	0	0	0. 014
C_3	0	0. 077	0	0	0. 043
C_4	0	0. 252	0	0	0. 142
C_5	0	0. 044	0	0	0. 025
C_6	0	0. 627	0	0	0. 354
C_7	0	0	0. 104	0	0. 012
C_8	0	0	0. 637	0	0. 075
C_9	0	0	0. 258	0	0. 030
C_{10}	0	0	0	0. 672	0. 177
C_{11}	0	0	0	0. 063	0. 017
C_{12}	0	0	0	0. 265	0. 070

根据表 12－15，按照由高到低的顺序对风险进行排序，排序结果如表 12－16 所示。

表 12－16　　风险总排序

风险排序	1	2	3	4	5	6
风险名称	政策限制该行业发展	原材料与能源价格	法律法规环境	采用新材料新技术或新能源的产品	人工成本	税收风险
风险排序	7	8	9	10	11	12
风险名称	竞争对手增多	假冒产品	政策放宽进口	运输贮存价格	竞争对手产品优势	出现替代的升级产品

第四节　风险评价

由于公司最高层并未要求明确可接受风险，只是提出对于市场风险均需要采取应对措施，并且按不同重要程度分别采取应对措施。鉴于这一要求，风险评估组认为可以按风险分析的重要程度排序结果采取相应的风险应对措施。风险分析的重要程度排序具体如下：

1. C 层风险

风险按重要程度的总排序即 C 层风险按重要程度由高到低的总排序为：

（1）政策限制该行业发展。

（2）原材料与能源价格。

（3）法律法规环境。

（4）采用新材料新技术或新能源的产品。

（5）人工成本。

（6）税收风险。

（7）竞争对手增多。

（8）假冒产品。

（9）政策放宽进口。

（10）运输贮存价格。

（11）竞争对手产品优势。

（12）出现替代的升级产品。

2. B 层风险

通过层次分析法分析市场需求风险中 B 层风险按重要程度由高到低的排序为：

（1）政策与法律风险。

（2）替代产品造成的风险。

（3）市场价格风险。

（4）竞争对手造成的风险。

对风险应对措施起决定作用的是最底层风险的风险分析结果，对于本示例即 C 层风险的风险分析结果。但高层次风险的风险分析结果，在风险应对时可以起到重要参考作用。B 层风险的排序可以为风险应对措施提供重要参考。

第五节 要点说明

一、风险识别要点说明

本示例风险识别中采用了风险识别常用的“头脑风暴”法，专家组结合企业实际，通过热身、明确问题、重新表述问题、畅谈、筛选和会后的设想处理六个环节，确定了市场需求风险清单，其内容包括：一类风险、二类风险以及可能发生的事件和可能导致的后果。采用“头脑风暴”法时，需要由一名有经验、熟悉情况、能够把握会场的人员主持会议，会前做好充分准备，力求对会场进行有效的控制和调节，避免偏离议题；另外，还需要确定专门的记录人员，对讨论的结果进行记录、归纳和整理。值得注意的是，如果专家之间出现分歧时，主持人需要让讨论更加深入，以寻求多数专家能够达成共识，记录人应该详细记录专家之间的分歧意见。

二、风险分析要点说明

由于该公司风险评估目标是明确市场需求风险种类及其重要程度排序，没有其他方面的要求，因此，风险评估组决定，采用层次分析法进行风险分析。采用层次分析法进行风险分析包括以下步骤：

第一步将问题条理化、层次化，构造层次分析结构的模型。每一类风险作为一层，按照最高层、中间层、最底层的形式排列。

第二步构建判断矩阵。建立层次分析结构模型之后，可以在各层元素中进行两两比较，构建出判断矩阵。层次分析法主要是人们对每一层次中各因素相对重要性给出的判断，这些判断通过引入合适的标度用数值表示出来，写成判断矩阵。判断矩阵表示针对上一层次因素，本层次与之有关因素之间相对重要性的比较。

第三步判断矩阵的一致性。应用层次分析法，保持判断矩阵的一致性非常重要，一致性是指专家在判断指标重要性时，各判断之间协调一致，避免出现相互矛盾的结果。

第四步层次排序。首先计算出 B 层风险的重要度排序，计算出某层次因素相对于上一层次中某一因素的相对重要性，这种排序计算称为层次单排序。层次单排序计算问题可归结为计算判断矩阵的最大特征根及其特征向量的问题。依次沿递阶层次结构由上而下逐层计算，计算C层风险的重要度排序，即可计算出最低层次因素相对于最高层次因素的相对重要性排序值，即层次总排序。

三、风险评价要点说明

通常情况下，风险评价是用风险分析的结果与组织确定的风险准则进行比较，或者将风险分析的结果相互比较，以最终确定各风险等级。在风险等级中可能有可接受风险、不可接受风险和中间风险，组织根据这些结果决定如何采取风险应对措施。在本示例中，由于该公司处于特殊时期，最高层并未提出对照公司的风险准则进行风险评价，并且要求按市场风险不同重要程度分别采取应对措施，因此，完成风险重要程度排序后，风险评估即可结束。实施上，在风险分析阶段，风险评估组已采用层次分析法计算出了各层风险的重要度排序，为此，风险评估组直接利用了风险分析的结果，列出了B层和C层风险的重要度排序。

| 第十三章 |

以检查表、事故后果模拟、事故树和预先危险性分析为主的安全风险评估示例

第一节 背　景

某炸药生产企业，属于安全生产高危企业，为加强安全生产工作，开展了安全风险评估。

企业成立了风险评估组，对安全风险评估进行了总体策划，并按风险识别、风险分析、风险评价的顺序，对近期的安全生产开展风险评估。在开展风险评估之前，明确了以下方面的内容。

（1）风险评估目标：针对炸药生产对安全的影响，明确不可接受风险以及所有风险的等级及其排序。

（2）风险评估范围：企业的炸药生产可能带来安全影响的所有场合。

（3）风险评估依据：国内相关法律法规、企业风险准则和相关的风险管理文件。

（4）风险评估进度：按照企业最高管理层要求，已确定。

（5）风险评估资源：资源配置能够满足风险评估的需要。

（6）风险评估采用的方法：检查表法、事故后果模拟法、事故树法和预先危险性分析法等。

本示例中的安全生产风险属于表 4－2 中对风险分类的二类风险（表 4－2 中 4.10），位居运营类风险中的第 10 项，名称为“应急管理与生产安全”。

第二节　风险识别

依据“安全规范”等文件和标准，风险评估小组对企业安全生产现状编制定性安全检查表（见表13-1），依据安全检查表，开展了安全风险识别工作。

表13-1　安全检查表

评价项目	子项目名称	评价内容	评价依据	检查情况	评价结果	整改措施
安全生产责任制	公司领导安全生产责任制	(1) 总经理、副总经理安全生产职责履行情况 (2) 定期召开安委会会议 (3) 签订安全责任书	生产经营单位的主要负责人对本单位安全生产工作应建立、健全本单位安全生产责任制	(1) 公司制定了各部门、各级各类人员安全生产责任制，明确了总经理、副总经理的安全职责，均较好地履行了职责 (2) 公司安委会每季召开一次会议研究安全生产工作，每月一次安全例会。 (3) 总经理每年与分厂、车间签订安全生产责任书	符合要求	
	职能部门及分厂、车间安全生产责任制	(1) 各职能部门负责人、分厂、车间安全生产职责履行情况 (2) 签订安全责任书情况，及按责任书在各自的工作范围内履行安全生产职责情况		(1) 各职能部门职责明确，能够较好履行安全生产职责，未发生重大伤亡事故 (2) 分厂、车间与班组、班组与个人签订了安全生产责任书	符合要求	
	安全目标与规划	(1) 总经理任职目标文本中应有安全指标 (2) 公司应编制规划与年度职业安全卫生技措计划并组织实施 (3) 公司年度工作计划中应有安全工作方针目标，其内容包括安全检查、教育、特种作业人员培训及复训、事故控制指标等	生产经营单位的主要负责人对本单位安全生产工作应建立、健全本单位安全生产责任制	工作目标是杜绝重伤、急性中毒以上伤亡事故和重大火灾、爆炸事故；生产性轻伤事故率2‰以下；生产单位全员教育率100%；隐患整改率95%以上；综合安全管理考核85分以上。公司制定了“十二五”期间安全生产发展规划，并根据规划要求制定了年度实施计划。公司年度工作计划中有安全工作方针目标、安全检查教育、培训事故控制指标等内容	符合要求	

续表

评价项目	子项目名称	评价内容	评价依据	检查情况	评价结果	整改措施
安全生产保障体系	安全生产组织机构	(1) 建立了安全生产领导机构（安委会） (2) 建立了分厂（车间）安全生产领导小组 (3) 建立了独立的安全生产管理机构 (4) 配备专职安全生产管理人员，且其配备数量符合相关规定	危险物品的生产、经营、储存单位，应当设置安全生产管理机构或者配备专职安全生产管理人员	(1) 成立了公司安全生产委员会 (2) 分厂和中心成立了安全生产领导小组 (3) 公司设立了独立的安全管理机构：技安环保处 (4) 公司配备有专职技安员 15 人，其中技安环保处有专职技安员 5 人，占职工总人数的 5‰	符合要求	
	安全生产规章制度	公司建立了齐全的安全生产管理制度	生产经营单位的主要负责人对本单位安全生产工作应组织制定本单位安全生产规章制度和操作规程	(1) 安全生产管理制度比较齐全 (2) 在本项目试生产期间，应该进一步完善安全生产管理制度	基本符合要求	
	各岗位安全操作规程	(1) 每一工种都应有安全技术操作规程 (2) 作业人员应熟悉本工种规程内容 (3) 作业人员在生产现场应遵守规章制度 (4) 作业人员正确穿戴劳动防护用品 (5) 从业人员掌握紧急情况下的应急措施		(1) 改造前每一工种都有相应的安全技术操作规程。改造后，新技术、新工艺、新设备的采用，应在本项目试生产前，补充和完善相应的安全技术操作规程 (2) 作业人员熟悉本工种现有规程内容 (3) 作业现场未发现违章现象 (4) 作业人员能正确穿戴劳动防护用品 (5) 针对本项目的培训还应加强	基本符合要求	
	“三同时”执行情况	执行工程项目“三同时”的有关规定；应有专人负责；应按规定要求履行审批手续	建设项目的安全设施，必须与主体工程同时设计、同时施工、同时投入生产和使用	本项目可行性研究报告已批，正按规定要求实施安全预评价，履行审批手续，专人负责	符合要求	
	安全费用提取与安全技术改造	(1) 公司每年安排一定经费用于安全技术改造 (2) 安全技术改造按期完成	按照国家相关要求提取安全生产专项费用	(1) 已按国家要求规定提取 (2) 安全技术改造项目能够按期完成	符合要求	
	工伤保险	工伤保险记录	生产经营单位必须依法参加工伤社会保险，为从业人员缴纳保险费	查记录已办理	符合要求	

续表

评价项目	子项目名称	评价内容	评价依据	检查情况	评价结果	整改措施
安全生产保障体系	安全档案	(1) 公司要有每一起伤亡事故档案 (2) 安全教育培训档案 (3) 违章记录档案，安全奖励档案 (4) 隐患整改通知档案 (5) 安全技术措施项目计划及完成情况档案 (6) 特种设备及危险品设备档案 (7) 防尘、防毒设备的相关档案资料 (8) 特种作业人员健康档案 (9) 有害作业人员的健康登记卡、测试分析报告等档案 (10) 重大危险源、三级危险点档案	国家实行生产安全事故责任追究制度，依照本法和有关法律、法规的规定，追究生产安全事故责任人员的法律责任	(1) 查技安环保处事故处理档案，每一起事故均按“四不放过”处理 (2) 查人力资源部档案，存有公司安全教育有关档案，分厂教育档案由分厂保存 (3) 其他各种档案保存较为完整	符合要求	
安全检查、隐患整改与事故处理	安全检查执行情况	(1) 三级危险点安全检查 (2) 班组班前会、安全活动、班组安全检查等活动 (3) 专业性、季节性、安全生产检查	安全生产管理人员应当根据本单位的生产经营特点，对安全生产状况进行经常性检查；对检查中发现的隐患问题，应当立即处理；检查及处理情况应当记录在案	(1) 经查公司Ⅰ级点9个，Ⅱ级点10个，Ⅲ级点11个，本项目Ⅰ级点5个，均按三级危险点进行管理和检查，记录齐全 (2) 班组坚持每日班前会、每周组织一次班组安全检查，每月进行一次班组安全活动 (3) 今年对锅炉、压力容器、起重设备、避雷针、防静电设施等进行了专项检查	符合要求	
	隐患整改情况	(1) 隐患整改通知记录 (2) 整改措施落实情况		(1) 公司开展了生产线安全检查，对查出的安全隐患，进行整改。共整改了九项较大安全隐患 (2) 查技安环保部档案，有记录，有反馈	符合要求	
	现场检查情况	(1) 现场检查各危险品工房建设是否符合规范要求 (2) 检查作业现场安全管理是否符合要求	(1) 对应的“安全管理规范” (2) 各类安全技术标准	(1) 对危险品库房爆炸危险性分析不够，建议开展爆炸事故后果分析，确定爆炸事故破坏范围，依据爆炸破坏范围制定相应安全措施 (2) 对变配电所安全管理措施针对性不强，检修过程导致触电事故发生的原因分析不到位，建议开展风险分析，结合分析结果，加强有针对性日常安全管理 (3) 对准备建设弹药装配工房安全风险分析不到位，安全管理措施不健全，建议开展风险分析，制定相应安全措施，保障安全生产	不符合要求	

续表

评价项目	子项目名称	评价内容	评价依据	检查情况	评价结果	整改措施
安全教育与培训	安全教育培训	中层以上干部、安全管理人员、班组长、新员工三级教育、变换工种人员、离岗三月以上人员、事故应急救援人员等应接受安全教育和培训	生产经营单位应当对从业人员进行安全生产教育和培训，未经培训合格的不得上岗作业	(1) 每年多次召开中层以上干部接受安全教育，每人至少接受一次 (2) 安全管理人员、安全员每年至少接受一次安全教育 (3) 班组长每年至少接受一次安全教育 (4) 对新员工100%进行了三级安全教育。今年上半年对八分厂新生70人进行了三级安全教育 (5) 无专职事故应急救援人员，目前对全员进行教育	符合要求	
	特种作业培训	(1) 特种作业人员100%经过培训、持证上岗 (2) 特种作业复训(持证人员每2~3年须进行安全技术复训)	特种作业人员必须经专门培训，取得特种作业操作资格证书，方可上岗作业	(1) 查记录，特种作业人员100%经过培训、持证上岗 (2) 本项目电工9人、焊工46人、起重工18人、锅炉工16人、水处理工1人，按规定今年或明年复训	符合要求	

根据采用检查表法对企业安全生产现状检查的结果，存在三处不符合要求，这些不符合可能造成安全风险。具体风险见13－2安全风险清单。

表13－2　　安全风险清单

序号	风险名称	风险原因	可能发生的事件与可能导致的后果
1	危险品库房风险	危险品库房爆炸危险性分析不够	危险品库房发生爆炸事故，导致人员伤亡和财产损失
2	变配电所风险	变配电所安全管理措施针对性不强，检修过程导致触电事故发生的原因分析不到位	变配电所发生触电事故或引发火灾，导致人员伤亡和财产损失
3	拟建设的弹药装配工房安全风险	弹药装配工房安全风险分析不到位，安全管理措施不健全	弹药装配工房发生爆炸事故，导致人员伤亡和财产损失

第三节　风险分析

一、风险分析范围

依据上述风险识别的结果，应用相关风险分析方法，对危险品库房爆炸事故后果，变配电所触电事故原因、弹药装配工房风险进行分析。

二、危险品库房爆炸事故后果分析

1. 综合分析

已知危险品库房储存了1800kgTNT当量的危险品药量。采用事故后果模拟分析法，对危险品库房爆炸事故后果进行分析。

爆炸的破坏作用主要是由爆炸冲击波产生的，冲击波的破坏作用可用峰值超压来衡量，本方法依据爆炸冲击波峰值超压破坏效应进行爆炸事故后果分析。

根据硬质地面冲击波峰值超压的计算公式：

$$\Delta P = 1.06/R + 4.3/R2 + 14.0/R3$$

（适用范围为：$1 \leqslant R \leqslant 10 \sim 15$）

式中：

ΔP——冲击波峰值超压，它是峰值压力 P_S 与环境大气压力 P_0 之差，即 $\Delta P = P_S - P_0$，kg/cm^2；

R——比例距离或叫对比距离，它是距爆炸中心的距离 r 与爆炸药量 W 的立方根之比，即 $R = r/W^{1/3}$，$m/kg^{1/3}$。

2. 冲击波超压对建筑物破坏区域预测

爆炸冲击波对建筑破坏一般可按损坏程度分为五种（见表13－3）。

表 13－3　**爆炸冲击波对建筑破坏严重程度等级**

严重程度	冲击波超压 ΔP	破坏结果
完全破坏	$\Delta P \geqslant 0.76\text{kg/cm}^2$	砖外墙大部分倒塌；钢砼屋盖砖墙承重大部分倒塌，钢砼柱严重破坏
严重破坏	$0.55\text{kg/cm}^2 \leqslant \Delta P \leqslant 0.76\text{kg/cm}^2$	砖外墙部分倒塌；钢砼屋盖出现较宽裂缝，最大宽度大于2mm
次严重破坏	$0.40\text{kg/cm}^2 \leqslant \Delta P \leqslant 0.55\text{kg/cm}^2$	砖外墙出现严重裂缝，宽度50mm以上，严重倾斜，砖垛出现较大裂缝；钢砼屋盖出现明显裂缝，宽度1～2mm，修理后能继续使用
中度破坏	$0.25\text{kg/cm}^2 \leqslant \Delta P \leqslant 0.40\text{kg/cm}^2$	砖外墙出现较大裂缝，宽度5～50mm，明显倾斜，砖垛出现较小裂缝；钢砼屋盖出现微小裂缝，最大宽度大于1mm
轻度破坏	$0.09\text{kg/cm}^2 \leqslant \Delta P \leqslant 0.25\text{kg/cm}^2$	木门窗窗扇大量破坏；砖外墙出现较小裂缝，最大宽度小于5mm，稍有倾斜；钢砼屋盖无损坏；顶棚抹灰大量掉落

资料来源：王泽博，郑志良．爆炸及其防护——火炸药、弹药企业事故爆炸效应及防护条件设置的基本要求［M］．北京：兵器工业出版社，2015.

根据危险品库房储存药量及冲击波峰值超压的计算公式可以计算得出：

（1）当爆炸冲击波峰值超压 $\Delta P \geqslant 0.76\text{kg/cm}^2$ 时，为完全破坏区域，距离爆炸原点48m以内。

（2）当爆炸冲击波峰值超压为 $0.55\text{kg/cm}^2 \leqslant \Delta P \leqslant 0.76\text{kg/cm}^2$，为严重破坏区域，距离爆炸原点49～57m。

（3）当爆炸冲击波峰值超压为 $0.40\text{kg/cm}^2 \leqslant \Delta P \leqslant 0.55\text{kg/cm}^2$，为次严重破坏区域，距离爆炸原点58～68m。

（4）当爆炸冲击波峰值超压为 $0.25\text{kg/cm}^2 \leqslant \Delta P \leqslant 0.40\text{kg/cm}^2$，为中度破坏区域，距离爆炸原点69～91m。

（5）当爆炸冲击波峰值超压为 $0.09\text{kg/cm}^2 \leqslant \Delta P \leqslant 0.25\text{kg/cm}^2$，为轻度破坏区域，距离爆炸原点92～188m。

爆炸空气冲击波超压对建筑物破坏区域预测如表13－4所示。

表 13－4　**爆炸空气冲击波超压对建筑物破坏区域预测**　单位：米

完全破坏区域	0～48
严重破坏区域	49～57
次严重破坏区域	58～68
中度破坏区域	69～91
轻度破坏区域	92～188

3. 冲击波对人员伤害区域预测

为了预测爆炸对人员的伤亡情况，一般可以对爆炸伤害进行如下分区。

死亡区：该区内的人员如缺少防护，则被认为将无例外地遭受严重伤害或死亡，其内径 r 为0，外径 R 记为 $R_{0.5}$（称为死亡半径），表示外圆周处人员因冲击波作用导致肺出血而死亡的概率为50%。它与爆炸量之间的关系可表示为：

$$R_{0.5}=13.6\left(\frac{W_{TNT}}{1000}\right)^{0.37} \qquad (13-1)$$

式中：

W_{TNT}——爆源的TNT当量数值，kg。

重伤区：该区内的人员如缺少防护，则绝大多数人员将遭受严重伤害，极少数人可能死亡或受轻伤。其内径 r 与死亡半径 $R_{0.5}$ 相同；外径 R 记为 $d_{0.5}$（称为重伤半径），代表该处人员因冲击波作用而耳膜破裂的概率为50%，其冲击波峰值超压0.44kg/cm^2。

轻伤区：该区内的人员如果缺少防护，则绝大多数人员将遭受轻微伤害，少数人将受重伤或平安无事，死亡的可能性极小。该区内径 r 与重伤半径 $d_{0.5}$ 相同；外径 R 记为 $d_{0.01}$（称为轻伤半径），表示外边界处耳膜因冲击波作用而破裂的概率为1%，其冲击波峰值超压0.17kg/cm^2。

根据危险品库房存储危险品TNT当量和式（13-1）可以算计得出死亡半径 $R_{0.5}$(m)=16.9m。

根据危险品库房储存药量及冲击波峰值超压的计算公式可以计算得出：

（1）当冲击波峰值超压为0.44kg/cm^2 时，为重伤区域，距离爆炸原点为65m，即重伤半径 $d_{0.5}$=65m。

（2）当冲击波峰值超压为0.17kg/cm^2 时，为轻伤区域，距离爆炸原点为118m，即轻伤半径 $d_{0.01}$=118m。

爆炸冲击波超压对人体的伤害半径预测如表13-5所示。

表13-5　爆炸冲击波超压对人体的伤害半径预测　单位：米

死亡半径 $R_{0.5}$	16.9
死亡区域	0～16.9
重伤半径 $d_{0.5}$	65

续表

重伤区域	16.9～65
轻伤半径 $d_{0.01}$	118
轻伤区域	65～118

三、变配电所触电事故原因分析

1. 风险分析范围与方法

采用事故树风险分析方法，对变配电所触电事故原因进行风险分析。

变配电所装有 1 台 SJL－750/10 变压器，5 面 BSL 型低压配电屏和 1 面 GZK 补偿柜。该变配电所的变配电系统相对简单，但在其检修过程中容易出现触电事故。在此，选用 FTA 评价方法，对电气事故中最常见的变配电系统检修触电事故进行分析，为控制该事故而采取各种技术措施和对策提供依据。

2. 编制事故树

变配电系统检修触电事故树如图 13－1 所示。

图 13－1 的事故树中符号含义如下：

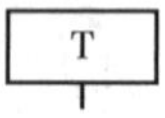

：顶上事件，是事故树分析中所关心的结果事件。

：逻辑与门，表示仅当所有输入事件发生时，输出事件才发生。

：逻辑或门，表示至少一项输入事件发生时，输出事件就发生。

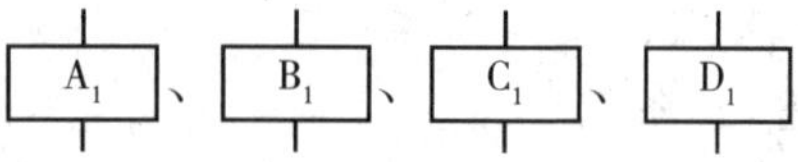

等：中间事件，位于顶事件和底事件之间的结果事件。

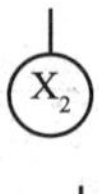

：表示基本事件。

：表示不能进一步分析或没有进一步分析必要的省略事件，一般按基本事件对待。

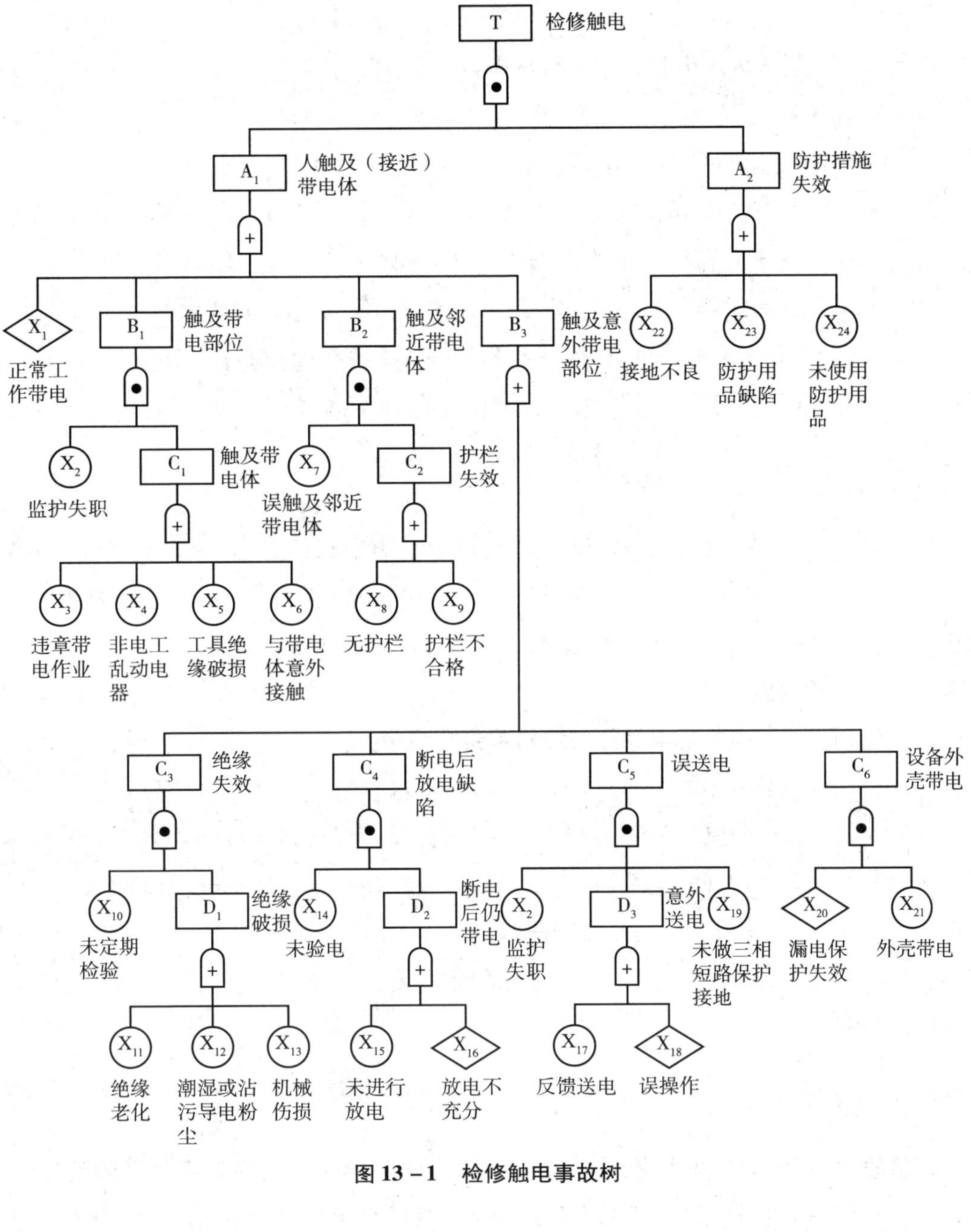

图 13－1　检修触电事故树

3. 事故树定性分析

（1）事故树结构函数。

事故树结构函数可表示为：

$$
\begin{aligned}
T &= A_1A_2\\
&= (X_1+B_1+B_2+B_3)(X_{22}+X_{23}+X_{24})\\
&= X_1X_{22}+X_2X_3X_{22}+X_2X_4X_{22}+X_2X_5X_{22}+X_2X_6X_{22}+X_7X_8X_{22}\\
&\quad +X_7X_9X_{22}+X_{10}X_{11}X_{22}+X_{10}X_{12}X_{22}+X_{10}X_{13}X_{22}+X_{14}X_{15}X_{22}+X_{14}X_{16}X_{22}\\
&\quad +X_2X_{17}X_{19}X_{22}+X_2X_{18}X_{19}X_{22}+X_{20}X_{21}X_{22}+X_1X_{23}+X_2X_3X_{23}+X_2X_4X_{23}\\
&\quad +X_2X_5X_{23}+X_2X_6X_{23}+X_7X_8X_{23}+X_7X_9X_{23}+X_{10}X_{11}X_{23}+X_{10}X_{12}X_{23}\\
&\quad +X_{10}X_{13}X_{23}+X_{14}X_{15}X_{23}+X_{14}X_{16}X_{23}+X_2X_{17}X_{19}X_{23}+X_2X_{18}X_{19}X_{23}\\
&\quad +X_{20}X_{21}X_{23}+X_1X_{24}+X_2X_3X_{24}+X_2X_4X_{24}+X_2X_5X_{24}+X_2X_6X_{24}\\
&\quad +X_7X_8X_{24}+X_7X_9X_{24}+X_{10}X_{11}X_{24}+X_{10}X_{12}X_{24}+X_{10}X_{13}X_{24}\\
&\quad +X_{14}X_{15}X_{24}+X_{14}X_{16}X_{24}+X_2X_{17}X_{19}X_{24}+X_2X_{18}X_{19}X_{24}+X_{20}X_{21}X_{24}
\end{aligned}
$$

最小割集为：

$$
P_1=\{X_1,\ X_{22}\},\ P_2=\{X_2,\ X_3,\ X_{22}\},\ P_3=\{X_2,\ X_4,\ X_{22}\},
$$
$$
P_4=\{X_2,\ X_5,\ X_{22}\},\ \cdots,\ P_{45}=\{X_{20},\ X_{21},\ X_{24}\}
$$

式中：X_1，X_2，…，X_{24}为基本事件，P_1，P_2，…，P_{45}代表最小割集。

（2）结构重要度分析。

由近似判断法得出各基本事件的结构重要度顺序：

$$
\begin{aligned}
I_\Phi(2) &= I_\Phi(22)=I_\Phi(23)=I_\Phi(24)>I_\Phi(10)>I_\Phi(1)=I_\Phi(7)\\
&= I_\Phi(14)>I_\Phi(3)=I_\Phi(4)=I_\Phi(5)=I_\Phi(6)=I_\Phi(8)\\
&= I_\Phi(9)=I_\Phi(11)=I_\Phi(12)=I_\Phi(13)=I_\Phi(15)=I_\Phi(16)\\
&= I_\Phi(19)=I_\Phi(20)=I_\Phi(21)>I_\Phi(17)=I_\Phi(18)
\end{aligned}
$$

式中：$I_\Phi(1)$，$I_\Phi(2)$，…，$I_\Phi(24)$ 代表结构重要度，指能够导致顶上事件发生的基本事件的重要程度。

4. 分析结果

该事故树共有 24 个基本事件，得到了 45 个最小割集，说明该系统危险程度比较大，其中任何一个最小割集发生都会导致顶上事件的发生。通过结构重要度分析可以看出：变配电系统检修中有效监护、良好接地、使用安全的防护用品是防止触电事故的关键所在；其次是严格定期检验制度，确保带电体的绝缘有效；再者是作业者培训合格、精力集中；另外，危险场所有效的隔离防护、完善的操作规程、充分的放电、可靠的短路保护和漏电保护等也是减少检修作业中触电事故的重要因素。

四、弹药装配工房风险分析

采用预先危险性分析（PHA）对准备建设的弹药装配工房进行风险分析。为早期发现系统的潜在危险因素，确定系统的危险性等级，从设计、运行和管理（方面/角度）提出相应的防范措施，防止这些危险因素发展成为事故，避免由于考虑不周造成的损失。

按照危险因素导致事故的危险程度，将危险性划分为四个危险等级，等级划分见表13－6。根据可获取的有效信息针对确定的四个危险等级对弹药装配工房进行风险分析，将风险分析的结果列于表13－7。分析结果包括主要危险源位置、事故类型、触发条件、危险等级、应对措施等。

表13－6　危险性等级划分

级别	危险程度	可能导致的后果
Ⅰ级	安全的	可以忽略
Ⅱ级	临界的	处于事故边缘状态，暂时尚不能造成人员伤亡和财产损失
Ⅲ级	危险的	会造成人员伤亡和系统损坏，要立即采取措施
Ⅳ级	破坏性的	会造成灾难性事故，必须立即排除

表13－7　预先危险性分析

工房名称	主要危险源位置	事故类型	触发条件	危险等级	应对措施
××工房	准备间	爆炸	电气火花	Ⅳ级	工作台面和台沿铺导（防）静电胶板或有色金属板；静电接地正确、牢固；穿戴好防护用品；防爆电器选型正确，工房设避雷带和独立避雷针
			子弹跌落		工作台有台沿，台沿高出台面20～50mm
			子弹碰撞		轻拿轻放，不碰撞、倒箱；取时倾斜倒出，倾斜度不大于30°；不提拉尾带
			各种明火或高温物体		严禁烟火；严格动火制度；落实好山火等各种火灾的预防和消防措施

续表

工房名称	主要危险源位置	事故类型	触发条件	危险等级	应对措施
××工房	组串间	爆炸	电气火花	Ⅳ级	工作台面和台沿铺导（防）静电胶板或有色金属板；静电接地正确、牢固；穿戴好防护用品；防爆电器选型正确，工房设避雷带和独立避雷针
			子弹跌落		工作台有台沿，台沿高出台面20~50mm；摆高不超过两层
			子弹碰撞		轻拿轻放，不得碰撞；产品去掉保护套时，认真检查产品引信保险状态
			殉爆		在抗爆小室内作业；存量符合设计要求；抗爆小室有醒目处有定员定量标志
			各种明火或高温物体		严禁烟火；严格动火制度；落实好山火等各种火灾的预防和消防措施
	称重间		电气火花		工作台面和台沿铺导（防）静电胶板或有色金属板；静电接地正确、牢固；穿戴好防护用品
			子弹跌落		工作台有台沿，台沿高出台面20~50mm；子弹盒摆高不超过两层
			子弹碰撞		轻拿轻放，不得碰撞；产品去掉保护套时，认真检查产品引信保险状态
			子弹殉爆		作业在抗爆小室内进行；存量符合设计要求；抗爆小室有醒目处有定员定量标志
			各种明火或高温物体		严禁烟火；严格动火制度；落实好山火等各种火灾的预防和消防措施
	装配间		电气火花		工作台面和台沿铺导（防）静电胶板或有色金属板；静电接地正确、牢固；穿戴好防护用品
			子弹跌落		工作台有台沿，台沿高出台面20~50mm；摆高不超过两层
			子弹碰撞		专用装弹工具符合工艺规程规定，灵活可靠；工具为非黑色金属制品；动作准确、轻缓，严禁子弹旋转、撞击、掉地；装配中心杆（管）的操作符合工艺要求；手工人力旋紧弹底的扭力扳手应定期校验合格
			殉爆		作业在抗爆小室内进行；抗爆小室醒目处有定员定量标志
			各种明火或高温物体		严禁烟火；严格动火制度；落实好山火等各种火灾的预防和消防措施
	运送小车		电气火花		小车车板面铺防静电胶板
			碰撞、跌落		专用容器；车板面三面有护栏，保证运送专用容器不掉地

第四节　风 险 评 价

安全风险通常以国家法律（法规）和相关的标准作为风险准则。以相关法律法规和标准为依据，进行对应的风险识别和分析后，风险评估组认为：该企业安全生产总体情况良好，在安全生产责任制、安全生产保障体系、安全培训等方面都处于风险可接受水平。但一些重点部位安全风险为不可接受水平，主要涉及以下方面：

（1）由危险品库风险分析可以得出，一旦发生爆炸事故，将造成重大人员伤亡和财产损失。可依据事故后果分析结论中建筑物破坏范围和人员伤亡范围，确定风险可接受水平，并根据风险可接受水平采取必要的安全技术措施、确定相应的安全距离。

（2）由变配电所风险分析结果可看出，能够导致触电事故发生的最小割集有 45 项，最小割集较多，说明很容易造成检修过程触电事故。因此，可结合结构重要度分析结果，对重要基本事件采取可靠的安全管理及安全技术措施。

（3）由弹药装配工房风险分析结果可看出，弹药装配工房危险等级为Ⅳ级，危险程度为破坏性的，针对各种触发条件，一旦发生爆炸事故会造成灾难性后果。因此，必须采取预先危险性分析表中的应对措施，使风险达到可接受水平。

第五节　要 点 说 明

一、风险识别要点说明

本示例“风险识别”中采用了安全风险识别最常用的“安全检查表”法，风险评估组结合企业实际，编制检查表，并逐项进行检查。检查表的编制是风险识别（辨识）的重点，表 13－1 安全检查表仅是示例，实际操作中检查表的检查项目及检查内容应结合企业实际，并涵盖企业安全生产的各个方面。检查表编制完成后应依据检查表所列内容开始检查，开展风险识别工作。一般应依据国家相关法律、法规、标准、制度等文件进行逐项检查，给出检查结果，确定不符合检查依据的事项——存在的安全风险，对识别出的安全风险进行汇总，并作为风险分析的输入。

二、风险分析要点说明

通过风险识别，看出本企业安全生产状况总体良好，但有三处场所存在较为严重的安全风险，如不进行详细的风险分析并采取相应的安全措施，可能会造成较为严重的事故后果。本示例根据不同场所的特点，采用了三种风险分析方法。

首先对弹药库房进行了爆炸事故风险分析，采用事故后果风险分析方法，假设发生事故后，通过定量分析，得到爆炸冲击波对周围建筑破坏及人员伤亡情况，通过事故后果分析，确定爆炸事故可接受程度，即风险可接受程度，再根据风险可接受程度确定厂房的定员、定量及安全距离等，从而达到安全风险可接受的水平。

对变配电站人员触电安全风险进行了分析，采用事故树分析方法，属于半定量分析方法，通过分析找出事故发生的最小割集，最小割集是指导致触电事故发生的事件的集合，每一个最小割集事件的发生，都会最终导致触电事故的发生。因此，风险防范措施应是防止每一个最小割集事件的发生。通过结构重要度的分析，可以得出哪一类事件是防止事故发生的关键所在，从而更有效地制定风险防范措施。

对拟建的弹药装配工房的爆炸事故风险进行分析，采用预先危险性分析方法，属于定性分析方法。通过导致事故发生的触发条件和可能导致的事故后果，将风险分为安全的、临界的、危险的、破坏性的四个等级，并针对每种事故风险提出安全防范措施。

三、风险评价要点说明

安全风险的评价准则通常是政府的法律法规或强制性标准，有些强制性标准中给出了具体参数，可以进行量化比较。由于此处是示例，所以，在风险评价时，没有根据具体法律法规或强制性标准进行比较，仅给出了定性或半定量的评价结果。同时，风险评估组也给出了总体上的评价结论：该企业安全生产总体情况良好，在安全生产责任制、安全生产保障体系、安全培训等方面都处于风险可接受水平；并针对分析出的不可接受风险提出安全管理及安全技术措施，最终确保所有安全风险都在可承受范围内。

第十四章

以在险值法（VaR）为主的资金风险评估示例

第一节　背　　景

某公司准备投入500万元购买某两只股票其中的一只股票，要求风险管理部门对这两只股票30天和100天的风险进行风险评估。风险管理部门成立了风险评估组，开展了风险识别、风险分析和风险评价。在开展风险评估之前，明确了以下方面的内容。

（1）风险评估目标：针对××股票和××股票30天和100天的股价波动，评估可能出现的风险，比较两只股票风险程度。

（2）风险评估范围：准备投资购买股票可能发生的资金流动性风险。

（3）风险评估依据：相关财务制度、证监会相关制度，公司风险准则及相关的风险管理文件。

（4）风险评估进度：一个月内完成。

（5）风险评估资源：资源配置能够满足风险评估的需要。

（6）风险评估方法：在险值法（VaR）。

本示例中的市场需求风险属于本书表4-2中对风险分类的二类风险（表4-2中2.7），位居财务类风险（一类风险）中的第7项，名称为“资金流动性”。

第二节　风险识别

风险评估组根据需要组建了9人的专家团队，设计了调查表，采用德尔菲法用三轮调查问卷的方式征询了每一位专家的意见，风险评估组对每一轮的结果进行了收集、归纳、整理、分析，经最终整理后列出了风险清单（见表 14－1）。

表 14－1　投资股票风险清单

序号	风险名称	可能发生的事件与可能导致的后果
1	现金流	现金流不足以支持股票交易额度或股票持有的时间，导致无法完成交易或在不适当的情况下被迫退出交易，造成经济损失
2	股票操盘人员经验与技巧	股票操盘人员缺乏经验或技巧，导致在不适当的时机买入或卖出股票，造成经济损失
3	财务监管制度	财务监管制度不规范或有漏洞，导致股票交易时舞弊或违规操作，造成经济损失
4	股票市值波动	股票市值波动，难以把握有利时机，造成经济损失
5	经济形势	经济形势低迷，导致一定时期内股市不振，大盘下行，造成经济损失

第三节　风险分析

一、综合分析

风险评估组采用调查表的方式对公司现金流、财务监管制度和公司的股票操盘人员进行了调查，调查结果经专家讨论后一致认为：公司有充足的现金流，足以支持500万元的股票交易和中长期持有；公司的股票操盘人员经验丰富、有较强的应变能力和操作技巧；公司财务监管制度规范且适用。

风险评估组收集了大量有关目前经济形势的资料，邀请专家以会议的形式讨论了目前的经济形势，与会专家一致认为，目前的经济形势较好并且会在一定时期内稳定。

在上述调查分析的基础上，风险评估组认为：需要进一步分析的是股票市值波动风险。

二、股票市值波动风险分析

风险评估组决定采用在险值法（VaR）中的历史模拟法对这两只股票进行风险分析。

设两只股票分别为 A 股票和 B 股票，风险评估组按以下步骤开展了风险分析工作：

1. 计算 A 股票的 VaR

（1）收集两年内股票的历史数据 500 个。

（2）将股票的日期和对应的股票市值列入表 14－2。

表 14－2　股票收益率排序

时间	股票市值	简单收益率	损失排序	序号
3 月 1 日	4. 56			
3 月 2 日	4. 68	0. 0263	－0. 1701	1
…	4. 15	－0. 1132	－0. 1681	2
…	4. 20	0. 0120	－0. 1648	3
…	4. 58	0. 0904	－0. 1566	4
…	4. 86	0. 0611	－0. 1554	5
…	4. 14	－0. 1481	－0. 1533	6
…	4. 01	－0. 0314	－0. 1530	7
…	4. 17	0. 0383	－0. 1524	8
…	3. 87	－0. 0719	－0. 1511	9
…	4. 06	0. 0490	－0. 1497	10
…	3. 76	－0. 0739	－0. 1481	11
…	4. 70	0. 2500	－0. 1478	12
…	4. 12	－0. 1234	－0. 1461	13
…	4. 47	0. 0849	－0. 1395	14
…	4. 85	0. 0850	－0. 1301	15
…	4. 82	－0. 0061	－0. 1234	16
…	4. 79	－0. 0062	－0. 1223	17
…	4. 23	－0. 1169	－0. 1206	18
…	4. 80	0. 1347	－0. 1188	19
…	4. 78	0. 0042	－0. 1169	20
…	4. 65	－0. 0272	－0. 1152	21
…	4. 45	－0. 0430	－0. 1132	22
…	4. 31	－0. 0314	－0. 1113	23

续表

时间	股票市值	简单收益率	损失排序	序号
…	4.75	0.1021	-0.1109	24
…	4.53	-0.0463	-0.1076	25
…	…	…	…	…

（3）列出简单收益率公式 $a=(P_t-P_{t-1})/P_{t-1}$，其中 a 为个股的简单收益率，P_t 为当日股票市值，P_{t-1} 为对应于 P_t 的前一天股票市值。

（4）按照简单收益率公式计算每天个股收益率，将计算结果列于表 14-2 中。

（5）按照收益率大小顺序，从最大损失（收益率为最大负值）开始排序，将排序结果列入表 14-2。

（6）取置信水平 95%，对应的值在表 14-2 中为第 25 大损失，数值为 -0.1076。根据历史模拟法，一天的 VaR $=500\times10.76\%=53.8$（万元）。

（7）计算 30 天的 VaR。根据险值法，30 天的 VaR $=53.8\times\sqrt{30}=294.7$（万元）。

（8）计算 100 天的 VaR。根据险值法，100 天的 VaR $=53.8\times\sqrt{100}=538$（万元）。

2. 计算 B 股票的 VaR

采用与计算 A 股票相同的方法，收集数据、列出表格并进行计算可得出 B 股票的 VaR。具体如下（省略表格与数据）：

（1）一天的 VaR $=500\times2.34\%=11.7$（万元）。

（2）30 天的 VaR $=11.7\times\sqrt{30}=64.1$（万元）。

（3）100 天的 VaR $=11.7\times\sqrt{100}=117$（万元）。

第四节　风 险 评 价

根据风险分析中综合分析的结果，现金流、股票操盘人员经验与技巧、财务监管制度和经济形势不会对本次股票投资构成风险，即便是存在风险也属于可接受风险，无须采取应对措施。

A 股票 30 天 VaR $=294.7$（万元）。由于置信水平取 95%，因此，这一结果的含义为：有95%的把握认为，公司在持有该股票30天的情况下，其最大损失不会超过294.7万元。或者可理解为：公司在持有该股票30天的情况下，只有5%的可能其损失会超过294.7万元。本示例中计算出的其他VaR的含义与此相同。

将两只股票VaR与可能发生的损失率进行对比，可能发生的损失率 $T=\frac{VaR}{f}\times 100\%$，式中 f 为投资额。A股票和B股票的差别如表14－3所示。

表14－3　两只股票的差别

股票	30天VaR（万元）	30天损失率（%）	100天VaR（万元）	100天损失率（%）
A股票	294.7	58.8	538	107.8
B股票	64.1	12.8	117	23.4

各股票的计算结果都是建立在置信水平为95%基础上的，如果取更高的置信水平（如99%），VaR的值将会更高。置信水平的取值高低与组织的风险偏好和风险准则有很大关系，目前公司在股票风险评估时通常建议采用95%的置信水平，因此，所有VaR的计算条件符合公司风险准则。

从表14－3中数据可看到，在同是95%的置信水平的条件下，A股票损失比B股票大很多，也就是说投资购买A股票的风险比购买B股票大很多，因此，仅从风险规避的角度考虑，应购买B股票。

第五节　要点说明

一、风险识别要点说明

本示例中首先描述了风险识别的方法并列出了风险清单（见表14－1），事实上风险清单中仅列出了主要的风险要素，为简洁易读，有些风险没有列入其中，如战争导致股票下跌、自然灾害导致股票下跌等情况均未列入表中。

二、风险分析要点说明

本示例风险分析分为综合分析和股票市值波动风险分析两部分。

综合分析是分析公司内外部环境信息，其中有一大部分属可控因素，如制度、人员素质、现金流等，除此之外，也包括了经济形势分析，经济形势属外部环境，是不可控因素。综合分析都采用了定量分析方法。

股票市值波动风险分析则采用了在险值法（VaR）中的历史模拟法对这两只股票进行风险分析，属于定量计算法。收集两年内两只股票的历史数据500个，按步骤进行计算得出计算结果。在综合分析已明确的情况下，这一结果将对决策起到决定性的作用。

本示例中使用的在险值法（VaR）是目前国际上评价市场风险的重要方法，并大量应用于金融等领域。VaR的含义是指在一定条件下某一资产或其组合可能出现的最大损失。VaR的值与资产持有期限、置信度水平以及资产价值的分布特征有关。

三、风险评价要点说明

根据风险分析中综合分析的结果，综合分析中涉及的风险均无须采取应对措施。因此，重点要看两只股票哪个风险更大。从股票市值波动风险分析的结果（见表14－3）可以看到，在同是95%的置信水平的条件下，A股票损失比B股票大很多，也就是说投资购买A股票的风险比购买B股票大很多，因此，仅从风险规避的角度考虑，应购买B股票。这里要注意的是，这一结果是在置信水平取95%的情况下获得的，如果取更高的置信水平（如99%），VaR的值将会更高。置信水平的取值高低与组织的风险偏好和风险准则有很大关系，另外，这一结果并没有表明哪一只股票能获得更高利润，在许多情况下，风险高利润也会大，许多企业为获取高额利润，有时也会冒风险购买风险虽然高但利润也很大的股票。是否愿意冒这样的风险去获利，这与决策者的风险偏好和风险态度有关，当然，这也是机会风险的意义所在。

| 第十五章 |

以 FMEA 方法为主的知识产权风险评估示例

第一节 背 景

某公司根据自己在汽车电子刹车技术领域的技术储备，决定对某种汽车电子刹车技术和相关产品进行研制并向市场推广。为此，根据企业自身情况和产品特点成立了风险评估组，对风险评估进行了总体策划，并按风险识别、风险分析、风险评价的顺序开展了风险评估。在开展风险评估之前，明确了以下方面的内容。

（1）风险评估目标：评估可能出现的风险，明确不可接受风险，比较风险程度。

（2）风险评估范围：公司研制产品可能涉及的知识产权风险。

（3）风险评估依据：国家相关法律法规，公司风险准则及相关的风险管理文件。

（4）风险评估进度：产品研制计划执行前一个月内完成。

（5）风险评估资源：资源配置能够满足风险评估的需要。

（6）风险评估方法：失效模式和效应分析（FMEA）法。

知识产权风险属表 4－2 中对风险分类的二类风险（表 4－2 中的 5.4），位居法律类风险（一类风险）中的第 4 项，名称为“知识产权”。

第二节 风 险 识 别

对于某一项高科技成果知识产权的研制活动，首先应收集有关的项目资料，如相关专利信息、成果鉴定证书、有效的产权证书、市场调查报告等，为风险识别提供依据。

风险评估组根据需要组建了 10 人的专家团队，设计了调查表，采用德尔菲法用五轮调查问卷的方式征询了每一位专家的意见，风险评估组对每一轮的结果进行了收集、归纳、整理、分析，经最终整理后总结出四个一类风险和其相对应的二类风险（见表15－1）。

表15－1　　　　风险清单

序号	一类风险	二类风险	可能发生的事件与可能导致的后果
1	研发活动期风险	自研技术知识产权风险	在研技术已经存在对应的专利授权，导致公司自研技术无法申请专利保护，导致研发资源浪费
2		配套技术知识产权风险	当配套技术提供方陷入知识产权纠纷时，公司可能承担共同侵权的诉讼，自研技术的使用与专利申请将受到极大限制，产品无法正常投入市场，并承担侵权赔偿等
3		知识产权所有权共享风险	共享知识产权所有权的各方未签订知识产权使用和权益分配协议，将造成知识产权纠纷，公司无法顺利获得合法的知识产权权益
4		法律符合性风险	在研技术、产品不符合法律法规强制性标准的要求，导致企业研发资源效率下降，延迟产品的市场推广甚至禁止生产销售
5	生产活动期风险	软件和各类技术文档著作权风险	竞争对手通过反向工程非法获取软件代码，或通过其他手段获取技术文档，导致企业核心技术泄露，经济利益受损
6		授权生产造成的知识产权风险	由于被授权方企业的过失造成公司产品技术、生产工艺、制造管理方案等商业秘密泄露，导致经济利益受损
7		外购件知识产权风险	外购件生产方不具备其产品的专利权或相关技术文件的著作权，导致公司共同承担其侵权的法律责任和经济赔偿
8	贸易活动期风险	市场营销方案知识产权风险	其他公司使用相似的外观设计或市场推广方案，导致产品的市场辨识度下降，市场推广受阻
9		产品仿冒风险	市面上存在大量低劣的仿冒产品，导致产品市场推广受阻，产品信誉受损
10		商标侵权风险	竞争对手违法使用公司注册商标，导致公司商标权受到侵害，公司经济和信誉受损
11	综合运营管理风险	内部保密制度建设风险	保密制度不健全，导致商业秘密泄露，竞争对手增加，市场份额下降，公司利益受损
12		核心人员离职风险	核心人员流动导致企业商业秘密的流失与扩散，公司核心竞争力受损

第三节　风险分析

一、数据获取背景

通过有关专家的分析，了解产品研制过程中可能面临的风险以及形成这些风险的因素，最终以失效模式及影响分析（FMEA）方法进行表示。

失效模式及影响分析是可靠性分析的一种重要定性方法，是项目的一项预防分析工作。在风险评估中，它研究项目过程中的每个组成部分可能存在的风险模式，并确定各个风险模式对项目整体功能的影响。

通过收集资料及专家调查分析，划分产权转移过程中的不同风险项目以及各个风险项目所面临的主要风险模式。通过专家访谈并结合分析研究后，归纳出主要风险模式及其影响，见表 15－2。

表 15－2　　风险模式及其影响（FMEA）分析

序号	风险项目	风险描述		风险影响		风险严重程度	风险发生概率
		风险模式	风险产生原因	对风险项目的影响	对研制项目整体的影响		
1	研发活动期风险	自研技术知识产权风险	未在权威机构进行专利检索	在研技术已经存在对应的专利授权，导致企业研发资源浪费	导致自行研发的技术无法获得专利保护，并侵犯他人专利权，造成法律诉讼和经济损失	S_1	P_1
2		配套技术知识产权风险	配套技术提供方不具备知识产权所有权	当配套技术提供方陷入知识产权纠纷时，由于公司处理知识产权纠纷或者重新寻找技术提供方，将推迟研发进度，延迟产品上市时间	当配套技术提供方陷入知识产权纠纷时，公司可能承担共同侵权的指控，产品无法正常投入市场造成经济损失，并承担高额侵权赔偿等	S_2	P_2
3		知识产权所有权共享风险	未明确各联合承研方对知识产权的所有权使用与权益范围	当联合承研方对共有知识产权技术私自进行转让、授权时，将导致自有技术的后续研发失去市场支持，导致公司持续研发能力受损	共享知识产权所有权的各方未签订知识产权使用和权益分配协议，将造成知识产权纠纷，导致技术和产品无法正常投放市场，公司信誉将受到损害	S_3	P_3

续表

序号	风险项目	风险描述		风险影响		风险严重程度	风险发生概率
		风险模式	风险产生原因	对风险项目的影响	对研制项目整体的影响		
4	研发活动期风险	法律、标准符合性风险	未详细查询法律和强制性标准对在研技术、产品的要求	在研技术、产品不符合法律法规强制性标准的要求，重新研发符合法律、标准的技术产品，降低公司研发资源的效率	技术、产品无法达到法律、法规和标准的要求，将延迟市场推广或禁止销售，造成公司信誉和经济损失	S_4	P_4
5	生产活动期风险	软件和各类技术文档著作权风险	未对软件和各类文档申请著作权保护	导致核心技术被窃取，竞争对手增多，生产成本增加，利润下降	软件和技术文档著作权受到侵害，将导致公司核心技术泄露，竞争对手增多，造成公司产品市场占有率下降、产品滞销、生产成本增加、利润率下降等连锁反应，经济利益受到损失，同时，由于非法软件或文档的低劣质量将损害公司声誉	S_5	P_5
6	生产活动期风险	授权生产造成的知识产权风险	未与授权生产的企业签订相应的知识产权控制协议	可能导致生产技术外泄，竞争对手增多，造成生产成本增加，利润下降	被授权企业由于管理不善，造成公司核心技术外泄，导致公司产品市场占有率下降，并伴随经济损失	S_6	P_6
7	生产活动期风险	外购件知识产权风险	未要求外购件生产方提供相应的自有知识产权证明	外购件生产方不具备其产品的专利权或相关技术文件的著作权，导致其陷入知识产权纠纷时，公司生产活动陷入停滞	当外购件提供方陷入知识产权纠纷时，公司将承担共同侵权的指控，产品无法正常投入市场造成经济损失，并承担高额侵权赔偿等	S_7	P_7
8	贸易活动期风险	市场营销方案知识产权风险	不重视独特外形和包装的专利权保护，对市场宣传方案的知识产权保护不足	其他公司使用相似的外观设计或市场推广方案，导致产品的市场辨识度下降，影响技术产品的市场推广	造成产品上市时间推迟，严重时将陷入法律诉讼，导致公司声誉和经济损失	S_8	P_8
9	贸易活动期风险	产品仿冒风险	对恶意仿冒方未及时进行追诉	市面上存在大量低劣的仿冒产品，导致产品质量受到质疑，市场信誉受到损害	质量低劣的仿冒产品导致产品销售量下降，造成经济损失；仿冒劣质产品将损害公司和产品的信誉	S_9	P_9
10	贸易活动期风险	商标侵权风险	未选择合理的策略进行商标注册保护	竞争对手违法使用公司注册商标，导致公司商标权受到侵害，影响市场推广	商标权受到侵害将损害公司无形资产价值，并造成产品销量减少等经济损失	S_{10}	P_{10}

续表

序号	风险项目	风险描述		风险影响		风险严重程度	风险发生概率
		风险模式	风险产生原因	对风险项目的影响	对研制项目整体的影响		
11	综合运营管理风险	内部保密制度建设风险	未进行保密制度建设，如文件管理和网络控制措施不当	导致商业秘密泄露，公司核心技术能力受损	一些无法申请专利权和著作权保护的商业秘密的泄露，将导致公司产品丧失大量市场，造成经济损失	S_{11}	P_{11}
12		核心人员离职风险	未与员工签署竞业禁止、商业秘密保护协议	核心人员流动导致企业商业秘密的流失与扩散	将降低公司核心竞争力，造成经济损失	S_{12}	P_{12}

风险评估组聘请知识产权调查机构，针对制造业最近一段时间内1000件知识产权项目案例进行统计，并依据公开资料和相关政府报告，分析得出以下风险影响程度和风险影响可能性的数据（见表15－3）。

表15－3　风险发生的概率和影响程度

序号	风险项目	风险模式	风险发生的概率 P		风险影响程度 S（经济损失占总投资额的比例，%）
			数量	概率（%）	
1	研发活动期风险	自研技术知识产权风险	24	2.4	5.0
2		配套技术知识产权风险	47	4.7	1.5
3		知识产权所有权共享风险	11	1.1	3.8
4		法律、标准符合性风险	30	3.0	2.2
5	生产活动期风险	软件和各类技术文档著作权风险	46	4.6	0.8
6		授权生产造成的知识产权风险	29	2.9	4.2
7		外购件知识产权风险	70	7.0	0.4
8	贸易活动期风险	市场营销方案知识产权风险	4	0.4	8.0
9		产品仿冒风险	81	8.1	2.3
10		商标侵权风险	17	1.7	1.1
11	综合运营管理风险	内部保密制度建设风险	37	3.7	6.0
12		核心人员离职风险	58	5.8	2.2

注：风险发生的概率 P 是各风险模式发生的数量占总案例数量的比例，风险影响程度 S 是其对应风险模式发生的案例的经济损失总和占这些案例总投资额的比例。

在进行风险分析时，使用风险优先数法对风险发生可能性和风险后果影响程度开展分析。风险优先数 $RPN = S \times P$，其中 S 为风险影响程度，P 为风险发生的可能性。根据表 15 －1 和表 15 －2，风险评估组针对公司的风险态度和风险偏好，同专家团队对相关信息进行了分析，并采用列表的形式三轮征询专家意见（采用德尔菲法），分别列出了风险发生可能性和风险影响程度的评价标准（见表 15 －4）。

表 15 －4　　风险发生可能性和风险影响程度的评价标准

风险发生可能性		风险影响程度	
数值范围（风险发生的概率）	分值	数值范围（经济损失占总投资的比例）	分值
$P \geqslant 10\%$	10	$S \geqslant 10\%$	10
$10\% > P \geqslant 9\%$	9	$10\% > S \geqslant 9\%$	9
$9\% > P \geqslant 8\%$	8	$9\% > S \geqslant 8\%$	8
$8\% > P \geqslant 7\%$	7	$8\% > S \geqslant 7\%$	7
$7\% > P \geqslant 6\%$	6	$7\% > S \geqslant 6\%$	6
$6\% > P \geqslant 5\%$	5	$6\% > S \geqslant 5\%$	5
$5\% > P \geqslant 4\%$	4	$5\% > S \geqslant 4\%$	4
$4\% > P \geqslant 3\%$	3	$4\% > S \geqslant 3\%$	3
$3\% > P \geqslant 2\%$	2	$3\% > S \geqslant 2\%$	2
$P < 2\%$	1	$S < 2\%$	1

将表 15 －3 中风险发生的可能性与影响程度的统计数据与表 15 －4 中对应数值范围进行比较，即可获得 S 和 P 的分值，经计算得到各风险模式的 RPN，见表 15 －5。

表 15 －5　　风险因素评估

序号	风险项目	风险模式	S	P	RPN
1	研发活动期风险	自研技术知识产权	$S_1 = 5$	$P_1 = 2$	$RPN_1 = 10$
2		配套技术知识产权	$S_2 = 1$	$P_2 = 4$	$RPN_2 = 4$
3		知识产权所有权共享	$S_3 = 3$	$P_3 = 1$	$RPN_3 = 3$
4		法律、标准符合性	$S_4 = 2$	$P_4 = 3$	$RPN_4 = 6$

续表

序号	风险项目	风险模式	S	P	RPN
5	生产活动期风险	软件和各类技术文档著作权	$S_5=1$	$P_5=4$	$RPN_5=4$
6		授权生产造成的知识产权风险	$S_6=4$	$P_6=2$	$RPN_6=8$
7		外购件知识产权	$S_7=1$	$P_7=7$	$RPN_7=7$
8	贸易活动期风险	市场营销方案知识产权风险	$S_8=8$	$P_8=1$	$RPN_8=8$
9		产品仿冒风险	$S_9=2$	$P_9=8$	$RPN_9=16$
10		商标侵权风险	$S_{10}=1$	$P_{10}=1$	$RPN_{10}=1$
11	综合运营管理风险	内部保密制度建设	$S_{11}=6$	$P_{11}=3$	$RPN_{11}=18$
12		核心人员离职	$S_{12}=2$	$P_{12}=5$	$RPN_{12}=10$

二、数据验证

为稳妥起见，风险评估组采用其他方法对风险分析数据的有效性进行验证。风险评估组采用列表的形式五轮征询专家意见（采用德尔菲法），经归纳整理后，分别列出了风险发生可能性和风险影响程度的评价标准（见表 15－6、表 15－7）。

表 15－6　　评估要素对风险的影响程度评价标准

影响程度	描述	分值
危害（没有预兆）	严重影响项目，可能要终止，没有预兆	10
危害（有预兆）	严重影响项目，可能要终止，有预兆	9
极其严重	主要影响项目进度、预算或绩效；可能造成严重延误、超支或绩效降低	8
严重	主要影响进度、预算或绩效；工作可以完成，但会影响后续工作的开展	7
中等	影响某些进度、预算或绩效，增加后续工作量	6
轻	轻微影响进度、预算或绩效，可能增加后续工作量	5
极轻	对项目有些影响，不增加后续工作量	4
微小	对项目有小影响	3
极微小	影响非常小	2
没有	没有不良后果	1

表 15 - 7　　评估要素对风险的影响可能性评价标准

影响可能性分值	10 ~ 9	8 ~ 7	6 ~ 4	3 ~ 2	1
影响程度描述	经常会发生	较多情况下发生	某些情况下发生	极少情况下才发生	一般情况下不发生

风险评估组利用检查表法和德尔菲法再次对专家征询三轮意见，请专家根据评估要素对风险的影响程度和可能性，按照表 15 - 6 和表 15 - 7 中列出的分值为每一项评估要素分别给出 C、P 的值。每一评估要素中专家给出的分值相加再除以专家数量即为该评估要素的分值。对三轮意见归纳整理后得出各评估要素的 S、P 值，根据风险优先数 RPN 的计算公式，$RPN = S \times P$，计算出各评估要素的 RPN 值（见表 15 - 8）。

表 15 - 8　　风险因素评估

序号	风险项目	失效点	S	P	RPN
1	研发活动期风险	自研技术知识产权风险	5	2	10
2		配套技术知识产权风险	2	2	4
3		知识产权所有权共享风险	3	1	3
4		法律、标准符合性风险	2	3	6
5	生产活动期风险	软件和各类技术文档著作权风险	1	3	3
6		授权生产造成的知识产权风险	4	2	8
7		外购件知识产权风险	1	7	7
8	贸易活动期风险	市场营销方案知识产权风险	7	1	7
9		产品仿冒风险	2	9	18
10		商标侵权风险	1	1	1
11	综合运营管理风险	内部保密制度建设风险	5	4	20
12		核心人员离职风险	2	5	10

风险评估组将数据获取阶段和数据验证阶段的数据进行比对，明确 S、P 及其对应的 RPN 的取值差异都在可接受的范围内，不影响风险评估的进行，故对风险分析中经调查获取的数据以及以这些数据为基础计算出的数据予以采信，这些数据包括表 15 - 3、表 15 - 4 和表 15 - 5 中的数据，并以其进行风险评价。

第四节　风 险 评 价

风险评估组对风险分析的结果归纳整理后，开展了对项目的风险评价。

风险评估组邀请10名专家，采用头脑风暴法，根据企业的风险准则，经讨论提出了风险优先数 *RPN* 与风险等级的关系，见表15－9。

表15－9　　风险等级

RPN	$RPN \geq 20$	$15 \leq RPN < 20$	$5 \leq RPN < 15$	$RPN < 5$
风险等级	Ⅰ	Ⅱ	Ⅲ	Ⅳ
含义	不允许发生的风险	不希望发生的风险	在特定情况下能够接受的风险	广泛可接受风险

将风险分析后得出的表15－5中的 *RPN* 值与表15－9中的风险等级数值进行比较可以看到：

（1）产品仿冒风险的 $RPN_9 = 16$，内部保密制度建设风险的 $RPN_{11} = 18$，两者均属于Ⅱ级风险，按照最低合理可行（ALARP）准则，对于这类风险需采取应对措施，直至降低风险的投入不足以获得足够的风险防控效益。

（2）自研技术知识产权风险的 $RPN_1 = 10$、法律标准符合性风险的 $RPN_4 = 6$、授权生产造成的知识产权风险的 $RPN_6 = 8$、外购件知识产权风险的 $RPN_7 = 7$、市场营销方案知识产权风险的 $RPN_8 = 8$ 和核心人员离职风险的 $RPN_{12} = 10$，这六个均属于Ⅲ级风险，按照最低合理可行（ALARP）准则，对于这类风险，可以直接进行应对措施的成本收益分析，如果为应对措施增加的投入大于风险防控所获得的效益，则可认为风险是可容许的，否则，应采取应对措施。

（3）配套技术知识产权风险的 $RPN_2 = 4$、知识产权所有权共享风险的 $RPN_1 = 10$、软件和各类技术文档著作权风险的 $RPN_1 = 10$，商标侵权风险的 $RPN_{10} = 1$，这四个均属于Ⅳ级风险，无须采取应对措施。

第五节　要点说明

一、风险识别要点说明

风险识别中采用了常用的德尔菲法。风险评估组根据需要组建了10人的专家团队，调查表采用了经过结构化设计的调查问卷，对每一位专家进行独立的问卷调查，以获得每位专家独立提出的意见。

风险识别中采用五轮调查问卷的方式征询专家意见，也可以采用多一些或少一些轮次的调查方式，问卷调查轮次的多少主要取决于风险的复杂程度和专家对风险的了解程度，另外，专家意见的一致程度也会对调查轮次造成影响，当专家意见高度不统一时，就需要适当增加问卷调查的轮次。

风险清单也可以称为风险列表。在风险识别时，需要包括风险源、风险事件、风险事件原因、风险事件可能导致的后果等，由于主体内容是风险评估技术应用示例，重点需要描述风险评估技术的应用，所以，为简单明了，在知识产权风险清单中仅列出了一类、二类两层风险以及可能发生的事件与可能导致的后果，没有列出更多层次的风险。在许多情况下，下层次风险可看作上层次风险的风险源。

二、风险分析要点说明

失效模式及影响分析是一种可靠性分析的重要定性分析方法，是对项目过程中一项预防的分析工作。在风险评估中，它研究项目过程中的每个组成部分可能存在的风险模式并确定各个风险模式对项目整体功能的影响。

本示例中通过专家访谈并结合分析研究后，归纳出主要风险模式及其影响，如表15－2所示。通过对本行业内相似知识产权案例的综合分析，得出风险影响程度和影响可能性的数据，如表15－3所示。风险评估组针对公司的风险态度和风险偏好，采用德尔菲法列出了风险发生可能性和风险影响程度的评价标准，如表15－4所示。通过将表15－3和表15－4中的数值进行对比，通过风险优先数法得出风险因素评估表15－5。

为了验证失效模式及影响分析在风险分析中的有效性，采用德尔菲法分别列出了风险发生可能性和风险影响程度的评价标准（见表 15 －6 和表 15 －7）。再通过检查表法和德尔菲法获得风险影响程度和风险发生的可能性数值，并最终获得风险优先数（见表 15 －8）。通过将两种方法获得的数据进行比对，对结果进行验证。

三、风险评价要点说明

标准中表 15 －9 是风险评估组采用头脑风暴法，根据企业的风险准则列出的风险优先数与风险等级的关系。

表中的各级风险含义如下：

（1） Ⅰ级风险（$RPN \geqslant 20$）——不允许发生的风险。

（2） Ⅱ级风险（$15 \leqslant RPN < 20$）——不希望发生的风险。

（3） Ⅲ级风险（$5 \leqslant RPN < 15$）——在特定情况下能够接受的风险。

（4） Ⅳ级风险（$RPN < 5$）——广泛可接受风险。

将风险分析后得到的各风险等级数值与风险矩阵中的各级风险数值进行比较，即可得出风险分析阶段的各风险值属于哪一等级的风险。如 $RPN_4 = 6$，而Ⅲ级风险 $5 \leqslant RPN < 15$，RPN_4 在Ⅲ级风险范围之内，因此属于Ⅲ级风险。

除得出风险等级外，还需要按照企业的风险准则（如 ALARP 准则），确定哪几类风险需采取应对措施，并进行风险排序。

| 第十六章 |

以压力测试为主的长期投资风险评估示例

第一节 背　　景

某跨国企业对W国某长期投资项目未来一个阶段的风险进行风险评估。为此，根据企业自身情况和特点，成立了风险评估组，对风险评估进行了总体策划，并按风险识别、风险分析、风险评估的顺序开展了风险评估。在开展风险评估之前，明确了以下方面的内容。

（1）风险评估目标：评估可能出现的风险，明确投资风险以及影响程度。

（2）风险评估范围：公司对W国某长期投资项目未来一个阶段可能发生的风险。

（3）风险评估依据：W国相关法律法规，公司风险准则（含投资收益率的期望值定）。

（4）风险评估进度：两个月内完成。

（5）风险评估资源：资源配置能够满足风险评估的需要。

（6）风险评估方法：压力测试法。

长期投资风险属于本书表4-2中对风险分类的二级风险（表4-2中1.7），位居战略类风险（一类风险）中的第7项，名称为“长期投融资”。

第二节 风险识别

根据业务的性质，该企业成立了由熟悉内/外部环境的业务人员、企业高层管理人员和聘请的外部专家组成的风险评估小组，采用集体讨论的方法，来确定初步风险。随后，该企业通过收集、归纳、整理、分析后最终整理列出了该项目的长期投资风险清单（见表 16－1）。

表 16－1　　长期投资风险清单

序号	一类风险	二类风险	可能发生的事件与可能导致的后果
1	经济环境风险	国际环境 经济政策限制 经济制度变化	（1）国际经济环境恶化，导致投资项目受到国际资本市场的冲击 （2）严格的外汇管理制度限制，导致企业转移资金或返回利润的能力受限 （3）经济制度的变化，导致企业投资优势转变为劣势，投资项目发展受阻
2	政治环境风险	政治打压 政权更替 宗教问题	（1）企业海外经营时，相关资产可能会被所在国家没收 （2）国家发生动荡或内战，导致项目投资失效 （3）投资项目触犯了当地人的宗教信仰，导致项目被抵触
3	财务风险	资本成本 项目现金流 汇率风险 利率风险	（1）对企业资本成本的估计不合理，导致企业对现金流现值的估计不准确 （2）没有考虑外部环境对投资项目现金流的影响，导致对投资项目的评估失效 （3）汇率变动，导致项目的直接或间接损失 （4）企业的负债受到贷款利率变化的影响，导致企业的借款成本增高或降低
4	管理风险	组织结构 项目管理 计划执行 投资决策	（1）组织结构混乱，造成相关的职责划分不清，授权审批权限相混淆 （2）对于项目的管理松散，导致项目的走向偏离预期，达不到应有的标准 （3）项目进度计划，预算和资源分配的控制缺失，导致不能有效的执行计划和控制活动，使管理层无法了解项目的成本及所需资源 （4）企业缺乏经济分析能力，对经济的发展趋势缺乏判断能力导致项目盲目扩张，成本增加
5	技术风险	技术基础 技术先进性 技术可行性	（1）雇员缺乏应有的能力导致项目无法进行 （2）新技术出现，失去市场竞争力 （3）技术前景发生变化，导致投资目标难以实现

表 16－1 中的一类风险与二类风险属于长期投资风险的下层次风险，不同于本书表 4－2 中的一类风险分类和二类风险。

第三节　风险分析

一、综合分析

风险评估组采用头脑风暴法和结构化访谈对风险清单中的风险要素进行了分析，初步分析得出的一致看法是一类风险中的经济环境风险、政治环境风险和财务风险要远大于管理风险和技术风险；基于这一看法，风险评估组采用检查表法对企业该投资项目的管理情况、人员素质、技术竞争力等方面进行了调查，得出的最终结论是：

（1）管理风险：该项目组织结构合理，项目管理到位，计划执行有效，投资决策谨慎、适度。

（2）技术风险：项目涉及的技术人员素质良好，项目涉及的技术具有竞争力。

根据这一结论，风险评估组认为应主要针对经济环境风险、政治环境风险和财务风险开展进一步的风险分析，管理风险和技术风险可以忽略。

二、经济环境风险、政治环境风险和财务风险分析

投资收益率是企业进行长期投资时所关心的最主要因素，可作为评估长期投资出现风险的判别指标。W 国的居民消费价格指数（CPI）在 4% 左右浮动，该企业将投资收益率的期望值定为 CPI 的两倍——8%，以抵御通货膨胀，即当预计的年投资收益率一旦小于 8% 时，认为下年度投资出现风险。

投资收益率一般受宏观经济环境和政治环境的影响，与银行业等金融机构面临的内外部环境具有相似性，因此借用国内外对银行业信用风险实行压力测试的研究成果，采用压力测试法对投资收益率进行分析。首先建立投资收益率的计算模型，在给定的轻度、中度、重度压力测试环境下利用模型计算预计的投资收益率，并与期望值进行比较，以此来判断长期投资的风险。投资收益率一般介于 0 ~ 1 之间，并且与各风险因子之间的关系是非线性的，因此采用非线性回归模型进行建模，模型如下：

$$Y_t = \ln \frac{1 - P_t}{P_t}，(t = 1，2，\cdots，n) \tag{16-1}$$

$$Y_t = \alpha_0 + \alpha_1 X_1 + \cdots + \alpha_m X_m \tag{16-2}$$

式中：

Y——用于连接投资收益率与各风险因子的中间指标；

P——表示投资收益率；

t——当前所处的期数；

α——拟合系数；

X——风险因子；

m——风险因子的个数，一般小于 t。

选取 1993 ~2012 年 W 国该项目的长期投资收益率 P_t，将 P_t 值代入式（16－1）中计算可得 Y_t 值，如表 16－2 所示。

表 16－2　　投资收益率 P_t 及中间指标 Y_t

年份	期数 t	投资收益率 P_t（%）	中间指标 Y_t
1993	1	1.4	4.254599
1994	2	2.1	3.842009
1995	3	2.6	3.623315
1996	4	3.5	3.31678
1997	5	5.4	2.863259
1998	6	6.2	2.716616
1999	7	8.3	2.402267
2000	8	8.5	2.376273
2001	9	10.2	2.175197
2002	10	11.1	2.080567
2003	11	12.2	1.973626
2004	12	13.5	1.857455
2005	13	13.2	1.88339
2006	14	12.3	1.964323
2007	15	11.7	2.021151
2008	16	10.5	2.142863
2009	17	10.2	2.175197
2010	18	11.6	2.030867
2011	19	12.1	1.982994
2012	20	12.5	1.94591

为简化计算，剔除影响因素可忽略的管理风险和技术风险，仅考虑经济环境风险、政治环境风险和财务风险对投资收益率的影响。

采用 W 国国内生产总值（GDP）的变化率 ΔGDP_t 作为经济环境风险因子。ΔGDP_t 为正值时，表示 *GDP* 增长，经济越繁荣，经济环境风险越小，ΔGDP_t 为负值则正好相反。

采用国际上专业风险评估机构对 W 国的政治风险指标（*PRI*）的打分值作为政治环

境风险因子。PRI_t 是一个介于 0 ~ 10 之间的数，越靠近 0，表示政权越不稳定，政治风险越大，越靠近 10，表示政权越稳定，政治风险越小。

采用 W 国中央银行一年期贷款利率（LIR）作为财务风险因子，LIR 越大，表示银行借贷成本增大，可用投资资金缺乏，财务风险越大，LIR 越小，表示银行借贷成本越小，可用投资资金充裕，财务风险越小。

假设上述三项风险因子相互独立，其 1993 ~ 2012 年的取值如表 16 – 3 所示。

表 16 – 3　　W 国的 ΔGDP_t、PRI_t、LIR

年份	期数 t	国内生产总值变化率 ΔGDP_t（%）	政治风险指标 PRI_t	一年期贷款利率 LIR_t（%）
1993	1	9. 223718	3. 612	7. 34
1994	2	2. 517703	3. 734	7. 43
1995	3	–3. 68381	3. 762	7. 42
1996	4	15. 19256	3. 758	6. 62
1997	5	7. 493659	3. 523	6. 31
1998	6	28. 33548	3. 677	5. 90
1999	7	9. 159285	3. 633	5. 48
2000	8	7. 548614	3. 798	5. 77
2001	9	15. 44704	3. 812	5. 37
2002	10	14. 55173	3. 612	5. 22
2003	11	–9. 97739	3. 891	5. 16
2004	12	34. 47538	3. 913	5. 39
2005	13	29. 40125	4. 093	5. 86
2006	14	26. 09045	4. 332	5. 31
2007	15	25. 55402	4. 793	5. 52
2008	16	37. 00057	5. 241	5. 95
2009	17	4. 378644	5. 186	5. 29
2010	18	19. 54623	4. 623	5. 54
2011	19	–19. 6355	4. 452	5. 56
2012	20	20. 47636	4. 562	5. 50

将表 16 – 2 中各时期的 Y_t 及表 16 – 3 中的 ΔGDP_t、PRI_t、LIR_t 代入式（16 – 2），利用回归分析法得到拟合系数的值，如表 16 – 4 所示。

表 16－4 拟合系数

拟合系数	取值
α_0	－1.61027
$\alpha_{\Delta GDP}$	－0.00351
α_{PRI}	－0.20459
α_{LIR}	0.84425

将表 16－4 中的拟合系数代入式（16－2），得到 Y_t 与 ΔGDP_t、PRI_t、LIR_t 的关系式：

$$Y_t = -1.61027 - 0.00351 \times \Delta GDP_t - 0.20459 \times PRI_t + 0.84425 \times LIR_t \quad (16-3)$$

将 Y_t 代入式（16－1）中，得到投资收益率 P_t 与 ΔGDP_t、PRI_t、LIR_t 的关系式：

$$P_t = \frac{1}{1 + e^{-1.161027 - 0.00351 \times \Delta GDP_t - 0.020459 \times PRI_t + 0.84425 \times LIR_t}} \quad (16-4)$$

第四节 风 险 评 价

以 2012 年数据为基准分别对 ΔGDP_t、PRI_t、LIR_t 进行敏感性分析。假设 ΔGDP_t 减小 10% 或增大 10%，即模拟 *GDP* 增速减缓或加快而其他风险因子不变的条件下，按照式（16－4）计算此时的投资收益率 P_t。按照同样的方法计算 PRI_t、LIR_t 发生同样变化而其他风险因子不变时的投资收益率 P_t，计算结果如表 16－5 所示。

表 16－5 敏感性分析计算结果

计算项目	计算结果		
	减小 10%	保持不变（$t=2012$）	增大 10%
ΔGDP_t（%）	18.42873	20.47636	22.52400
P_t 的计算值（%）	11.55686	11.63053	11.70460
PRI_t	4.1058	4.562	5.0182
P_t 的计算值（%）	10.70507	11.63053	12.6247
LIR_t（%）	4.95	5.5	6.05
P_t 的计算值（%）	17.31370	11.63053	7.64046

注：因模型存在误差，进行敏感性分析时，2012 年的 P_t 使用计算值。

表 16 - 5 表明，当国内生产总值增速加快时，表示国内经济繁荣，投资收益增加；当政治风险指标增加时，表示国家政权稳定，投资收益增加；当一年期贷款利率增加时，借贷成本增加，投资收益减少。三项风险因子中，一年期贷款利率的波动对投资收益率的影响最大，其次是政治风险指标（*PRI*）和国内生产总值变化率（ΔGDP）。

以 2012 年数据为基准进行压力测试，按照经济环境风险增大（ΔGDP_t 为负值）、政治环境风险增大（PRI_t 减小）以及财务风险增大（LIR_t 增大）的压力测试环境，分轻度、中度、重度三个级别，将调整后的 ΔGDP_t、PRI_t、LIR_t 代入公式（16 - 4）计算投资收益率 P_t。压力测试环境及计算结果如表 16 - 6 所示。

表 16 - 6　　压力测试环境及计算结果

轻度压力环境	国内生产总值 GDP_t 减少 1%	政治风险指标 PRI_t 减小 1%	一年期贷款利率 LIR_t 增加 1%	投资收益率
计算值	$\Delta GDP_t = -1\%$	$PRI_t = 4.52$	$LIR_t = 5.56\%$	$P_t = 10.35\%$
中度压力环境	国内生产总值 GDP_t 减少 5%	政治风险指标 PRI_t 减小 5%	一年期贷款利率 LIR_t 增加 5%	
计算值	$\Delta GDP_t = -5\%$	$PRI_t = 4.33$	$LIR_t = 5.78\%$	$P_t = 8.35\%$
临界压力环境	国内生产总值 GDP_t 减少 5.8%	政治风险指标 PRI_t 减小 5.8%	一年期贷款利率 LIR_t 增加 5.8%	
计算值	$\Delta GDP_t = -5.8\%$	$PRI_t = 4.30$	$LIR_t = 5.82$	$P_t = 7.99\%$
重度压力环境	国内生产总值 GDP_t 减少 10%	政治风险指标 PRI_t 减小 10%	一年期贷款利率 LIR_t 增加 10%	
计算值	$\Delta GDP_t = -10$	$PRI_t = 4.1058$	$LIR_t = 6.05\%$	$P_t = 6.34152\%$

表 16 - 6 表明，随着经济环境风险、政治环境风险以及财务风险逐渐增大，该项目投资收益率逐渐减小。临界压力环境为国内生产总值 GDP_t 减少 5.8%、政治风险指标 PRI_t 减小 5.8% 和一年期贷款利率 LIR_t 增加 5.8%，此时，投资收益率约为 8%。

即在 2012 年投资环境的基础上，当下一年国内生产总值 GDP_t 与政治风险指标 PRI_t 的减少幅度在 5.8% 以内，同时一年期贷款利率 LIR_t 增加幅度在 5.8% 以内，该项目的预期投资收益率将超过该企业的期望值 8%，无投资风险，可以继续投资；而当下一年国内生产总值 GDP_t 与政治风险指标 PRI_t 的减少幅度在 5.8% 以上，同时一年期贷款利率 LIR_t 增加幅度在 5.8% 以上时，该项目投资收益率将小于 8%，出现投资风险，不适宜继续投资。压力测试结果示意图见图 16 - 1。

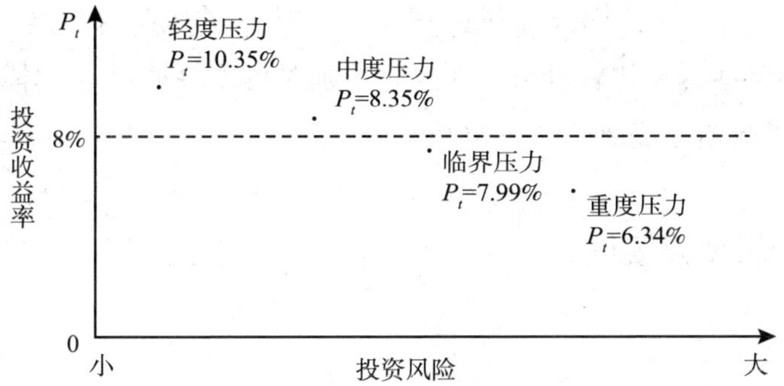

图 16－1 压力测试结果示意

根据压力测试结果，如果今后一段时期内 W 国的经济环境、政治环境以及财务环境与 2012 年度相同（P_t = 11.63，见表 16－5），则该长期投资项目无风险。

由于长期投资影响因素复杂，为慎重考虑，用 W 国 2008～2012 年的经济环境风险、政治环境风险以及财务风险的平均水平代表下一年的投资风险环境，即将 2008～2012 年的国内生产总值变化率（ΔGDP_t）、政治风险指标（PRI_t）、一年期贷款利率（LIR_t）分别求算术平均值，将这三项影响因子的平均值代入式（16－4）中计算 P_t 的值，计算结果见表 16－7。

表 16－7 预测计算结果

ΔGDP_t2008～2012 年平均值	PRI_t2008～2012 年平均值	LIR_t2008～2012 年平均值	P_t 的计算值（%）
12.35	4.81	5.57	11.28

表 16－7 中的计算结果表明，如果 W 国在今后一年至数年的经济环境、政治环境以及财务环境与 2008～2012 年相同时，其投资收益率预计为 11.28%，大于临界值 8%，无投资风险不需要采取应对措施。

第五节 要点说明

一、风险识别要点说明

企业组建了风险评估小组，在“风险识别”过程中，采用集体讨论的方法确定了风险，并列出了该项目的长期投资风险清单，包括一类风险（5类）、二类风险（17类）。宗教问题在某些国家比较复杂，在风险识别时可以单独列出，本示例为简单考虑，将宗教问题列入了政治环境风险的下位类。

二、风险分析要点说明

1. 综合分析

风险评估小组对长期投资风险清单综合分析后认为，由于该项目团队以及合作方均具有丰富的管理经验和技术水平，因此，管理风险和技术风险对该项目的影响较小，不用进一步分析。下一步应主要对经济环境风险、政治环境风险和财务风险进行风险分析。

2. 经济环境风险、政治环境风险和财务风险分析

投资收益率是企业进行长期投资时所关心的最主要因素，可作为评估长期投资出现风险的判别指标。因此，风险评估小组将投资收益率作为风险的判别指标。同时，为了抵御通货膨胀，将投资收益率的期望值定为居民消费指数的两倍。

投资收益率一般受宏观经济环境和政治环境的影响，与银行业等金融机构面临的内外部环境具有相似性，因此风险评估小组借用国内外对银行业信用风险实行压力测试的研究成果，采用压力测试法对投资收益率进行分析。

按照经济规律，风险评估小组分析投资收益率一般分布在0～15%之间。极端情况下，当投资收益率为负值时，说明投资已经出现了亏损，投资风险无须进一步分析，已经不适合投资了；当投资收益率超过1时，说明投资出现了暴利，从长期投资来看这种事件发生概率很小，难以用模型进行预测。因此，风险评估小组将投资收益率限定在0～1之间进行建模，以分析一般情况下的投资收益率。

投资收益率与各风险因子之间的关系是非线性的，不能直接采用线性模型建模，风险评估小组选择采用非线性回归模型进行建模，首先用对数函数将投资收益率与中间指标（Y）建立关系，再将中间指标（Y）与风险因子建立线性回归关系，由此建立起投资收益率与风险因子的非线性回归模型。

根据本示例第三节中综合分析的结论，剔除了影响因素可以忽略的管理风险和技术风险，将经济环境风险、政治环境风险和财务风险作为风险因子。其中将经济环境风险

进行量化，采用国内生产总值（*GDP*）的变化率进行表征；将政治风险进行量化，采用政治风险指标（*PRI*）进行表征；将财务风险进行量化，采用中央银行一年期贷款利率（*LIR*）进行表征。

根据线性方程求解规律，如果风险因子的个数（m）高于期数（t），式（16－2）的拟合系数（α）有无数组解，得不到拟合系数的具体数值。为求解出拟合系数，需要期数至少大于风险因子个数。目前风险评估小组确定的风险因子的个数为3，则期数（t）不得小于4。为了尽可能地反映投资收益率与风险因子的关系，风险评估小组列出了W国近20年［期数（t）为20］的长期投资收益率以及风险因子数值，并计算了中间指标（Y）。

由于采用的长期投资收益率和风险因子数值是虚拟值，因此可假设各风险因子满足相互独立的条件，以保证拟合系数计算准确。在此假设的情况下，风险评估小组利用回归分析法计算出拟合系数的值，并将拟合系数代入式（16－1）和式（16－2）得到投资收益率与各风险因子关系的数学模型，即式（16－4）。

三、风险评价要点说明

因20年的风险因子数值是虚拟的，不可避免地存在一定的相关性，导致由此建立的数学模型与实际情况存在误差，进行敏感性分析时结果不准确。因此，风险评估小组使用投资收益率的计算值进行比较，得到各风险因子对投资收益率的大致影响趋势，即一年期贷款利率（*LIR*）>政治风险指标（*PRI*）>国内生产总值变化率（ΔGDP）。

根据2012年的数据，风险评估小组在轻度、中度、重度三种压力测试环境下计算了2013年的投资收益率，并找到投资收益率约为CPI的两倍（7.99%）时的临界压力环境。根据压力测试结果，风险评估小组画出各压力测试环境下投资收益率与投资风险的示意图。

风险评估小组根据模型判断2012年投资收益率在临界值之上，无风险，并将最近五年的风险因子平均数值作为下一年的输入计算下一年的投资收益率，计算结果表明，如果投资环境未发生剧烈变化，则下一年的投资收益率高于8%，投资无风险。

| 第十七章 |

风险应对措施示例

第一节　背　　景

一、基本背景

本章根据第十一章中的风险评估示例给出了产品研制风险应对措施示例，本章是在假设第十一章的风险评估示例中某公司按照风险评估示例已编制完成了产品研制风险评估报告并获得批准的前提下进行的，提出的所有应对措施建议均基于已批准生效的产品研制风险评估报告和风险评估结论。

二、风险应对的组织

为了应对产品研制风险，该企业以风险评估组人员为主体，聘请了相关产品研制领域的专家，由公司总经理牵头、设计部门、财务部门、采购部门、法律部门、制造部门的有关领导和专业人员参加，组成了风险应对组。产品研制风险应对措施均以风险应对组的名义提出。

三、风险清单

表 17－1 根据第十二章中的风险识别结果列出了产品研制风险清单。

表 17－1　　产品研制风险清单

序号	风险名称	风险源（风险因素）	可能发生的事件与可能导致的后果
1	设计风险	设计的复杂程度	（1）无法实现预期的功能性能，造成合同违约，导致赔偿和诉讼 （2）未能按进度完成设计，不能如期交付，导致赔偿和诉讼 （3）产品出现设计缺陷，导致赔偿和诉讼 （4）设计结构造成产品某些部分不宜加工，拖延进度，不能如期交付，导致顾客不满和赔偿 （5）设计过程中出现重大问题，导致顾客强烈不满
		产品安全性要求	
		以前的可借鉴的设计经验	
		设计团队的素质和经验	
		内部管理与控制系统的有效性	
		技术的成熟度	
		设计所需的硬件和软件条件	
		产品的可制造性	
		设计进度要求	
		试制和试验所需的设备设施条件	
2	制造风险	质量管理体系的有效性	（1）设备设施不足或加工精度不够，影响产品生产能力或质量，拖延交付期，导致顾客不满或违约赔偿 （2）产品质量管理与控制不利，出现产品质量问题，导致顾客不满或违约赔偿 （3）人员素质低，影响产品质量与交付，导致顾客不满或违约赔偿 （4）生产过程的管理与控制不利，使生产成本增加，效率低下，导致公司经济损失、顾客不满
		关键过程的识别与控制	
		关重件加工与控制	
		特殊过程的识别与控制	
		产品检验系统的有效性	
		生产制造能力	
		加工设备、设施水平与环境条件	
		员工的业务素质与培训	
		过程瓶颈的识别与管控	
		生产过程的管理与控制	
		计量仪器水平与管理	
3	财务风险	顾客财务状况	（1）顾客经费未及时到位，或顾客无力支付经费，导致公司经济损失 （2）在顾客按合同支付经费的情况下，公司无力支付其余经费，造成进度拖延或无法交付，导致赔偿和诉讼 （3）顾客破产，导致公司经济损失
		顾客债务情况	
		顾客法人性质及股东情况	
		合同经费总额与经费到位计划	
		公司自有资金情况	
		公司筹融资能力	
		公司财务制度有效性	
		公司财务人员素质	

续表

序号	风险名称	风险源（风险因素）	可能发生的事件与可能导致的后果
4	采购与外包风险	采购供应商情况 外包方情况 采购器材质量 采购器材市场价格 公司采购管理与控制制度的有效性 公司外包过程控制制度的有效性 外购器材入厂复检制度的有效性	(1) 采购产品/外包过程发生质量问题，影响生产进度和最终产品质量；导致违约和赔偿 (2) 因采购产品/外包的原因，最终产品交付顾客后发生质量问题，导致赔偿，影响组织声誉 (3) 供应商售后服务不利，影响生产进度和最终产品质量；导致顾客不满和赔偿 (4) 采购产品市场价格升高，导致产品研制成本增加
5	法律与政策风险	合同的合法性 顾客法人结构的合法性 合同违约涉及的法律条款与程序 研制产品的法律约束条件 涉及的专利和知识产权情况 政策对研制产品的影响 涉及环保的法律约束条件 涉及安全的法律约束条件	(1) 违法合同或顾客的不合法性，导致纠纷、被调查和诉讼 (2) 产品或其中的性能指标不合法，导致被调查和诉讼 (3) 违法侵权，导致纠纷、被调查、赔偿和诉讼 (4) 环保与安全方面违法，导致被调查、罚款和诉讼

四、风险评估结果

表 17－2 根据第十二章中风险评估示例，按风险值的大小，列出了产品研制风险评估结果排序。风险值从大到小的排序可作为应对风险的优先顺序。

表 17－2　　风险评估结果排序

序号	风险名称	风险值 R	风险等级	是否需要应对
1	设计风险	9.9	2 级	需要应对
2	制造风险	5.9	3 级	对应对措施进行成本收益分析后决定
3	采购与外包风险	5.3	3 级	对应对措施进行成本收益分析后决定
4	法律与政策风险	3.1	4 级	无须应对
5	财务风险	1.4	4 级	无须应对

第二节　风险应对措施

一、设计风险应对措施

在表 17 - 2 风险评估结果中将设计风险确定为 2 级风险，根据最低合理可行（ALARP）准则，对于这类风险需要采取风险应对措施，直到降低风险的投入不足以获得足够的风险防控效益。根据第十一章中的表 11 - 6，可以将影响设计风险的各项风险源（风险因素）的权重数值由高到低进行排序，如表 17 - 3 所示。

表 17 - 3　　设计风险的风险源（风险因素）按权重数值排序

排序	风险因素	权重数值 T
1	技术的成熟度	0.177
2	设计的复杂程度	0.173
3	产品安全性要求	0.171
4	以前的可借鉴的设计经验	0.165
5	设计进度要求	0.09
6	内部管理与控制系统的有效性	0.057
7	设计团队的素质和经验	0.055
8	产品的可制造性	0.05
9	试制和试验所需的设备设施条件	0.04
10	设计所需的硬件和软件条件	0.02

根据表 17 - 3 可以得知，权重数值较大的风险源包括技术的成熟度、设计的复杂程度、产品安全性要求、以前的可借鉴的设计经验以及设计进度要求。其余各项风险要素的权重数值较小，对设计风险的影响有限。经风险应对组讨论协商后，针对权重较大的五类风险因素采取如下应对措施。

1. 技术的成熟度风险应对

目前该产品的研制国内没有成熟的技术，因此进行研制的难度较大，成本较高。但也正由于市面上并无与该产品相关的成熟技术，产品的成功研发可以填补市场空白，为企业带来巨大的获益机会。风险应对组经过研究讨论后建议：承担这一风险，大力鼓励技术创新，并适当引进国外的先进技术，为企业寻求机会。

2. 设计的复杂程度风险应对

改进已有的产品设计控制过程，增加控制环节，通过以下措施，减小产品设计方面的风险：

（1）进一步明确产品设计的组织接口与技术接口的职责，加强内部各专业之间的衔接和专业之间设计信息的传递。设计信息传递之前实行编、审、批三级审签制；设计信息接收后进行评审，检查其充分性、有效性和适用性。

（2）加强设计输入评审，除制度中规定的原参加人员外，增加公司总经理、主管研发副总经理、主管采购副总经理、主管生产副总经理、财务总监、法律总顾问参加。

（3）在原有评审制度的基础上，对产品设计各阶段增加一次有外聘专家参加的评审，在重要阶段增加一次有顾客和外聘专家参加的综合性评审并随时与顾客保持沟通，确保产品的功能与预期相一致。

（4）在原有制度基础上增加一次设计开发验证过程，包括增加产品试验数量和试验项目。

3. 产品安全性要求风险应对

通过以下措施，减小产品安全性方面的风险：

（1）通过设计提高产品本质安全性。

（2）采用防差错技术避免使用过程的误操作。

（3）增加产品样机试验数量和试验项目。

（4）编制适用的产品安全使用说明书。

4. 以前的可借鉴的设计经验风险应对

企业经过多方调查得知，W 国 A 公司在相关产品的研制方面有着丰富的经验，曾经研制并生产了类似产品，获得了很好的市场反响。该企业曾与 A 公司进行过多次合作，并一直保持着良好的关系。为推进产品设计的顺利进行，获得设计经验，降低产品设计风险，建议与 A 公司开展以下合作：

（1）高薪聘请 A 公司在这一领域的专家来企业进行指导，对设计人员进行培训。

（2）选派该产品的主要设计人才前往 A 公司进行考察、学习，充分借鉴 A 公司的设计经验。

5. 设计进度要求风险应对

由于该产品在研制方面缺少成熟技术，在安全性方面的要求又比较高，需要进行大量试验对设计进行修正，因此很可能要花费较长的研制时间，导致产品不能如期交付。为应对这类风险，建议采取以下措施：

（1）从子公司借调设计人员参与该产品的设计工作。

（2）所有参与该产品研制的人员适度加班，加班费按照员工工资的 200% 进行发放。

（3）后勤部门做好加班人员的保障工作，为周末加班员工提供早餐以及午餐。

（4）由总经理牵头与顾客开展谈判，争取延长设计时间，必要时可适当减少部分设计费用。

二、制造风险应对措施

根据风险评估结果，制造风险被确定为 3 级风险，对制造风险影响较大的风险源主要是“加工设备、设施水平与环境条件”。经风险应对组调查分析后认为，目前生产线上有 A、B 两台设备的加工精度有可能会影响产品的质量，其余设备均能够满足产品加工要求。针对这两台设备，建议采取以下应对措施：

（1）提高设备加工精度：经研究，A 设备可通过技术改造提高设备加工精度来保证产品质量要求，风险应对组根据最低合理可行（ALARP）准则对 A 设备技术改造的成本和应对风险的收益进行了成本收益分析，分析后认为，设备技术改造的投入远远小于风险应对获得的收益。因此，建议公司通过技术改造提高 A 设备的加工精度以应对风险。

（2）风险保留：经研究，若要提高 B 设备上产品的加工精度，只能通过购买新设备或者将产品加工过程外包来实现。由于目前无法找到合适的外包商，因此只能通过购买新设备提高产品的加工精度。风险应对组根据最低合理可行准则（ALARP）对购买新设备的成本和应对风险的收益进行了成本收益分析。分析后认为，购买新设备的投入要大于风险防控获得的收益。因此，认为该风险是可容许的，可以采用 B 设备对产品进行加工，无须购买新设备。基于这一结果，风险应对组建议公司保留这一风险。

三、采购与外包风险应对措施

根据风险评估结果，采购与外包风险被确定为3级风险，对采购与外包风险影响较大的风险源包括“外包方情况”以及“公司外包过程控制制度的有效性”，针对这两类风险建议采取以下应对措施。

1. 外包方情况方面的风险应对

在原有对外包方评价制度的基础上，对主要外包商增加现场调查过程，全面了解外包商的能力；对外包商进行现场调查前成立调查组、制订详细调查计划，调查完成后调查组需要提交完整的调查报告，该调查报告作为对外包商评价的主要依据。

2. 公司外包过程控制制度的有效性风险应对

（1）在原有制度基础上增加外包商对加工的产品进行现场抽查的过程，抽查方法按公司抽样标准和检验标准执行。

（2）按月检查外包过程控制制度的执行情况，及时纠正错误，并由检查组提交专门的检查报告作为评价业绩的依据之一。

风险应对组根据最低合理可行（ALARP）准则对以上应对措施的成本和应对风险的收益进行了成本收益分析，分析后认为，应对措施的投入远远小于风险应对获得的收益。因此，建议公司采取此两项应对措施。

风险应对组按程序将以上风险应对措施提交董事会，由董事会组织对已提交的风险应对措施进行评审，并由董事会最终决定是否批准风险应对措施。

第三节　要点说明

一、背景要点说明

基本背景中已指出本“风险应对示例”是在假设第十二章中的产品研制风险评估工作已完成，形成了风险评估报告并获得批准的前提下进行的。风险应对的全过程均应在风险评估工作完成之后进行。风险应对措施建议的提出必须基于已批准生效的风险评估报告与风险评估结论。

二、风险应对组织的要点说明

风险应对策略的选择应当考虑各种环境，包括内部和外部利益相关者的风险容忍度，以及法律、法规和其他方面的要求等。因此应召集各方面专家与相关领导组成风险应对组选择风险应对策略、制定风险应对措施并编制风险应对计划。此外，由于风险应对必须基于风险评估的结果，所以建议将风险评估组人员纳入风险应对组之中。

三、风险清单要点说明

本示例针对第十一章中产品研制风险的风险评估报告及风险评估结论提出了风险应对措施，为了方便表述，本章中重复列出了第十一章中采用德尔菲法归纳、分析、整理后得到的产品研制风险的风险清单。

四、风险评估结果要点说明

表 17 –2 列出了第十一章中利用风险矩阵法得出的产品研制过程中各类风险的风险值和风险等级，并将各风险按照风险值的大小进行了排序。其中，设计风险属于 2 级风险，制造风险、采购与外包风险属于 3 级风险，法律与政策风险、财务风险属于 4 级风险。根据最低合理可行（ALARP）准则，2 级风险需采取应对措施，直至降低风险的投入不足以获得足够的风险防控效益；3 级风险可以直接进行应对措施的成本收益分析，如果为应对措施增加的投入大于风险防控所获得的效益，则可认为风险是可容许的，否则应采取应对措施；4 级风险则无须采取应对措施。

五、风险应对措施要点说明

1. 设计风险应对措施要点说明

设计风险包含 10 项风险源，本示例对权重数值较大的五种风险源制定了风险应对措施。参考权重数值的大小，可以确定风险应对的优先顺序。风险应对措施的制定应依据组织确定的风险应对策略。不同的风险可以采用不同的风险应对策略，相同的风险也可确定不同的风险应对策略，并根据这些风险应对策略制定和执行一种或多种风险应对措施。

例如，对设计的复杂程度采取的风险应对策略为降低风险事件发生的可能性，根据这一风险应对策略制定了四条风险应对措施；对产品安全性要求采用了两种风险应对策略，一种策略为消除具有负面影响的风险源，根据这一策略提出了两条风险应对措施，分别为“通过设计提高产品本质安全性”和“采用防差错技术避免使用过程的误操作”；另一种策略为降低风险事件发生的可能性，根据这一策略提出了两条风险应对措施，分别为：“增加产品样机试验数量和试验项目”以及“编制适用的产品安全使用说明书”。

2. 制造风险应对措施要点说明

由于第十一章篇幅所限，未计算出制造风险各项风险源的权重数值，本示例中假定了制造风险中权重数值较大的风险源为“加工设备、设施水平与环境条件”。假设风险应对组经调查分析后认为，生产线上存在 A、B 两台设备有可能存在精度不足的问题，从而影响产品质量。其中，A 设备可以通过技术改造提高加工精度来满足产品质量要求，B 设备则只能通过购买新设备来提高加工精度。由于制造风险属于 3 级风险，需要对应对措施进行成本收益分析。经分析后认为，改造 A 设备的投入远小于风险应对获得的收益，而购买新设备的投入要大于风险应对的收益，因此风险应对组建议对 A 设备进行技术改造，对 B 设备则直接利用该设备进行加工，接受这一风险。

3. 采购与外包风险应对措施要点说明

采购与外包风险同样被确定为 3 级风险，需要对应对措施进行成本收益分析。假设采购与外包风险中权重数值较大的风险源为“外包方情况”与“公司外包过程控制制度的有效性”，针对这两种风险源，风险应对组提出了相应的风险应对措施。对于这两项风险应对措施同样需要进行成本收益分析，如果应对措施的投入小于风险应对获得的收益，则可以采用这两项风险应对措施。

4. 风险应对措施的批准要点说明

风险应对措施在正式批准前必须进行评审，在本示例中，参与评审的人员应至少包括以下几个方面：

（1）董事会成员。

（2）设计部门、财务部门、采购部门、法律部门、制造部门第一负责人。

（3）经验丰富的一线管理人员、作业人员、技术人员。

（4）风险评估组人员。

（5）相关产品研制方面的专家。

评审组应决定经风险应对后的剩余风险是否可容忍，如果不可容忍，风险应对组需要制定新的风险应对措施。如果风险应对引起了次生风险，则需要对该次生风险进行风险评估，并在风险应对措施中加入这些次生风险的相关内容。风险应对措施需要经过董事会批准后方可确定。

确定风险应对措施之后，风险应对组还需要通过制定风险应对计划来保证风险应对措施的有效实施。风险应对计划在批准前仍需进行评审，并在董事会最终批准确认后实施。

| 第十八章 |

风险管理框架示例

为便于理解风险管理框架的内容和建立风险管理框架的各项活动，本书以风险管理实践中的部分风险管理框架为基础，以某公司为假设主体，编制以下示例：

<table><tr><td>

风险管理框架发布令

××公司风险管理框架已经公司董事会表决通过，现予以发布实施，公司全体员工必须遵照执行。发布日期：××××年××月××日，实施日期：××××年××月××日。

××公司董事长：×××

签署日期：××××年××月××日

</td></tr></table>

第一节　风险管理框架总论

一、风险管理方针

××公司依据权威机构相关要求和公司实际需求开展风险管理，实现全方位考虑、全范围管理、全过程控制、全员参与的风险管理活动；通过明确职责和提供必要的资源确保所有风险得到识别和控制，最大限度降低利益相关者的风险；通过协商妥善解决利益冲突；通过风险管理为公司创造价值，增强公司风险防范能力，为公司持续、健康、科学发展提供合理保障。

公司每年定期评审风险管理方针和风险管理框架，并对风险管理方针、风险管理框架和风险管理过程实施持续改进。

公司风险管理方针是公司总体战略的一部分，其核心精神与质量管理、环境管理等方针一致。

二、风险管理目标

公司风险管理总目标包括以下六个方面：

（1）控制风险，确保战略目标和经营目标的实现。

（2）控制风险，确保遵守有关的法律、法规。

（3）控制风险，确保不发生重大安全事故和重大经济损失。

（4）确保内外部实现真实、可信的信息沟通。

（5）确保提供风险管理所需的资源。

（6）五年内逐年降低由于风险造成的经济损失，每年降低3%～5%。

除公司总目标外，公司各下属单位、项目、业务活动的具体风险管理目标由各单位、项目和活动的负责人根据实际情况按年度制定。

三、适用性

本风险管理框架适用于公司的所有领域和层次，各业务部门和下属单位，各项业务活动。

四、管理方法与变更情况

本风险管理框架由公司管理层与风险管理负责部门牵头组织编写、修订和升版，按照公司制度发布程序，经公司总经理审核，报董事会，签署批准后正式发布。公司各部门负责对职责范围内的风险管理文件进行修订和更新。

本风险管理框架按照公司档案管理要求，保存纸型和电子文件以备存档查阅。

第二节　风险管理框架支持性要素

一、风险管理责任

1. 总要求

本公司管理层经董事会授权对风险进行管理，包括实施和保持风险管理程序，确保对公司可能涉及的所有风险进行适宜和有效的控制。

2. 公司各层级风险管理责任

在公司构建风险管理框架并实施全面风险管理时，公司各级机构和相关人员负有如下风险管理责任。

（1）董事会：负责了解风险管理现状，负责批准风险管理框架、方针和总体目标，负责批准年度风险管理报告和重大风险评估报告，负责批准机构设置和人员职责分配方案，负责批准重大风险的应对措施和重大改进方案。

（2）风险管理委员会：负责向董事会提交风险管理报告，审议风险管理策略和解决方案，对公司风险及管理状况和风险管理能力及水平进行评价。

（3）总经理：负责阐明风险管理方针并确保风险管理方针、总体目标与公司战略相一致，确保各项活动符合法律法规的要求，负责组建并管理风险管理职能部门，负责分配风险管理职责并配置风险管理活动所需各项资源，审批风险评估报告；落实风险管理决策和方案；组织风险监督和改进工作；向董事会汇报风险管理工作计划和风险管理结果，负责向内外部利益相关方通报风险管理的情况。

（4）风险责任者：对组织工作中已明确其具体负责的某种、某类、某几类或某一过程的风险承担责任。

（5）风险管理员：

在风险管理部设风险管理员 3 名，主要责任如下：

——协助总经理构建风险管理框架并对框架实施持续改进；

——协助总经理制定和实施风险管理计划并负责对风险管理的实施结果进行监督

检查；

——负责风险管理部门承担的日常风险管理工作，包括：组织风险评估、编制风险管理报告等。

在每个业务部门设置1~3名风险管理员，主要责任如下：

——负责在业务部门开展风险管理综合协调和监督工作；

——担任业务部门特定风险责任者的助理，或担任过程、项目中某一任务风险责任者助理，完成相应的风险管理工作。

（6）风险管理部：协助总经理构建风险管理框架、风险管理方针、总体目标，制定风险准则，负责组织、协调各职能部门和业务部门的风险管理工作，制定公司风险管理计划并对计划的实施情况进行监督检查，负责编制风险评估报告及风险管理改进方案，组织员工风险管理培训。

（7）业务部门：负责贯彻公司风险管理方针、总体目标和风险管理计划，负责制定和实现本部门的风险管理目标，负责制定和实施本部门的风险管理计划，负责落实本部门的风险管理职责，负责针对业务活动开展风险评估，对风险管理和风险评估的情况以及发现的风险及时通过内部沟通渠道向上级管理部门或风险管理责任者汇报；配合其他部门进行风险管理。

二、风险管理文化建设指引

（一）树立风险管理理念

（1）风险管理目标与公司战略目标和业务发展目标一致。

（2）风险管理覆盖公司每个经济活动和每个部门。

（3）风险管理人员独立地执行风险管理策略，以及监督和改进风险管理。

（4）对新开展业务必须进行风险评估，制订风险管理方案和程序。

（5）衡量风险管理成本与收益，风险控制在可接受范围内。

（二）培育风险管理文化

1. 培养全体员工的风险意识

（1）风险管理部门负责组织对风险管理的讨论和对员工的培训，将风险管理意识和手段融入日常全部的管理流程中。

（2）风险管理部门负责组织风险管理经验总结和分享。

（3）公司制定员工道德诚信准则，并与薪酬制度和人事制度结合。

（4）公司鼓励员工将风险管理成果与经验以稿件形式发布到公司月报，视效果给予奖励。

2. 决策层与管理层在风险管理文化建设中的责任

（1）董事会重视风险管理文化的培养，履行授权职责，全力支持合理的文化建设提案。

（2）总经理负责风险管理文化培育的具体工作。

（3）风险管理业务流程中的管理人员和业务操作人员为风险管理文化培育的基层骨干。

三、明确风险管理所需资源

1. 建立风险管理信息系统

本公司计划将信息技术应用于风险管理的各项工作，建立涵盖公司风险管理流程各个环节的风险管理信息系统，作为公司风险管理工作的基础。其工作职责包括以下方面：

（1）管理层批准信息化管理部门负责维护系统运行。

（2）风险管理部门负责系统数据录入、数据分析、信息系统培训等。

（3）各业务部门负责提供风险管理部门需要的相关数据。

2. 建立人力资源保障制度

设立人才招聘、选择任用、教育培训、业绩考核、薪酬制度、劳保福利等制度，为风险管理工作人力资源分配提供保障。

3. 其他资源配置与管理制度

公司根据实际情况设置适宜的资金分配实施方案，风险管理工具使用制度及所形成文件的保管制度等。

第三节　活动描述

一、授权、设计、实施、监测与评审

（一）授权

公司管理层负责落实以下内容：

（1）阐明并签署风险管理方针。

（2）确保风险管理目标与公司的目标和战略相一致。

（3）确定风险管理的绩效指标，要求风险导致的经济损失逐年减少3%～5%。

（4）确保公司的文化与风险管理方针一致。

（5）在公司内的适当层次分配管理责任和职责。

（6）确保风险管理必要的资源配置。

（7）确保法律法规的符合性。

（8）与所有利益相关方沟通风险管理的益处。

（9）确保风险管理框架持续适宜。

（二）风险管理框架的设计

本公司风险管理框架按照ISO 31000：2009进行设计，包括了解组织及其环境、制定风险管理方针、明确责任、与组织所有过程整合、明确资源、建立内外部沟通与报告机制，具体要求详见各部分内容。

（三）风险管理的实施

本公司应针对不同风险制定风险管理实施要求及其相应的流程，并按照风险管理实施要求及相应流程开展风险管理工作。本公司并购过程风险管理实施要求的主要内容如下：

（1）风险管理员负责对目标企业进行信息调查和研究，做出全面的分析、评价与对比，形成调查分析报告，确保对目标企业的并购与公司的发展战略保持一致。

（2）总经理指定风险管理责任人在调查、分析对比的基础上组织开展风险评估，包括：风险识别、风险分析和风险评价，完成并购项目风险评估报告。

（3）总经理负责审核并购项目风险评估报告，对于风险评估报告中发现的重大风险，总经理负责向董事会报告并与利益相关方进行沟通。

（4）总经理负责指定风险管理责任人组织确定风险应对措施，开展相应的风险应对工作。

（5）总经理指定风险管理责任人对并购各环节的资金需要量进行预算，制定目标企业完全融入公司所需资金预算量，确保公司并购活动所需资金的有效供给。

（6）风险管理员对并购单位的债务情况、业务往来账目进行审查，并与并购单位提供的清单进行对比。

（7）并购项目宜采用效益补偿方式、连续抵押方式减少并购时现金支出，降低资金风险。

（四）风险管理的监测与评审

本公司对风险管理的监测采用日常监测和专项监测，具体要求如下。

1. 日常监测控制要点

（1）风险管理部门定期核对风险管理系统中记录的资产数量和实物资产数量的一致性。

（2）风险管理部门负责汇总日常监督过程中发现的缺陷，提出整改建议报公司管理层，并及时跟踪整改结果。

（3）风险管理员负责定期询问员工是否理解和遵循公司的风险管理准则。

（4）风险管理员负责妥善保管日常监督过程中的记录与资料。

2. 专项监督控制要点

（1）风险管理部门负责总体层面控制、业务流程层面控制、信息系统控制的专项监督。

（2）风险管理部门依据日常监督结果，针对高风险领域提出专项监督的意见和建议。

（3）风险管理部门负责汇总专项监督过程中所发现的缺陷，提出整改措施建议并上报管理层，根据管理层批复的整改措施跟踪整改结果。

（4）风险管理员负责妥善保管专项监督过程中的记录与资料。

二、风险管理过程纲要

本公司风险管理过程包括：

（1）收集风险管理初始信息。相关风险管理员负责持续收集与本单位风险和风险管理相关的内部、外部初始信息，包括历史数据和未来预测。

（2）明确环境关系与确定风险准则。风险管理部门根据内外部信息明确环境关系；根据公司内外部环境关系了解公司风险偏好和风险容忍（度）；针对公司业务和项目结合风险偏好和风险容忍（度）提出风险准则，报总经理处审批。

（3）进行风险评估。风险管理员对收集的初始信息进行汇总，报告风险管理责任人，风险管理责任人组织进行风险评估，根据风险准则确定风险评估结果，完成风险评估报告。

（4）确定风险应对策略。风险管理部门根据风险评估报告（包括识别出的风险、风险分析的内容和风险评价的结果）确定风险应对策略。

（5）提出和实施风险应对方案。风险管理部门或风险责任部门（含风险责任人）根据确定的风险应对策略提出风险应对方案，包括明确重大风险的风险负责人、设计风险应对措施、确定所需资源和风险管理工具等，风险应对方案由总经理审批后实施。

（6）风险管理的监测与改进。风险管理员采用压力测试、返回测试、穿行测试、风险控制、自我评估方法，对风险管理的有效性进行检验，提交缺陷与改正方案报告。

三、组织过程整合

（一）总要求

风险管理的理念和要求应融入公司日常经营管理行为中，即融入公司的各项管理流程与制度中，使风险管理成为公司的自觉行为和全员行为。

（二）组织架构与风险管理职能

（1）总经理为风险管理直接责任者，直接管理风险管理部门及与其平级的各业务部门中风险管理员。

（2）本公司搭建利润中心、运营管理中心、成本中心三级风险管理架构，负责独立地评估风险管理项目的成本与收益，向总经理汇报。

（3）业务部门中的风险管理员负责收集风险管理数据，汇总整理所在部门的风险清单、风险应对方案、风险评估报告等。

（4）风险管理部门接收其他业务部门的各项报告，形成分析报告后交由总经理审核，并负责审核结果的告知与执行情况监督，年终汇总各方风险管理情况，形成风险管理报告。

（5）根据风险管理特征和公司项目情况，按照公司《项目管理流程》将风险管理工作整合入业务流程，配套编制《集中招标采购风险评估规定》《项目责任人风险管理考核制度》等专门的管理制度。

四、风险管理过程的启动和终止

（一）风险管理过程的启动

1. 风险管理过程启动时机

（1）开始新的项目时。

（2）项目出现偏差并采取纠正和预防措施时。

（3）项目出现变更时。

2. 风险管理过程启动程序

（1）公司批准风险管理项目启动许可。

（2）总经理任命风险管理项目的风险责任人。

（3）风险责任人开展调查并确定环境信息。

（4）风险责任人根据调查结果和环境信息确定所需资源。

（5）风险责任人组织开展项目的风险管理工作。

（二）风险管理过程的终止

1. 风险管理过程的终止时机

（1）某项目的风险管理已经达到预期目标时。

（2）进行风险管理的项目已经终止时（项目目标实现、项目终止或项目被无限期延长）。

（3）风险管理所需资源被移出该项目时（政治因素，突发自然灾害）。

（4）风险管理关键人员离开负责的风险管理项目时。

2. 风险管理过程终止的程序

（1）通知所有利益相关者。

（2）保证所涉及风险管理所有任务完成。

（3）保存风险管理的文档（电子文档、手册、报告和其他文件），保证交由风险管理文档管理员保存。

（4）重新安置人员、物资等资源。

（5）提交本次风险管理的项目终止报告。

五、内部沟通机制

（一）内部信息管理总体规划

（1）风险管理部门制定与战略决策相关的长期信息技术总体规划。

（2）相应的风险管理责任者决定信息的需求和优先次序。

（3）风险管理员对所产生的信息需求持续进行识别和跟踪。

（4）重要信息应得到及时确认并向上级及相关部门汇报。

（5）保证信息的质量：确保信息内容的详细程度；在需要时应能及时提供信息；应是当前的、最新的、可利用的信息；应是准确的、数据正确可靠的信息；输入信息系统的数据，未经批准，不得更改。

（二）内部信息收集与传递

（1）管理层定期向董事会就最新业绩、发展、风险、重要事件或事故等问题进行汇报。定期或不定期召开会议，及时与相关职能部门领导就生产、运营的风险分析结果进行沟通、交流。

（2）财务部门定期向各业务部门通报财务状况、经营成果、预算执行情况等，并定期将应收账款情况反馈给销售部门。

（3）生产部门与销售部门定期沟通，及时通报市场信息及生产状况。

（4）采购部门定期与其他业务部门就采购需求、价格信息、采购经验等方面进行沟通与交流。

（5）员工可以通过风险管理信息系统、电话等形式与公司主要领导进行沟通。

（三）内部沟通汇报机制实施证据

（1）风险管理信息系统。

（2）各种会议纪要。

（3）公司文件。

（4）财务快报。

（5）公司和下属单位的月报。

六、外部沟通机制

（一）外部信息收集与传递

（1）销售部门建立定期顾客拜访制度，听取顾客对产品、销售的意见和建议，制定相应政策，解决工作中遇到的问题，了解顾客的需求。

（2）采购部门通过采购谈判、签订合同等形式就采购产品或服务的需求数量、设计、质量、配送、付款等问题与供方进行沟通，了解供方的需求。

（3）法律部门负责公司法律顾问的聘用、财务报告发布、信息披露等事项。公司根据需要聘请律师参与有关重大项目和法律纠纷的处理，并与律师进行信息沟通。

（4）公司积极参与社会公益事项，进行形象和产品的宣传；通过内刊、网络平台深入报道先进人物和先进管理经验；公司销售及采购部门在同客户、供应商的工作交往中负责解释公司的道德规范。

（二）外部沟通机制实施证据

（1）公司网站、信箱。

（2）公司文件。

（3）各部门文件。

（4）外部利益相关方的来函、来电、电子邮件等。

第四节　符合性参数和控制

一、风险类别和其他指导性文件

风险管理部门通过访谈和问卷形式，收集风险初始信息，汇总处理后形成本公司风险分类图谱（见图 18－1），经管理层审核后发布。

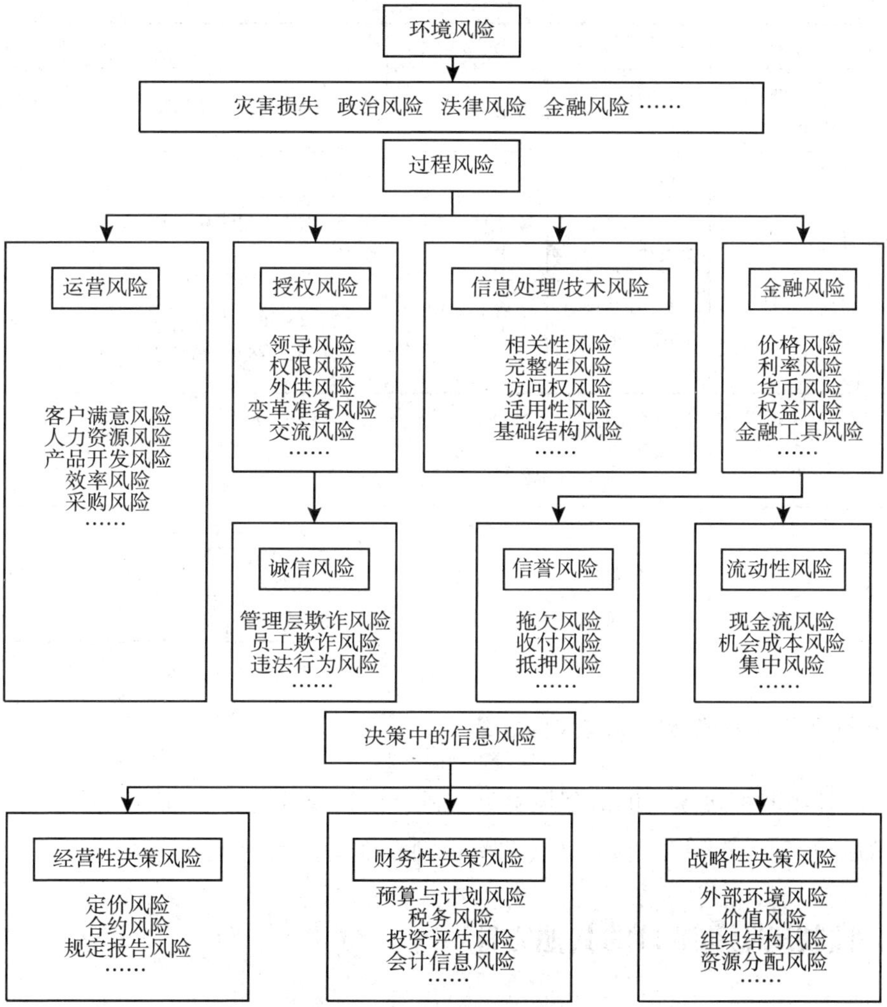

图 18－1　公司风险分类

二、风险准则与风险等级

1. 总体层面风险准则与风险等级

本公司主要使用风险调查问卷分析方法，识别总体层面重大风险，确定风险管理的优先顺序，确定总体层面重大风险。

本公司将风险发生的可能性和影响程度分为5个等级，具体评分标准见表18－1和表18－2。

表18－1　风险发生可能性评分标准

定量方法	评分	1	2	3	4	5
	一定时期发生的概率	10%以下	10%～30%	30%～70%	70%～90%	90%以上
参考方法	标准一	极低	低	中等	高	极高
	标准二	一般情况下不会发生	较少情况下才发生	某些情况下发生	较多情况下发生	常常发生
	标准三	今后10年内发生的可能少于1次	今后5～10年内可能发生1次	今后2～5年内可能发生1次	今后1年内可能发生1次	今后1年内至少发生1次

表18－2　风险影响程度评分标准

定量方法	评分	1	2	3	4	5
参考方法	标准一	极轻微的	轻微的	中等的	重大的	灾难性的
	标准二	极低	低	中等	高	极高

2. 业务流程层面风险准则与风险等级

以公司各业务模块涵盖的流程风险为基础，通过风险打分，确定风险等级（五级风险）以及风险控制措施和控制类型（关键控制、重要控制、一般控制）。

三、控制风险和敞口的其他方针

公司对业务流程实行分层分级管理，根据公司主要业务领域及历次风险评估结果，建立《重点业务流程框架》。制定《××公司业务流程内控文件管理办法》，明确流程文件格式标准、描述要求及填写规范等要求。

公司每年接受保留风险最高额为公司税前收入的5%左右，当超过这个限度就不再采取保留风险策略。

公司建立重大风险预警机制和突发事件应急处理机制，明确风险预警标准，制定应急预案、明确责任人员、规范处置程序。

附录

企业风险管理标准示例

——全面风险管理指南

本附录是本书编著者为企业编制的风险管理企业标准示例——《全面风险管理指南》，其中的主要内容已在本书前面的章节做出了解读，该标准示例文本经企业适当修改后即可应用于风险管理实践。本书编著者希望通过本附录为企业提供实用的风险管理企业标准，以促进企业风险管理活动的有效开展。

全面风险管理指南

Comprehensive risk management guidelines

目　　录

前　言

本标准按照 GB/T 1.1—2009《标准化工作导则第 1 部分：标准的结构和编写》中给出的规则起草。

本标准的部分内容参考了 ISO 31000：2009《风险管理——原则和指南》（英文版）和 GB/T 27921—2011《风险管理——风险评估技术》；本标准术语和定义中列出了 GB/T 23694—2013/ISO Guide 73：2009《风险管理术语》中的主要术语和定义，同时对其中的个别中文语句进行了调整和修正，并在每个中文术语的定义之后增加了 ISO Guide 73：2009（英文版）原文的定义，术语和定义的编排格式采用了 ISO 31000：2009 中的形式。

引　言

所有类型和规模的企业都会涉及内部因素和外部因素的影响，这给企业实现其既定的目标带来了不确定性。这种不确定性对企业目标的影响就是“风险”。

风险管理通过考虑不确定性及其对目标的影响，采取相应措施，为企业的运营和决策以及应对各类突发事件提供支持。风险管理适用于企业的全生命周期及其任何阶段，其适用范围包括整个企业的所有领域和层次，也包括组织的具体部门和活动。

风险管理需要有效地融入企业的理念、方针、文化和过程等各个方面。

本标准描述了风险管理的术语、原则、框架、过程以及风险评估技术的应用。图1给出了风险管理的原则、框架和过程之间的关系。

本标准是综合性的通用标准，旨在从总体上为各类企业实施全面风险管理提供指导，统一风险管理中的有关概念、术语和认识，协调将来的风险管理标准的有关内容。本标准提供的通用方法，为制定具体的风险管理标准提供支持。按照本标准实施风险管理能够使企业在以下方面获益：

——提高达成目标的可能性；

——鼓励主动管理；

——意识到在全企业内识别、应对风险的需要；

——改进对机会和威胁的识别；

——遵从相关的法律法规；

——改进有关的报告；

——改进治理；

——增进利益相关者的信心和信任；

——为决策和规划建立可靠的基础；

——改进控制；

——为风险应对有效地配置和使用资源；

——改进运营的效力和效率；

——提高健康、安全绩效和环境保护；

——改进对损失和不良事件的预防与管理；

——使损失最小化；

——改善企业的学习；

——增强企业的恢复力。

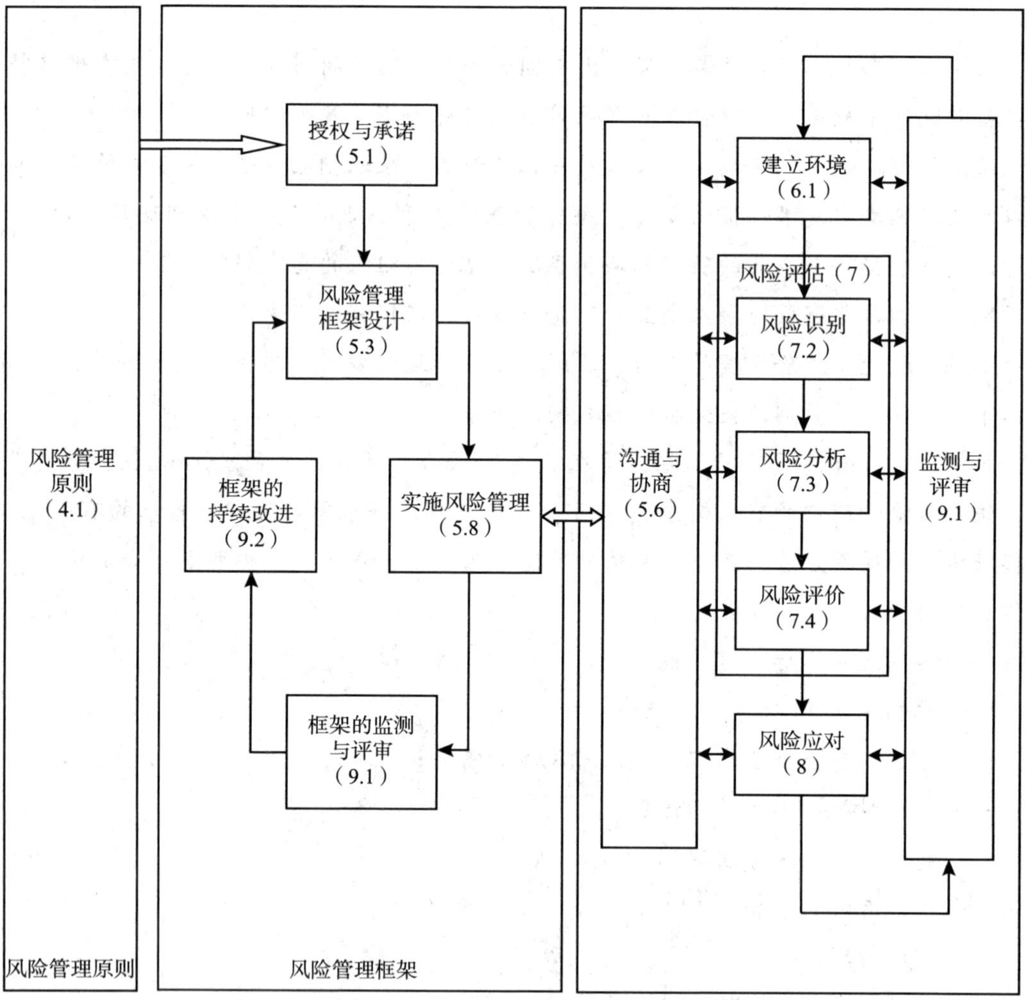

图1　风险管理原则、框架和过程之间的关系

1　范围

本标准提供了各类企业实施全面风险管理方面的通用性指南。

本标准适用于各种类型和规模的企业实施的全面风险管理活动。本标准适用于企业的全生命周期及其各阶段，也适用于企业的各种活动。

2　规范性引用文件

下列文件对于本文件的应用是必不可少的。凡是标注日期的引用文件，仅注日期的版本适用于本文件。凡是不注日期的引用文件，其最新版本（包括所有的修改单）适用于本文件。

GB/T 23694：2013/ISO 73：2009　风险管理术语

3　术语和定义

GB/T 23694：2013/ISO 73：2009 界定的以及下列术语和定义适用于本文件。为了便于理解和使用，以下重复列出了 GB/T 23694：2013/ISO 73：2009 中的部分术语和定义，并增加了 ISO 73：2009（英文版）中定义的原文。

3.1　风险（risk）

不确定性对目标的影响（effects of uncertainty on objectives）。

注 1：影响是指偏离预期，可以是正面的和/或负面的。

注 2：目标可以是不同方面（如财务、健康与安全、环境等）和层面（如战略、组织、项目、产品和过程等）的目标。

注 3：通常用潜在事件（3.18）、后果（3.23）或两者的组合来区分风险。

注 4：通常用事件后果（包括情形的变化）和事件发生可能性（3.21）的组合来表示风险。

注 5：不确定性是指对事件及其后果或可能性的信息缺失或了解片面的状态。

[GB/T 23694：2013/ISO 73：2009，定义 2.1]

3.2 风险管理（risk management）

在风险（3.1）方面，指挥和控制组织的协调活动（Coordinated activities to direct and control an organization with regard to risk）。

[GB/T 23694：2013/ISO 73：2009，定义 3.1]

3.3 风险管理框架（risk management framework）

为设计、执行、监测（3.41）、评审（3.42）和持续改进整个组织的风险管理（3.2）提供基础和组织安排的一组构成（Set of components that provide the foundations and organizational arrangements for designing，implementing，monitoring，reviewing and continually improving risk management throughout the organization）。

注 1：基础包括风险管理的方针、目标、授权与承诺。

注 2：组织的安排包括计划、相互关系、责任、资源、过程和活动。

注 3：风险管理框架被嵌入组织的整体战略、运营方针及实践中。

[GB/T 23694：2013/ISO 73：2009，定义 3.1.1]

3.4 风险管理方针（risk management policy）

组织在风险管理（3.2）方面的总体意图和方向的表述（Statement of the overall intentions and direction of an organization related to risk management）。

[GB/T 23694：2013/ISO 73：2009，定义 3.1.2]

3.5 风险管理计划（risk management plan）

在风险管理框架（3.3）中，详细说明用于风险管理的方法、管理构成和资源的方案（Scheme within the risk management framework specifying the approach，the management components andresources to be applied to the management of risk）。

注 1：管理构成一般包括程序、实施方法、职责分配、活动的顺序和时间安排。

注 2：风险管理计划可用于特定产品、过程、项目以及组织的部分或整体。

[GB/T 23694：2013/ISO 73：2009，定义 3.1.3]

3.6 风险管理过程（risk management process）

将管理方针、程序和实施方法系统地应用到沟通与协商、建立环境（3.10）以及识别、分析、评价、应对、监测（3.41）与评审（3.42）风险（3.1）的活动（Systematic application of management policies, procedures and practices to the activities of communicating, consulting, establishing the context, and identifying, analyzing, evaluating, treating, monitoring and reviewing risk）。

[GB/T 23694：2013/ISO 73：2009，定义 4.1]

3.7　沟通与协商（communication and consultation）

组织在风险管理（3.2）时，提供信息，共享信息、获取信息以及与利益相关者（3.8）开展对话的持续和反复的过程（Continual and iterative processes that an organization conducts to provide, share or obtain information, and to engage in dialogue with stakeholders regarding the management of risk）。

注 1：信息可能涉及风险的存在、性质、形式、可能性（3.21）、重要性、评价、可接受性和应对等方面。

注 2：协商是组织与其利益相关者在某一问题决策或确定方向之前所进行的充分的（informed）双向沟通的过程。协商是一个通过影响力而不是权力影响决策的过程；协商是对决策的输入，而不是共同决策。

[GB/T 23694：2013/ISO 73：2009，定义 4.2.1]

3.8　利益相关者（stakeholder）

可以影响、被影响或感到自己会被某一决策或活动所影响的个人或组织（Person or organization than can affect, be affected by, or perceive themselves to be affected by a decision or activity）。

注：决策者可以是利益相关者。

[GB/T 23694：2013/ISO 73：2009，定义 4.2.1.1]

3.9　风险感知（risk perception）

利益相关者（3.8）对风险（3.1）的看法（Stakeholder's view on a risk）。

注：风险感知能够反映利益相关者的需求、观点、知识、信仰和价值观。

[GB/T 23694：2013/ISO 73：2009，定义 4.2.1.2]

3.10 建立环境（establishing the context）

组织在管理风险，以及确定风险管理方针（3.4）范围和风险准则（3.13）时，界定需要考虑的内外部参数的过程（Defining the external and internal parameters to be taken into account when managing risk, and setting the scope and risk criteria for the risk management policy）。

[GB/T 23694：2013/ISO 73：2009，定义 4.3.1]

3.11 外部环境（external context）

组织追求其目标实现时所处的外部状况（External environment in which the organization seeks to achieve its objectives）。

注：外部环境可包括：

——国际、国内、区域或地方的文化、社会、政治、法律、法规、金融、技术、经济、自然以及竞争环境；

——对组织目标产生影响的关键驱动因素和趋势；

——与外部利益相关者（3.8）的关系以及他们的感知和价值观。

[GB/T 23694：2013/ISO 73：2009，定义 4.3.1.1]

3.12 内部环境（internal context）

组织追求其目标实现时所处的内部状况（Internal environment in which the organization seeks to achieve its objectives）。

注：内部环境包括：

——治理、组织机构、职能和责任；

——方针、目标，以及实现他们的战略；

——从资源和知识角度所理解的能力（如资本、时间、人力、过程、系统和技术）；

——信息系统、信息流和决策流程（正式的和非正式的）；

——与内部利益相关者（3.8）的关系，以及他们的感知和价值观；

——组织的文化；

——组织采用的标准、指南和模型；

——合同关系的形式和程度。

[GB/T 23694：2013/ISO 73：2009，定义 4.3.1.2]

3.13 风险准则（risk criteria）

评价风险（3.1）重要性的依据（Terms of reference against which the significance of arisk is evaluated）。

注1：风险准则基于组织的目标、外部环境和内部环境。

注2：风险准则可以来自标准、法律、政策和其他要求。

[GB/T 23694：2013/ISO 73：2009，定义4.3.1.3]

3.14 风险评估（risk assessment）

包括风险识别（3.15）、风险分析（3.20）和风险评价（3.28）的全过程（Overall process of risk identification，risk analysis and risk evaluation）。

[GB/T 23694：2013/ISO 73：2009，定义4.4.1]

3.15 风险识别（risk identification）

发现、确认和描述风险的过程（Process of finding，recognizing and describing risk）。

注1：风险识别包括对风险源（3.17）、事件（3.18）及其原因和潜在后果的识别。

注2：风险识别可能涉及历史数据、理论分析、专家意见以及利益相关者（3.8）的需求。

[GB/T 23694：2013/ISO 73：2009，定义4.5.1]

3.16 风险描述（risk description）

对风险所做的结构化的表述，通常包括四个元素：风险源（3.17）、事件（3.18）、原因和后果（3.23）（Structured statement of risk usually containing four elements：sources，events，causes and consequences）。

[GB/T 23694：2013/ISO 73：2009，定义4.5.1.1]

3.17 风险源（risk source）

可能单独或共同引发风险（3.1）的固有因素（Element which alone or in combination has the intrinsic potential to give rise to risk）。

注：风险源可以是有形的，也可以是无形的。

[GB/T 23694：2013/ISO 73：2009，定义4.5.1.2]

3.18 事件（event）

某一类情形的发生或变化（Occurrence or change of a particular set circumstances）。

注1：事件可以是一个或多个情形，并且可以由多个原因导致。

注2：事件可以包括没有发生的情形。

注3：事件有时可以称为“事故”。

注4：没有造成后果的事件还可称为“未遂事件”“事故征候”“临近伤害”或“幸免”。

[GB/T 23694：2013/ISO 73：2009，定义4.5.1.3]

3.19 危险源（hazard）

潜在伤害的来源（Source of potential harm）。

注：危险源可以是一个风险源。

[GB/T 23694：2013/ISO 73：2009，定义4.5.1.4]

3.20 风险分析（risk analysis）

理解风险（3.1）性质、确定风险等级（3.27）的过程（Process to comprehend the nature of risk and to determine the level of risk）。

注1：风险分析是风险评价和风险应对决策的基础。

注2：风险分析包括定性和定量分析，也包括风险估计。

[GB/T 23694：2013/ISO 73：2009，定义4.6.1]

3.21 可能性（likelihood）

某事件发生的机会（Chance of something happening）。

注1：无论是客观的或主观的、定性或定量的方式来定义、度量或确定，还是用一般词汇或数学术语来描述［如概率（3.24），或一定时期内的频率（3.25）］，在风险管理术语中，“可能性”一词都用来表示某事发生的机会。

注2：“可能性”这一英语词汇在有些语言中没有直接与之对应的词汇，因此经常用“概率”这个词代替。不过，在英语中，“概率”通常被狭义地理解为一个数学词汇。因此，在风险管理术语中，“可能性”应该有着与许多语言中使用的“概率”一词相同的解释，而不局限于英语中“概率”一词的意义。

［GB/T 23694：2013/ISO 73：2009，定义 4. 6. 1. 1］

3. 22　暴露（敞口）（exposure）

组织和/或利益相关者（3. 8）受某事件（3. 18）影响的程度（Extent to which an organization and/or stakeholder is subject to an event）。

［GB/T 23694：2013/ISO 73：2009，定义 4. 6. 1. 2］

3. 23　后果（consequence）

某事件（3. 18）对目标影响的结果（Outcome of an event affecting objectives）。

注 1：一个事件可能导致一系列后果。

注 2：后果可能是确定的，也可能是不确定的，对目标的影响可能是正面的，也可能是负面的。

注 3：后果可以定性或定量表述。

注 4：通过连锁效应，最初的后果可能升级。

［GB/T 23694：2013/ISO 73：2009，定义 4. 6. 1. 3］

3. 24　概率（probability）

对事件发生机会的度量，用 0 和 1 之间的数字表示。0 表示不可能发生，1 表示确定发生（Measure of the chance of occurrence expressed as a number between 0 and 1，where 0 is impossibility and 1 is absolute certainty）。

［GB/T 23694：2013/ISO 73：2009，定义 4. 6. 1. 4］

3. 25　频率（frequency）

单位时间内事件或结果的数量（Number of events or outcomes per defined unit of time）。

注：频率可以用于过去的事件或潜在的未来事件，可用于测量可能性（3. 21）/概率（3. 24）。

［GB/T 23694：2013/ISO 73：2009，定义 4. 6. 1. 5］

3. 26　风险矩阵（risk matrix）

通过确定后果（3. 23）和可能性（3. 21）的范围来排列显示风险（3. 1）的工具（Tool for ranking and displaying risks by defining ranges for consequence and likelihood）。

[GB/T 23694：2013/ISO 73：2009，定义 4. 6. 1. 7]

3. 27　风险等级（level of risk）

单一风险（3. 1）或组合风险的大小，以后果（3. 23）和可能性（3. 21）的组合来表示（Magnitude of a risk or combination of risk，expressed in terms of the combination of consequences and their likelihood）。

[GB/T 23694：2013/ISO 73：2009，定义 4. 6. 1. 8]

3. 28　风险评价（risk evaluation）

对比风险分析（3. 20）结果与风险准则（3. 13），以确定风险（3. 1）和/或其大小是否是可接受或可容忍的过程（Process of comparing the results of risk analysis with risk criteria to determine whether the risk and/or its magnitude is acceptable or tolerable）。

注：风险评价有助于风险应对（3. 33）决策。

[GB/T 23694：2013/ISO 73：2009，定义 4. 7. 1]

3. 29　风险态度（risk attitude）

组织评估风险（3. 1）进而寻求、保留、承担或规避风险的方式（Organization's approach to assess and eventually pursue，retain，take or turn away from risk）。

[GB/T 23694：2013/ISO 73：2009，定义 4. 7. 1. 1]

3. 30　风险偏好（risk appetite）

组织寻求或保留风险（3. 1）的意愿，包括风险的数量和种类（Amount and type of risk that an organization is willing to pursue or retain）。

[GB/T 23694：2013/ISO 73：2009，定义 4. 7. 1. 2]

3. 31　风险容忍（risk tolerance）

组织或利益相关者（3. 8）为实现目标在风险应对（3. 33）之后承受风险的意愿（Organization's or stakeholder's readiness to bear the risk after risk treatment in order to achieve its objectives）。

注：风险容忍会受到法律法规要求的影响。

[GB/T 23694：2013/ISO 73：2009，定义 4. 7. 1. 3]

3.32　风险集合（risk aggregation）

为了对整体风险形成更为全面的理解，而将多个风险（3.1）组合后形成的一个风险（Combination of a number of risks into one risk to develop a more complete understanding of the overall risk）。

[GB/T 23694：2013/ISO 73：2009，定义 4.7.1.5]

3.33　风险应对（risk treatment）

处理风险（3.1）的过程（Process to modify risk）。

注 1：风险应对包括：

——不开始或不再继续导致风险的行动，以规避风险；

——为寻求机会而承担或增加风险；

——消除风险源（3.17）；

——改变可能性（3.21）；

——改变后果（3.23）；

——与其他各方分担风险［包括合同和风险融资（3.37）］；

——慎重考虑后决定保留风险。

注 2：针对负面后果的风险应对有时指“风险缓解”“风险消除”“风险预防”“风险降低”等。

注 3：风险应对可能造成新的风险或改变现有风险。

[GB/T 23694：2013/ISO 73：2009，定义 4.8.1]

3.34　控制（control）

处理风险（3.1）的措施（Measure that is modifying risk）。

注 1：控制包括处理风险的任何流程、策略、设备、操作或其他处理风险的活动。

注 2：控制并非总能取得预期效果。

[GB/T 23694：2013/ISO 73：2009，定义 4.8.1.1]

3.35　风险规避（risk avoidance）

为避免暴露于特定风险，不参与或退出某项活动的决定（Informed decision not to be involved in，or to withdraw from，an activity in order not to be exposed to a particular risk）。

注：风险规避可依据风险评价（3.28）的结果和/或法律法规。

[GB/T 23694：2013/ISO 73：2009，定义 4.8.1.2]

3.36 风险分担（risk sharing）

涉及与其他各方就风险（3.1）分配达成协议的风险应对（3.33）形式（Form of risk treatment involving the agreed distribution of risk with other parties）。

注 1：法律法规可能会限制、禁止或强制进行风险分担。

注 2：风险分担可以通过保险或其他合同形式实现。

注 3：风险被分散的程度取决于分担安排的可靠性和透明性。

注 4：风险转移是风险分担的一种形式。

[GB/T 23694：2013/ISO 73：2009，定义 4.8.1.3]

3.37 风险融资（risk financing）

为面对或处理一旦发生的财务后果（3.23）而做出应急资金安排的风险应对（3.33）形式（Form of risk treatment involving contingent arrangements for the provision of funds to meet or modify the financial consequences should they occur）。

[GB/T 23694：2013/ISO 73：2009，定义 4.8.1.4]

3.38 风险保留（risk retention）

接受某一特定风险的潜在收益或损失（Acceptance of the potential benefit of gain，or burden of loss，from a particular risk）。

注 1：风险保留包括接受剩余风险（3.39）。

注 2：保留风险的风险等级（3.27）取决于风险准则。

[GB/T 23694：2013/ISO 73：2009，定义 4.8.1.5]

3.39 剩余风险（residual risk）

风险应对（3.33）之后仍然存在的风险（3.1）（Risk remaining after risk treatment）。

注 1：剩余风险可包括未识别的风险。

注 2：剩余风险还被称为“残留风险”。

[GB/T 23694：2013/ISO 73：2009，定义 4.8.1.6]

3.40　恢复力（resilience）

组织对复杂变化环境的适应能力（Adaptive capacity of an organization in a complex and changing environment）。

[GB/T 23694：2013/ISO 73：2009，定义 4.8.1.7]

3.41　监测（monitoring）

持续地检查、监督，密切观察或确认风险状态，以识别所要求或期望的绩效发生变化的水平（Continual checking，supervising，critically observing or determining the status in order to identify change from the performance level required or expected）。

注：监测可应用于风险管理框架（3.3）、风险管理过程（3.6）、风险（3.1）或控制（3.34）。

[GB/T 23694：2013/ISO 73：2009，定义 4.8.2.1]

3.42　评审（review）

为实现既定目标而进行的决定某一事项的适宜性、充分性和有效性的活动（Activity undertaken to determine the suitability，adequacy and effectiveness of the subject matter to achieve established objectives）。

注：评审可应用于风险管理框架（3.3）、风险管理过程（3.6）、风险（3.1）或控制（3.34）。

[GB/T 23694：2013/ISO 73：2009，定义 4.8.2.2]

3.43　风险管理审核（risk management audit）

为获得证据，进行客观评价，以确定风险管理框架（3.3）或其一部分的充分性和有效性而进行的系统的、独立的、文件化的过程（Systematic，independent and documented process for obtaining evidence and evaluating it objectively in order to determine the extent to which the risk management framework，or any selected part of it，is adequate and effective）。

[GB/T 23694：2013/ISO 73：2009，定义 4.8.2.6]

3.44　全面风险管理（comprehensive risk management）

全方位考虑、全范围管理、全过程控制、全员参与的风险管理活动（Risk management activity that can achieve comprehensive consideration, full – range management, overall process control, and all staff participation)。

注1：全方位考虑是指从组织的战略决策、经营（业务）管理、施工作业等不同层面对风险管理进行策划和设计，根据风险集合的理念，从贯穿组织全局的角度考虑风险。

注2：全范围管理是指对组织内的所有机构、部门、工作现场，所有产品（项目）和经营业务活动，所有管理体系涉及的风险实施管理。

注3：全过程控制是指对包括风险管理框架设计、沟通与协商、建立环境、风险评估、风险应对等风险管理全过程进行控制。

注4：全员参与是指组织的利益相关者、决策者、管理者直至普通作业人员都有责任和义务参与风险管理活动。全员参与通常是组织风险管理文化的一部分。

3.45 组织（organization）

职责、权限和相互关系得到安排的一组人员及设施（Group of people and facilities with an arrangement of responsibilities, authorities and relationships）。

注：组织可以是公司、工厂、研究机构、服务机构、学会（协会）等或上述组织的部分或组合。

4 总则

4.1 风险管理原则

4.1.1 基本原则。

为有效管理风险，企业在实施风险管理时，可遵循下列基本原则：

a）创造并保护价值。

风险管理有助于目标的达成和对绩效的明显改善，这些目标包括人身健康与安全、保安措施、法律法规遵从性、公众接受度、环境保护、产品质量、项目管理、运营绩效、治理和名誉等。

b）作为整体的所有过程的一部分。

风险管理不是独立的、与企业的主要活动和过程相分离的一项活动。风险管理是管理职责和构成企业所有过程整体的一部分，包括战略策划、所有项目以及变更管理过程。

c）作为决策的组成部分。

风险管理帮助决策者做出明智选择、优化活动顺序并辨别可选择的行动路线。

d）清晰地阐明不确定性。

风险管理需要明确地考虑不确定性、不确定性的性质，以及如何能清晰地阐明它。

e）采用系统化、结构化和时效化的方法。

系统化的、结构化的和时效化的风险管理方法有助于提高效率，并获得一致的、可比较的和可靠的结果。

f）基于最可利用的信息。

风险管理过程的输入信息通常来源于历史数据、经验、利益相关者的反馈、观察、预测和专家判断等；基于这一情况，决策者应考虑到所使用数据或模型的局限性或各专家之间分歧的可能性，并对信息进行筛选。

g）关注环境关联性。

风险管理应与企业的外部和内部环境以及风险状况相适应。

h）考虑人文因素。

风险管理需要识别外部和内部人员的能力、感知和意愿，这些能促进或阻碍企业目标的实现。

i）注重透明性、包容性。

利益相关者（特别是企业所有层级的决策者）对风险管理工作的适当和及时参与，可以确保企业的风险管理方针是适宜的和最新的。所以，应允许有适当的利益相关者代表参与风险管理，并在决定风险准则中考虑他们的意见。

j）基于动态性、往复性的特点对变化保持持续响应。

随着外部和内部事件的发生，环境和知识的变化，以及对风险的监测与评审，新的风险会出现，一些风险可能发生变化，另一些风险可能消失。所以，风险管理应该对变化保持持续的判断和响应。

k）促进企业的持续改进。

企业需要制定并实施持续改进策略，以改进企业各方面风险管理的成熟度。

4.1.2 实施原则。

企业在开展全面风险管理活动时，可遵循以下实施原则：

a）全面管理，预防为主。

风险管理范围应覆盖企业的各个领域，并与企业的管理机制有机结合，突出风险防范，做到事前预防、事中控制、事后改进，有效管理和控制风险。

b）统筹谋划，分级管理。

企业应对全面风险管理工作进行统一策划和领导，建立风险管理框架和工作流程，完善各级风险管理职能。

c）明确责任，分工负责。

风险管理应当与业务工作紧密结合，融入日常经营管理之中，建立健全风险管理责任体系，明确各类责任人在风险管理中的责任和权力。

4.2 风险管理框架

企业实施风险管理需要建立一个风险管理框架，风险管理框架为企业提供了风险管理的基本组成和设置，这些基本组成和设置需要嵌入企业的所有层级。风险管理的成功与否取决于风险管理框架的有效性。风险管理框架支持对企业中各项风险的管理，包括长期风险的管理和各项任务的日常风险管理。风险管理框架见图 2。

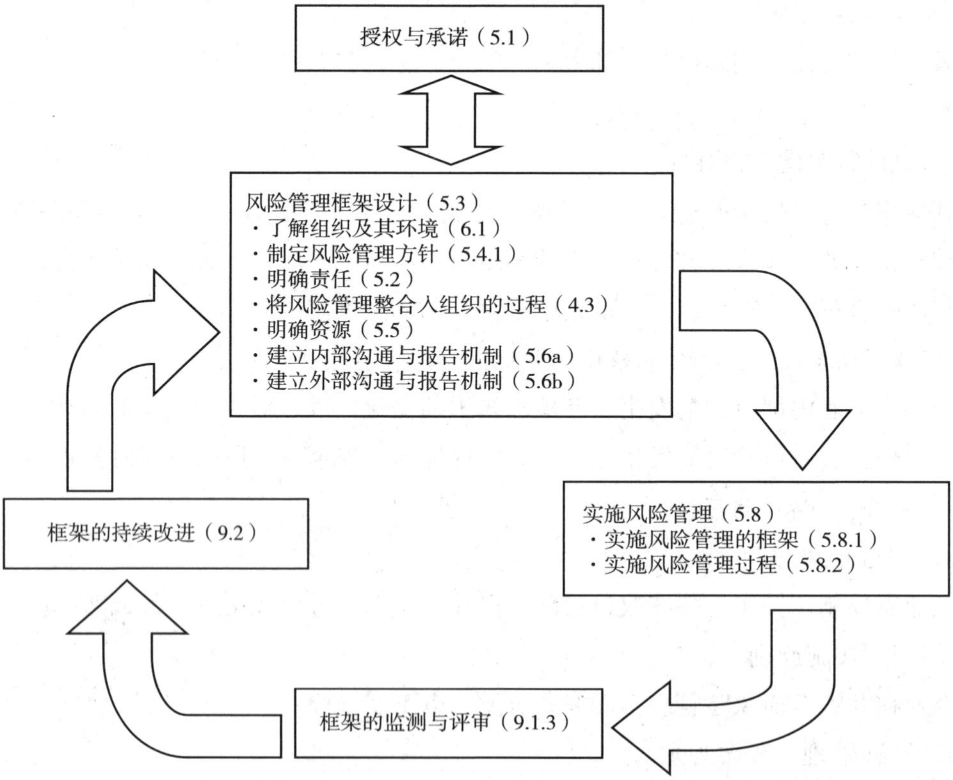

图 2 风险管理的框架的构成及其各部分之间的关系

风险管理框架并不试图描述一个管理体系，而是协助企业将风险管理整合融入企业的现有管理体系中。因此，为提高企业的整体绩效，在建立风险管理框架时，可与企业已有的其他管理体系整合，并应根据企业自身的特点将风险管理框架融入现有管理体系的各个层次。

4.3　风险管理过程

风险管理过程是企业管理的有机组成部分，被嵌入企业的文化和实践中，贯穿于企业的科研、生产、经营等各个过程。风险管理过程的各项活动都需要考虑沟通和记录。风险管理过程见图3。

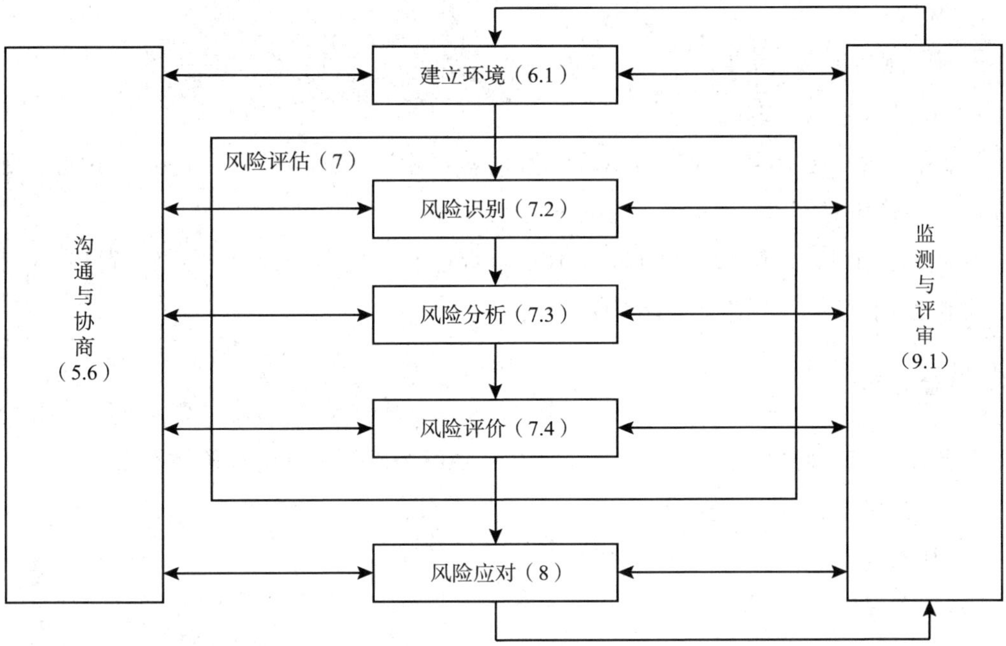

图3　风险管理过程

4.4　风险管理要素

风险管理框架和风险管理过程中涉及了诸多内容，其中的主要内容构成了风险管理要素。在实施全面风险管理过程中，这些风险管理要素在不同方面起着决定性的作用。风险管理要素包括：

a）授权与承诺（5.1）；

b）管理职责（5.2）；

c）风险管理框架设计（5.3）；

d）风险管理方针与目标（5.4）；

e）资源分配（5.5）；

f）沟通与协商（5.6）；

g）文件与记录（5.7）；

h）风险管理实施（5.8）；

i）建立环境（6.1）；

j）风险准则（6.2）；

k）风险评估（7）；

l）风险应对（8）；

m）监测与评审（9.1）；

n）持续改进（9.2）。

注1：文件中通常包括制度和程序，其内容可能涉及风险管理的一系列过程，如风险评估、风险应对等。

注2：适用时，风险管理也可借鉴其他管理体系的部分程序文件，如质量管理体系的“文件控制程序”、“记录控制程序”等。

4.5 风险分类

企业在实施全面风险管理时应识别风险，并可按以下方式对风险进行分类：

a）一类风险：

1）战略风险；

2）财务风险；

3）市场风险；

4）运营风险；

5）法律风险。

b）二类风险：

每个一类风险类目之下对风险的再分类属于二类风险，企业可结合实际情况识别和划分二类风险，二类风险的划分参照附录A中表A.1。

c）三类风险及以下类别的风险：

企业可根据实际情况和具体事项在二类风险的各类目之下识别和划分三类风险以及

三类风险以下各层次的风险。

4.6　风险等级

企业在实施全面风险管理时，可以根据企业的风险偏好、风险容忍和已有的风险准则，针对风险发生可能性和风险后果影响程度确定风险等级标准。风险的等级标准参照附录 B。

5　企业的管理要求

5.1　授权与承诺

5.1.1　企业的董事会（或相当于董事会的机构，以下出现董事会含义与此相同）是全面风险管理的最高决策机构，对全面风险管理的有效性向股东（资产所有者）负责。董事会负责审核或批准以下方面的事项：

——风险管理框架；

——风险管理方针和风险管理总体目标；

——年度风险管理报告；

——重大风险的评估报告（或评估结果）；

——重大风险的应对措施和重大改进方案；

——重大事项或重要业务的风险分级标准；

——风险管理的机构设置与职责分配方案；

——风险管理方面的其他重大决策。

5.1.2　企业的最高管理者（指企业的最高行政领导，如：总经理、厂长、所长等）是建立和实施风险管理框架及相关的风险管理要素的负责人，对全面风险管理的有效性向董事会负责。

5.1.3　为确保风险管理有效运行，需要企业的董事会和相关的管理者提供强有力和持续性的承诺，为此应当：

——阐明并签署风险管理方针；

——确保企业的文化与风险管理方针一致；

——确保风险管理的绩效指标与企业的绩效指标相一致；

——使风险管理目标与企业的目标和战略相一致；

——确保企业的各项活动符合法律法规的要求；
——在企业内的适当层次分配风险管理职责；
——确保风险管理中必要的资源配置；
——与所有利益相关者沟通风险管理的益处；
——确保风险管理的框架始终保持适宜。

5.2 管理职责

企业需明确涉及风险管理方面的职责，并通过以下方面界定风险管理的责任和授权，确保风险管理的充分性和有效性：

——明确最高管理者和最高管理层职责；
——明确风险管理机构或岗位人员的组成及职责；
——明确各职能和业务部门在风险管理方面的职责，包括各部门之间的协调职责；
——明确风险管理框架和风险管理过程设计、实施和维护人员职责；
——明确执行风险应对措施和报告风险信息人员的职责；
——明确普通管理人员和职工在风险管理方面的职责；
——建立批准和授权制度；
——建立绩效测量及相应的奖惩制度；
——建立对内对外报告制度。

5.3 风险管理框架设计

5.3.1 风险管理框架设计包括以下内容：

——了解企业及其环境；
——制定风险管理方针；
——明确责任；
——将风险管理与企业的所有过程整合；
——明确资源；
——建立内部沟通与报告机制；
——建立外部沟通与报告机制。

5.3.2 为提高风险管理框架的适宜性，在设计风险管理框架之前企业应：

——与利益相关者沟通以了解其能力和期望；
——了解并确定制约企业能力发挥的因素；

——识别企业在法律法规方面的责任；

——评审现在的过程对风险管理的影响；

——考虑使用现有经验和资源的方法，如扩展已在用的工具和文档的使用；

——检查风险管理框架的各部分以识别出对关键能力的要求；

——识别企业中影响风险管理框架的不足。

5.4　风险管理方针与目标

5.4.1　风险管理方针。

企业需制定风险管理方针，并确保风险管理方针在企业内得到有效沟通和贯彻。风险管理方针通常需要清晰阐明企业的风险管理目标和对风险管理的承诺。风险管理方针通常需明确以下内容：

——企业风险管理的依据；

——风险管理方针与企业的目标及其他方针之间的关系；

——风险管理的职责分配；

——处理利益冲突的方式；

——承诺向风险管理负有责任和履行职责的人员提供必要的资源；

——测量和报告风险管理绩效的方式；

——承诺定期评审和改进风险管理方针和框架，并对事件或环境的变化做出响应。

5.4.2　风险管理目标。

企业需根据风险管理方针和具体情况确定风险管理目标，并对风险管理目标的实现情况进行检查。风险管理目标可按照企业的层级和不同的风险类别进行分解，并涵盖项目、单个活动或具体事项等，必要时可在风险管理目标的基础上确定风险管理指标。

确定企业的风险管理目标是一项综合性的工作，需要从风险管理的各个环节和各个方面加以考虑，并需要区分不同风险管理目标的重要程度。必要时，企业可将风险管理目标划分为损失发生前目标和损失发生后目标。涉及以下方面的目标通常为重要目标：

——防止和降低风险带来的损失方面；

——应对风险的成本控制方面；

——损失发生后的资源保证方面；

——保护员工安全方面；

——满足法律与合同方面；

——消除不安方面。

5.5 资源分配

企业需要为全面风险管理的实施提供适宜的资源，资源分配需要与所开展的风险管理活动实际情况相适应，并确保企业的风险能够得到有效的应对和控制。资源分配包括建立风险管理人员的培训与考核机制，以确保为全面风险管理的实施提供合适的人员。资源主要涉及以下方面：

——人员、技术、经验和能力；

——风险管理过程每一阶段所需的资金及相关资源；

——企业用于风险管理的过程、方法和工具；

——文件化的过程和程序；

——现代信息技术的应用及相应的管理系统；

——知识管理系统；

——培训。

5.6 沟通与协商

企业在风险管理的所有阶段，都需要与内部和外部的利益相关者进行沟通和协商。

由于利益相关者的诉求、关注点等不同，造成了其风险偏好的不同，这可能对决策有重要影响。因此，企业需建立沟通机制，使风险管理每一阶段都能够与内部和外部利益相关者有效沟通，以保证风险管理责任者和利益相关者能够理解企业风险管理的依据，以及需要采取某些行动的原因。企业在与利益相关者进行沟通时，需制定和实施沟通计划并识别和记录利益相关者的风险偏好以及沟通的相关信息。

建立沟通机制主要需考虑以下方面：

a）内部沟通机制：

——风险管理（含风险管理框架）的关键组成部分及其调整能够得到适当沟通；

——在内部充分报告风险管理框架和风险管理过程（含风险应对计划）实施的有效性和效率；

——在适当的层次和时间，可以获得风险管理应用的相关信息；

——建立与内部利益相关者协商的程序。

b）外部沟通机制：

——对外报告符合法律、法规和相关要求；

——企业与外部利益相关者保持有效的信息沟通；

——在外部利益相关者中建立对企业的信心；

——在发生突发事件、危机和紧急状况时与利益相关者沟通；

——为企业提供外部利益相关者的报告和反馈。

5.7 文件与记录

5.7.1 文件。

为有效实施风险管理，企业需要编制、控制和保持风险管理的相关文件。文件发布前应按规定的程序评审和批准。风险管理主要包括但不限于以下文件：

——风险管理方针；

——风险管理目标；

——风险管理框架的描述；

——风险管理职责；

——风险准则；

——形成文件的程序；

——风险管理计划；

——风险应对措施；

——风险应对计划；

——相关的作业文件和表格。

适用时，企业可按质量管理体系中有关文件的控制要求对风险管理中的文件实施控制和管理。

5.7.2 记录。

记录是实施和改进风险管理过程的基础，企业需要建立和保持风险管理过程的相关记录。建立记录通常需考虑以下方面：

——出于管理的目的而重复使用信息的需要；

——进一步分析风险和调整措施的需要；

——风险管理活动的可追溯性要求；

——沟通的需要；

——法律、法规和操作上对记录的需要；

——企业本身持续学习的需要；

——建立和维护记录所需的成本和工作量；

——获取信息的方法、读取信息的容易程度和存储介质；

——记录保留期限；

——信息的敏感性。

适用时，企业可按质量管理体系中有关记录的控制要求对风险管理中的记录实施控制和管理。

5.8 风险管理实施

5.8.1 风险管理框架的实施。

企业在实施风险管理框架时，需考虑以下方面：

——确定实施框架的时机和策略；

——将风险管理方针和过程应用到企业的所有过程；

——符合法律法规的要求；

——确保决策，包括目标的设置和制定，与风险管理过程的输出相一致；

——举办信息和培训课程；

——与利益相关者沟通和协商，以确保企业的风险管理框架是适宜的。

5.8.2 风险管理过程的实施。

为有效实施风险管理过程，企业需制定风险管理计划并确保风险管理过程能够按计划在企业的各个层次和职能上实施。风险管理计划可以同其他计划整合，如战略发展计划。

5.8.3 风险管理工作程序。

企业需建立和保持风险管理工作程序，以确保风险管理能够融入企业的所有活动和过程。风险管理工作程序通常涉及但不限于以下方面：

——风险管理的职责分配；

——实施风险管理的计划；

——涉及的程序和方法；

——资源配置；

——测量和报告风险管理绩效的方式。

6　建立环境与风险准则

6.1　建立环境

6.1.1　概述。

无论是进行风险管理框架设计还是实施风险管理过程，都需要在开展活动之前了解和评价企业的环境条件、确定环境关系、明确环境信息。

通过建立环境，企业可以明确风险管理的目标，确定与企业相关的内部和外部参数，并设定风险管理的范围和有关风险准则。

在进行具体的风险评估活动时，建立环境应包括界定内、外部环境以及风险管理过程环境并确定风险准则。在此过程中，需确定风险评估目标及风险评估程序。

6.1.2　外部环境。

外部环境包括但不限于：

——政治、经济、文化、法律、技术、金融环境；

——自然环境；

——竞争环境；

——影响企业目标实现的外部关键因素及其历史和变化趋势；

——外部利益相关者及其诉求；

——外部利益相关者和企业的关系等。

6.1.3　内部环境。

内部环境包括但不限于：

——企业的方针、目标以及经营战略；

——资源和知识方面的能力（如资金、技术）；

——信息系统、信息流和决策流程；

——内部利益相关者及其诉求、价值观、风险容忍度；

——业务模式和采用的标准；

——企业的文化；

——企业结构（包括治理结构、任务和责任等）、管理过程和措施；

——与风险管理实施过程有关的环境等。

6.1.4　风险管理过程环境。

风险管理过程的环境随企业的需求而变化，它包括但不限于：

——设定风险管理活动的目的和目标；

——在风险管理过程中，为风险管理确定职责；

——确定实施风险管理活动的范围、广度和深度，包括明确的内涵和外延；

——按照时间和地点确定活动、过程、职能、项目、产品、服务或资产；

——确定企业的特殊项目、过程或活动与其他项目、过程或活动之间的关系；

——确定风险评估方法；

——确定在风险管理中评价绩效和有效性的方式；

——识别和明确必须要做的决定；

——识别和确定所需的研究及其程度和目标，确定所需的资源。

6.2　风险准则

风险准则是评价风险严重性的依据。风险准则需体现企业的风险偏好和风险容忍度，反映企业的价值观、目标和资源。某些风险准则可能来源于法律、法规、相关的标准和经企业同意的其他约定。

企业需根据自身特点，结合已建立的环境合理设定本企业的风险准则。风险准则应与企业的风险管理方针一致。风险准则尽可能在风险管理开始时确定，并需要持续不断地监测（包括评审）和完善。确定风险准则时需考虑以下因素：

——可能发生后果的性质、类型以及后果的度量；

——可能性的度量；

——可能性和后果的时限；

——风险的度量方法；

——风险等级的确定；

——利益相关者的观点或意见；

——可接受或可容许的风险等级；

——多种风险组合的影响。

风险准则可包括总体层面和针对具体事项或业务确定风险准则，风险准则需要体现风险后果影响程度和风险发生可能性两方面。可行时，风险准则宜采用可测量的形式提出，如确定的风险等级、量化后形成的指标等。风险准则确定前企业需对其进行评审，并随风险准则的调整保持评审的持续性。

7　风险评估

7.1　概述

风险评估包括风险识别、风险分析和风险评价三个步骤。

风险评估活动适用于企业的各个层级，评估范围可涵盖项目、单个活动或具体事项等。但是在不同情况下，所使用的工具和技术可能会有所差异。

风险评估有助于决策者对风险及其原因、后果和发生的可能性有更充分的理解，这可以为以下决策提供信息：

——是否应该开展某些活动；

——如何充分利用时机；

——是否需要应对风险；

——风险应对策略的选择；

——确定风险应对策略的优先顺序；

——选择最适合的风险应对策略，将风险的不利影响控制在可接受水平。

7.2　风险识别

风险识别是发现、确认和描述风险的过程。

风险识别的目的是确定可能影响系统或企业目标实现的事件或情况。一旦风险得以识别，企业需对现有的控制措施（诸如设计特征、人员、过程和系统等）进行实施。

风险识别包括对风险源、风险事件及其原因和潜在后果的识别。风险识别后可生成一个全面的风险清单（或称为风险列表），风险清单中至少需要描述：风险种类（名称）、各风险之间的关系（如并列关系、从属关系）、可能发生的事件、事件可能导致的后果。

识别风险不仅要考虑有关事件可能带来的损失，也要考虑其中蕴含的机会。

在风险识别时需要特别关注源于人的因素可能导致的风险。

进行风险识别时要掌握相关的和最新的消息，必要时，需包括适用的背景信息。除了识别可能发生的风险事件外，还要考虑其可能的原因和可能导致的后果，包括所有重要的原因和后果。不论风险事件的风险源是否在企业的控制之下，或其原因是否已知，都应对其进行识别。此外，要关注已经发生的风险事件，特别是新近发生的风险事件。

识别风险需要所有相关人员的参与。企业所采用的风险识别工具和技术应当适合于其目标、能力及其所处环境。

风险识别方法可能包括：

——基于证据的方法，例如：检查表法以及对历史数据的评审；

——系统性的团队方法，例如：一个专家团队遵循系统化的过程，通过一套结构化的提示或问题来识别风险；

——归纳推理技术，例如：危险与可操作性分析方法等。

7.3 风险分析

7.3.1 风险分析综述。

风险分析的主要作用是增进对风险的理解，并为风险评价和风险应对提供信息支持。

风险分析要考虑导致风险的原因和风险源、风险事件的正面和负面的后果及其发生的可能性、影响后果和可能性的因素、不同风险及其风险源的相互关系以及风险的其他特征，还要考虑现有的控制措施及其效果和效率。

在风险分析中，需考虑企业的风险容忍度及其对前提和假设的敏感性，并适时与决策者和其他利益相关者有效地沟通。另外，还要考虑可能存在的专家观点中的分歧及数据和模型的局限性。

根据风险分析的目的、获得的信息数据和资源，风险分析可以是定性的、半定量的、定量的或以上方法的组合。其主要作用如下：

a）定性的风险分析可通过重要性等级来确定风险后果、可能性和风险等级，如“高”“中”“低”三个重要性程度。可以将后果和可能性两者结合起来，并对照定性的风险准则来评价风险等级的结果。

b）半定量法可利用数字评级量表来测度风险的后果和发生可能性，并运用公式将两者结合起来，确定风险等级。量表的刻度可以是线性的，或者是对数的，或其他形式。

c）定量分析可估计出风险后果及其发生可能性的实际数值，并产生风险等级的数值。由于相关信息不充分、人为因素影响等，或是因为定量分析难以开展或没有必要，全面定量分析未必都是可行的或值得的。在此情况下，由具有专业知识和经验的专家对风险进行半定量或者定性的分析可能已足够有效。

一般情况下，首先采用定性分析，初步了解风险等级和揭示主要风险。适当时，进行更具体和定量的风险分析。采用定性分析时，应该对使用的术语和概念进行清晰的说明，并记录所有风险准则的设定基础。采用全面定量分析时，应注意计算获得的风险等级值是估计值，需确保其精确度不会与所使用的原始数据及分析方法的精确度存在偏差。

7.3.2　控制措施评估。

风险的等级水平不仅取决于风险本身，还与现有风险控制措施的充分性和有效性密切相关，因此，企业需要对其现有风险控制措施进行评估。

在进行控制措施评估时，需要解决的问题包括：

——对于一个具体的风险，现有的控制措施是什么；

——这些控制措施是否足以应对风险，是否可能将风险控制在可接受范围之内；

——在实际中，控制措施是否以预定方式正常运行，当需要时，能否证明这些控制措施是有效的。

对于特定的控制措施或一套相关控制措施的有效性水平，可以进行定性、半定量或定量的表述。虽然在许多情况下难以准确表述控制措施的有效性水平，但这些信息有助于决策者进行比较和判断并对现有控制措施实施改进。

7.3.3　后果分析。

通过假设特定事件、情况或环境，后果分析可确定风险影响的性质和类型。某个事件可能会产生一系列不同严重程度的影响，也可能影响到一系列目标和不同利益相关者。在建立环境时，就应当确定需要分析的后果的类型和受影响的利益相关者。

后果分析的形式可以是对后果的简单描述，也可以是制定详细的数量模型等。

影响可能是轻微后果高概率，或严重后果低概率，或某些中间状况。通常情况下，需关注具有潜在严重后果的风险，因为这些风险往往会对企业造成较大负面影响。在某些情况下，需要同时分析具有严重后果和轻微后果的风险，因为频繁而轻微的问题可能具有很大的累计或长期效应。

后果分析应包括：

——考虑应对后果的现有控制措施，并关注可能影响后果的相关因素；

——将风险后果与最初目标联系起来；

——对马上出现的后果和那些经过一段时间后可能出现的后果要同等重视；

——不能忽视次要后果，例如那些影响相关系统、活动、设备或企业的次要后果。

7.3.4　可能性分析。

通常主要使用三种方法来估计可能性。这些方法可单独或组合使用，包括：

a）利用相关历史数据来识别那些过去发生的事件或情况，借此推断出它们在未来发生的可能性。所使用的数据应当与正在分析的系统、设备、企业或活动类型有关。如果某些事件过去发生频率很低，则任何可能性的估计都是不确定的。这一点尤其适用于从未发生的事件、情况或环境，人们无法推测其将来是否会发生。

b）利用事故树和事件树等技术来预测可能性。当历史数据无法获取或不够充分时，有必要通过分析系统、活动、设备或企业及其相关的失效或成功状况来推断风险发生的可能性。

c）系统化和结构化地利用专家观点来估计可能性。专家判断应利用一切现有的相关信息，包括历史的、特定系统的、具体企业的、实验及设计等方面的信息。获得专家判断的正式方法众多，常用的方法包括德尔菲法和层次分析法等。

7.3.5 综合筛选。

需要对风险进行综合的筛选，以识别出最重大的风险或把不太重要和次要的风险排除，便于进一步分析，由此确保企业资源能集中应对最严重的风险。进行筛选时，需注意不要漏掉发生频率低但有重大累积效应的风险。

以上筛选活动需在建立环境时所确定的风险准则基础上进行。依据综合筛选结果，企业可能采取以下某个行动方案：

——无须进一步评估，立即进行风险应对；

——搁置暂不需应对的不重要风险；

——继续进行更细致的风险评估。

需记录最初的假定及结果。

7.3.6 不确定性及敏感性。

在风险分析过程中经常会涉及相当多的不确定性。认识这些不确定性对于有效地解释和沟通风险分析结果是必要的。这些不确定性与在风险识别和风险分析时所使用的数据、方法及模型有关。

与不确定性密切相关的是敏感性分析。敏感性分析是确定某个参数输入的变化对风险等级的影响。这项分析可用来识别哪些数据是对结果影响较大的，从而更需确保其精确性。

需尽可能充分阐述风险分析的完整性及准确度。如有可能，需识别不确定性的起因，并阐述所使用数据、方法及模型的不确定性。敏感的参数及其敏感性程度需予以说明。

7.3.7 风险分析结果。

风险分析的结果是风险评价的依据，在风险评估中起着承上启下的作用。由于风险分析是一项复杂的活动，因此，风险分析的结果也因不同情况有所差异。风险分析的结果可涉及但不限于以下方面：

——对风险发生的事件及造成后果的分析结果；

——对风险发生可能性的分析结果；

——对现有控制措施的评估结果；

——不确定性和敏感性分析结果；

——风险综合筛选结果；

——利用定量或半定量方法对风险值的计算结果。

7.4　风险评价

风险评价的目的是协助决策，决策的内容包括风险是否需要应对及应对的优先顺序。风险分析的结果是风险评价的主要输入。

风险评价包括将风险分析的结果与预先设定的风险准则相比较，或者在各种风险的分析结果之间进行比较，确定风险等级。

风险评价利用风险分析过程中所获得的对风险的认识，对未来的行动进行决策。道德、法律、财务以及包括风险感知在内的其他因素，也是决策的参考信息。

决策包括：

——某个风险是否需要应对；

——风险应对优先次序；

——是否应开展某项应对活动；

——应该采取哪种途径。

在建立环境时，需要做出决策的性质以及决策所依据的准则都已得到确定。但是在风险评价阶段，需要对以上问题进行更深入的分析，毕竟此时对于已识别的具体风险有更为全面的了解。如果该风险是新识别的风险，则应当制定相应的风险准则，以便评价该风险。

最简单的风险评价结果，是仅将风险分为两种，即需要应对与无须应对的。这样的方式简单易行，但其结果通常难以反映出风险估计时的不确定性，另外，也很难准确界定这两类风险的界限。

是否以及如何应对风险的决策，在很大程度上取决于承担风险的成本与收益以及实施应对措施的成本与收益。

依据风险的可容许程度，可将风险划分为如下三个区域：

——不可接受区域。在该区域内无论相关活动可以带来什么收益，风险等级都是无法容忍的，必须集中资源、竭尽全力进行风险应对。

——中间区域。对该区域内风险的应对需要考虑实施应对措施的成本与收益，并权衡机遇与潜在后果。

——广泛可接受区域。该区域中的风险等级微不足道，或者风险很小，无须采取任何风险应对措施。

根据“最低合理可行”或称为 ALARP（As Low As Reasonably Practicable）准则，在中间区域（或称 ALARP 区域）中，对于较低的风险可以直接进行应对措施的成本收益分析：如果增加安全的投入对安全效益的贡献不大，则可认为风险是可容许的；对于其中较高的风险，则需进一步实施应对措施，以使风险尽量向广泛可接受区域靠拢，直至风险降低的成本与获得的安全收益完全不成比例。关于 ALARP 准则参见附录 B 中图 B. 1。

风险评价的结果应满足风险应对的需要，否则，需做进一步分析。

7.5 风险评估结果与文件的归档

7. 5. 1 风险评估完成后需根据风险评估的记录形成正式的风险评估报告，风险评估报告由授权的机构或人员批准，风险评估报告一般包括但不限于以下方面的内容：

——评估对象与评估背景；

——环境条件；

——评估依据；

——评估过程；

——风险清单；

——评估方法；

——评估结果；

——有关情况的说明。

适用时，企业可建立风险评估报告（或评估结果）的发布制度，根据风险的严重程度确定授权的发布机构、发布时机和发布范围。

7. 5. 2 风险评估的过程和结果都应进行记录，这些记录需按照正式文档的要求归档保存。风险应以可以理解的术语来表达，同时风险等级也需得到清晰表述。

风险评估记录文件的内容将取决于评估工作的目标及范围。记录文件通常可包括：

——目标及范围；

——系统相关部分的说明及它们的功能；

——企业的内外部环境描述以及被评估对象与内外环境的关联情况；

——所使用的风险准则及其合理性；

——局限性、假定及假设的合理性；

——评估方法；

——风险识别的结果；

——数据的来源及校验；

——风险分析的结果及评价；

——敏感性及不确定性分析；

——关键的假定和其他需要加以监测的因素；

——结果的讨论；

——结论和建议；

——参考资料。

当需要风险评估来支持一个连续的风险管理过程时，风险评估的记录工作需在系统、企业、设备或活动的整个生命周期内持续进行。如果出现重要的新信息或者环境发生变化，应根据管理的需要对风险评估进行更新。

7.6 风险评估的监测与评审

风险评估过程强调环境因素，这些因素可能会随时间变化，并且可能使风险评估的结果发生改变或失效。应当识别出这些因素并对这些因素和风险评估进行持续的监测与评审，以便在必要时更新风险评估的信息。

应当识别和收集为改进风险评估而监测的数据。还应当监测和记录风险控制措施的效果，以便为风险分析提供数据。应当明确证据、文件的建立和监测的责任。

8 风险应对

8.1 风险应对策略

在风险应对时，企业需要选择并确定风险应对策略。选择并确定风险应对策略应当考虑各种环境，包括内部和外部利益相关者的风险容忍度，以及法律、法规和其他方面的要求等。

风险应对策略之间不一定互相排斥，某个风险应对策略也不一定在所有条件下都适合。风险应对策略可包括以下方面：

——决定停止或退出可能导致风险的活动以进行风险规避；

——增加风险或承担新的风险以寻求机会；

——消除具有负面影响的风险源；

——改变风险事件发生的可能性的大小及其分布的性质；

——改变风险事件发生的可能后果；

——转移风险；

——风险分担；

——风险保留等。

8.2 风险应对措施

8.2.1 在风险应对策略确定后，企业需要根据确定的风险应对策略制定和执行一种或多种风险应对措施，包括改变风险发生的可能性或后果的措施。风险应对措施在正式批准前应进行评审，以确保其内容的适宜性、充分性和有效性。评审通常应有利益相关者、行业专家，经验丰富的一线人员（可能包括：管理人员、技术人员、作业人员）、风险管理相关负责人员、最高管理层的有关人员、风险主要涉及的部门负责人参加。

适用时，企业可考虑设置对风险的预警条件，当满足设置的预警条件时需要对风险进行预警。

8.2.2 风险应对措施的制定和评审通常是一个递进的过程。对于风险应对措施中的剩余风险，企业需要评审其是否可以容忍，如果剩余风险不可容忍，需调整或制定新的风险应对措施，并评审新的风险应对措施的效果，直到剩余风险可以容忍。执行风险应对措施会引起企业风险的改变，需要跟踪、监测风险应对的效果和企业的有关环境，并对变化的风险进行评审，必要时重新制定风险应对措施。风险应对措施包含以下循环过程：

——制定一个风险应对措施；

——对这一风险应对措施进行评审；

——决定剩余风险的等级是否可容忍；

——如果不可容忍，则需制定一个新的风险应对措施；

——评审新的风险应对措施的有效性。

8.2.3　制定风险应对措施时需对各方面的情况进行考虑，比如：

——法律、法规、社会责任和环境保护等方面的要求；

——风险应对措施的实施成本与收益（有些风险可能需要企业考虑采用经济上看起来不合理的风险应对决策，例如可能带来严重的负面后果但发生可能性低的风险事件）；

——选择几种应对措施，将其单独或组合使用；

——利益相关者的诉求和价值观、对风险的认知和容忍度以及对某一些风险应对措施的偏好；

——风险应对的优先顺序；

——风险预警条件的设置和风险预警；

——人员的素质。

8.2.4　风险应对措施在实施过程中可能会失灵或无效。因此，要把监测与评审作为风险应对措施实施的有机组成部分，以保证应对措施持续有效。

风险应对措施可能引起次生风险，对次生风险也需要评估、应对、监测与评审。在原有风险应对措施中要加入这些次生风险的内容，而不应将其作为新风险而独立对待。为此需要识别并评审原有风险与次生风险之间的联系。当企业内某一领域的风险应对措施影响到企业内其他领域的风险或影响到其他利益相关者时，要评估这些影响，并与有关利益相关者沟通，必要时调整风险应对措施。

决策者和其他利益相关者应当能够及时获得风险应对的相关信息，并清楚在采取风险应对措施后剩余风险的性质和程度。

8.3　风险应对计划

8.3.1　为有效实施风险应对措施，企业需要制定并实施相应的风险应对计划。风险应对计划中应当包括以下信息：

——确定的风险应对策略和风险应对措施清单；

——选择应对方式的原因与预期的收益；

——绩效指标及考核方法；

——风险管理责任者及实施风险应对措施的人员安排；

——风险应对措施涉及的具体业务和管理活动；

——选择多种可能的风险应对措施时，实施风险应对措施的优先顺序；

——报告和监测、评审的要求；

——与适当的利益相关者的沟通安排；

——资源需求，包括应急机制的资源需求；

——执行时间表等。

风险应对计划需要与企业的管理过程整合。

8.3.2　风险应对计划在正式批准前应进行评审，以确保其内容的适宜性、充分性和有效性，并在授权人批准后实施。

风险应对计划的评审通常应有利益相关者、行业专家，经验丰富的一线人员（可能包括管理人员、技术人员、作业人员）、风险管理相关负责人员、最高管理层的有关人员、风险主要涉及的部门负责人参加。

9　监测评审与持续改进

9.1　监测与评审

9.1.1　监测与评审的责任。

企业需要以文件的形式明确界定监测与评审的责任，以便在企业范围内对风险管理全过程实施监测与评审，包括对风险管理框架实施情况和风险管理过程实施情况的监测与评审。

监测可以有多种形式，包括对风险管理过程和结果的检查或监督。评审通常以会议的方式进行，主要针对风险管理活动中各环节的重要事项，如风险管理框架、风险管理方针、风险管理计划、风险评估中的有关结果等。

9.1.2　监测与评审计划。

企业需根据风险管理相关要求、风险管理计划和风险应对计划编制监测与评审计划，并按照计划实施监测与评审。监测与评审计划也可称为检查计划（或监督检查计划）。

监测活动包括常规检查和监控已知的风险，可分为定期或不定期检查。定期或不定期检查都应被列入计划。

9.1.3　风险管理框架的监测与评审。

为确保风险管理有效并且持续支持企业的绩效，企业需：

——测量各种指标与风险管理绩效之间的差异，并开展定期检查；

——针对风险管理计划定期检查其进度和偏差；

——结合企业的内部环境和外部环境，定期评审框架、方针、计划是否适宜；

——对风险和风险管理计划的进展情况进行报告，并检查其与风险管理方针的一致性；

——检查或评审风险管理框架的有效性。

9.1.4　风险管理过程的监测与评审。

在实施风险管理过程的监测与评审时，企业需：

——监测事件，分析变化及其趋势并从中吸取经验教训；

——发现内部和外部环境的变化，包括风险准则和风险本身的变化、可能导致的风险应对措施及其实施优先次序的改变；

——监测并记录风险应对措施实施后的剩余风险，以便在适当时做进一步处理；

——适用时，对照风险应对计划，检查工作进度与计划的偏差，保证风险应对措施的设计和执行有效；

——报告关于风险、风险应对计划的进度和风险管理方针的遵循情况；

——实施风险管理绩效评估；

——识别正在显露的风险。

9.1.5　监测与评审结果。

企业需要对监测与评审的结果进行记录，并按要求保存监测与评审的记录，适当时，监测与评审的结果应当对内或对外报告。

风险管理绩效评估需纳入企业的绩效管理以及企业对内、对外的报告体系之中。

9.2　持续改进

9.2.1　基于监测与评审的结果，企业需要就如何改善风险管理框架、方针、计划做出决策，这些决定将导致企业的风险管理和风险管理文化的改善。

9.2.2　企业需要按风险类别汇总和整理全面风险管理过程中发现的问题，并对问题的原因进行分析，针对原因制定适宜的整改措施。企业需要指定整改措施实施的部门和负责人，并对整改措施的实施进行监督检查。

9.2.3　在每年的适当时机，企业需要对风险管理的实施情况进行评审，以确保风险管理的适宜性、充分性和有效性。

9.2.4　企业需要利用风险管理方针、风险管理目标、风险准则、风险评估的结果、风险应对措施、风险应对结果、相关的记录与数据、监测与评审的结果、整改措施等对风险管理实现持续改进。

9.2.5　企业需要通过生产实践积累与风险管理有关的历史数据，并利用信息技术进行处理和分析，以支持企业在风险管理方面的持续改进；企业可根据全面风险管理的需要，开展相应的信息化建设，以提高全面风险管理的效率和有效性。

10 风险评估技术的选择

10.1 概述

选择合适的风险评估技术和方法，有助于企业及时高效地获取准确的评估结果。在具体实践中，风险评估的复杂及详细程度千差万别。风险评估的形式及结果应与企业的自身情况适应。合适的技术应具备以下特征：

——适应企业的相关情况；

——得出的结果应加深对风险性质及如何应对风险的认识；

——应能按可追溯、可重复及可验证的方式使用。

10.2 技术的选择

10.2.1 技术选择的条件。

决定进行风险评估并且确定了风险评估的目标和范围后，企业可以依据如下条件，选择一种或多种评估技术：

——风险评估的目标（这对于使用的方法有直接影响）；

——决策者的需要（某些情况下完成有效的决策需要充分地评估细节，而某些情况下可能只需要对总体情况进行大致了解）；

——所分析风险的类型及范围；

——后果的严重程度；

——专业知识、人员以及所需资源的程度；

——信息和数据的可获得性；

——修改/更新风险评估的必要性（一些评估结果可能在将来需要修改或更新。在这方面，某些方法比其他方法更易于调整）；

——法律法规及合同要求等。

只要满足评估的目标和范围，简单方法应优先于复杂方法被采用。

此外，另有一些条件对风险评估技术选择的影响也值得关注，例如资源的可获得性、现有数据和信息中不确定性的性质和程度，以及在应用方面的复杂性等。

10.2.2　资源的可获得性。

可能影响风险评估技术选择的资源和能力包括：

——风险评估团队的技能、经验及能力；

——信息及数据的可获得性；

——时间和企业内其他资源的限制；

——需要外部资源时的可用预算。

10.2.3　不确定性的性质和程度。

由于可获得的信息和数据并不一定总能对未来的预测提供可靠的支持，所以企业内外部环境中常常存在着不确定性。不确定性可能产生于信息的质量、数量和完整性，例如较差的数据质量或缺乏基本的、可靠的数据；某些风险可能缺少历史数据；数据收集方式的有效性；或者是不同利益相关者会对现有数据做出不同的解释。进行风险评估的人员应理解不确定性的类型及性质，同时认识到风险评估结果可靠性的重大意义，并向决策者说明这些情况。

10.2.4　复杂性。

风险自身经常具有复杂性的特征。例如，在复杂的系统中进行风险评估时，需对其系统总体进行评估，而不是孤立地对待系统中的每个部分，并忽视各部分之间的相互关系。在某些情况下，对某一风险采取应对措施可能会对其他活动产生影响。需要认识后果之间的相互影响和风险之间的相互依赖关系，以确保在管理一个风险时，不会导致在其他地方产生另一个不可容忍的风险。理解企业中单个或多个风险组合的复杂性，对于选择适当的风险评估技术和方法至关重要。

10.3　风险评估在生命周期各阶段的应用

许多活动、项目和产品被认为具有生命周期，从最初的概念和定义、实现到最终的完结。风险评估可以应用于生命周期的所有阶段，而且通常以不同的详细程度被应用多次，以便为每一阶段需做出的决策提供帮助。

生命周期各阶段对风险评估有不同的需求，并需要不同的评估技术。例如，在概念和定义阶段，当识别一个机会时，可以使用风险评估来决定是继续还是放弃。在有多个方案可供选择时，风险评估可以用于评价替代方案，帮助确定哪种方案能够提供最好的风险平衡。

在设计和开发阶段，风险评估有助于：

——保证系统风险是可接受的；

——精细化设计过程；

——成本的有效性研究；

——识别在后续阶段可能出现的风险。

在生命周期其他阶段，可以用风险评估提供必要的信息，以便为正常情况和紧急情况制定程序。

附录 A
（资料性附录）
一类和二类风险分类

一类和二类风险分类参见表 A.1。

表 A.1　　风险分类表

一类风险	1 战略类风险	2 财务类风险	3 市场类风险	4 运营类风险	5 法律类风险
二类风险	1.1 战略规划	2.1 财务管控与监督	3.1 销售企业及人员	4.1 企业运营效率与有效性	5.1 法律环境
	1.2 产业结构	2.2 财务与会计内控制度	3.2 市场需求变化	4.2 人力资源开发与使用	5.2 法人设立及企业形式
	1.3 战略地位	2.3 财务人员素质与能力	3.3 销售市场拓展	4.3 计划和预算管理与执行	5.3 司法管辖区
	1.4 政策影响	2.4 财务预算	3.4 交易规则及管制	4.4 投资与工程项目	5.4 知识产权
	1.5 人才影响	2.5 会计核算	3.5 产品价格影响	4.5 生产运营	5.5 采购与销售活动
	1.6 新产品/项目开发与储备	2.6 筹资与投资活动	3.6 原材料和能源价格影响	4.6 社会责任	5.6 投融资活动
	1.7 长期投融资	2.7 资金流动性	3.7 销售费用回收	4.7 产品设计与制造	5.7 企业并购与重组
	1.8 技术装备水平	2.8 税务	3.8 供应商选择和物流保证	4.8 新技术运用	5.8 提供担保
	1.9 能耗水平	2.9 保险	3.9 衍生品交易	4.9 信息化水平	5.9 社会责任履行
	1.10 产权与股权结构	2.10 财务分析对决策的影响	3.10 区域/行业经济运行趋势	4.10 应急管理与生产安全	5.10 劳动雇佣
	1.11 公司治理结构	2.11 政策优惠	3.11 利率和汇率变化	4.11 盈利指标实现	
	1.12 企业管控能力		3.12 税率变化	4.12 资产质量指标实现	
	1.13 科技创新		3.13 企业信用	4.13 偿债能力	
	1.14 战略合作			4.14 经营增长指标实现	

附录 B
（资料性附录）
风险等级

B.1 风险等级标准

风险等级标准参见表 B.1。

表 B.1 风险等级

风险发生可能性		风险等级标准				
5	极高（经常会发生）	3（5）	2（10）	1（15）	1（20）	1（25）
4	高（很多情况下会发生）	3（4）	2（8）	2（12）	1（16）	1（20）
3	中等（某些情况下会发生）	4（3）	3（6）	2（9）	2（12）	1（15）
2	低（很少情况下才发生）	4（2）	3（4）	3（6）	2（8）	2（10）
1	极低（一般情况下不发生）	4（1）	4（2）	4（3）	3（4）	3（5）
		极低（几乎无影响）	低（轻度影响）	中等（中度影响）	高（严重影响）	极高（重大影响）
		1	2	3	4	5
		风险后果影响程度				

B.2 风险等级标准说明

B.2.1 表 B.1 是根据五级风险发生可能性和五级风险后果影响程度列出的风险矩阵，表 B.1 括号内的数字为风险发生可能性与风险后果影响程度的乘积，也可称为风险等级数值，表 B.1 括号外的数字为根据企业的风险准则确定的风险等级标准。表 B.1 中的各级风险通常包括如下含义：

a）1 级风险（风险等级数值 =15 ~ 25）——不允许发生的风险；

b）2 级风险（风险等级数值 =8 ~ 12）——不希望发生的风险；

c）3 级风险（风险等级数值 =4 ~ 6）——在特定情况下能够接受的风险；

d）4 级风险（风险等级数值 =1 ~ 3）——广泛可接受风险。

表 B.1 括号中的风险等级数值具有不连续的特性，在实际应用中，如出现 12 ~ 15 之间的数值或 6 ~ 8 之间的数值，则应对这一风险等级数值进行具体分析，经分析后确定属于哪一级风险。

在风险管理的实践活动中，企业也可根据实际情况和已有的风险准则列出更加适用于企业实施风险管理的矩阵并确定风险等级标准，包括采用定量和半定量的方法确定风险发生可能性和风险后果影响程度。风险等级标准是风险准则的一部分，也是风险准则的细化。

B.2.2　按照最低合理可行（ALARP）准则，风险可划分为以下三个区域：

a）不可接受区域——该区域包括了表 B.1 中的 1 级风险，在该区域内无论相关活动能够带来什么收益，风险都是无法接受的，必须尽全力进行风险应对；

b）中间区域（又称 ALARP 区域）——该区域包括了表 B.1 中的 2 级风险和 3 级风险，在该区域内风险的应对需要考虑实施应对措施的成本与收益；对于区域内等级较低的风险，可以直接进行应对措施的成本收益分析，如果为应对措施增加的投入大于风险防控所获得的效益，则可认为风险是可容许的；对于区域内等级较高的风险，则需进一步采取应对措施，直至降低风险的投入不足以获得足够的风险防控效益；

c）广泛可接受区域——该区域包括了表 B.1 中的 4 级风险，在该区域内的风险微不足道，无须采取任何风险应对措施。

最低合理可行（ALARP）准则的示意图见图 B.1。

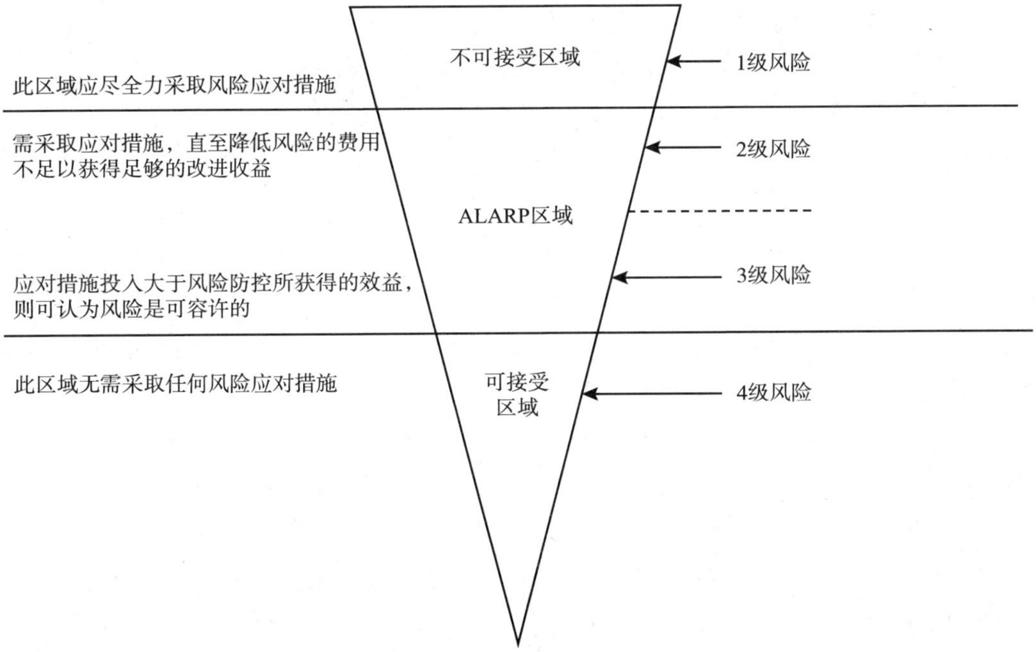

图 B.1　ALARP 准则示意

参考文献

[1] ISO 31000：2009 Risk management—Principles and guidelines.

[2] ISO Guid 73：2009 Risk management—Vocabulary.

[3] GB/T 27921—2011 风险管理风险评估技术.

[4] GB/T 24353—2009　风险管理原则与实施指南.

[5]《中央企业全面风险管理指引》. 国务院国有资产监督管理委员会，2006 年 6 月 6 日.

[6] BS 31100：2011 Risk management—Code of practice and guidance for the implementation of BS ISO 31000.

[7] COSO. Enteprise Risk Management Integrated Framework（2004）.

术语中文索引

B

F

术语英文索引

C

E

F

H

I

L

M

O

P

R

参 考 文 献

［1］GB/T 27921—2011《风险管理——风险评估技术》.

［2］GB/T 24353—2009《风险管理——原则与实施指南》.

［3］GB/T 26317—2010《公司治理风险管理指南》.

［4］GB/T 24420—2009《供应链风险管理指南》.

［5］GB/T 27914—2011《企业法律风险管理指南》.

［6］保罗·霍普金．风险管理的基本原理［M］．蔡荣右，译．北京：中国铁道出版社，2014.

［7］杜慧芬，杨筱燕．金融风险管理［M］．北京：中国财政经济出版社，2012.

［8］顾孟迪，雷鹏．风险管理［M］．北京：清华大学出版社，2009.

［9］凯文·多德．市场风险测度［M］．李雪，译．北京：中国财政经济出版社，2011.

［10］李存建．风险评估——理论与实践［M］．北京：中国商务出版社，2012.

［11］李素鹏．ISO 风险管理标准全解［M］．北京：人民邮电出版社，2012.

［12］约翰·赫尔．风险管理与金融机构［M］．王勇，译．北京：机械工业出版社，2012.

［13］AS/NZS 4360：2004. Risk management.

［14］BS 31100：2011. Risk management – Code of practice and guidance for the implementation of BS ISO 31000.

［15］ISO Guid 73：2009. Risk management – Vocabulary.

［16］ISO 31000：2009. Risk management – Principles and guidelines.

［17］Richard M. Steinberg，Miles E. A. Everson，Frank J. Martens. Enteprise Risk Management Integrated Framework［M］. American Institute of CPAs，2004.